LIBÉRALISME ET ÉTAT DE DROIT

CHEZ LE MÊME ÉDITEUR :

Kremer-Marietti (A.), *Entre le signe et l'histoire. L'anthropologie positive d'Auguste Comte.*
Raulet (G.), *Humanisation de la nature. Naturalisation de l'homme.*
Cléro (J.-P.), *La philosophie des Passions chez David Hume.*
Largeault (J.), *Principes de philosophie réaliste.*
Bidet (J.), *Que faire du capital? Matériaux pour une refondation.*
Pasqua (H.), *Bas-Fonds et profondeur. Critique de l'idolâtrie et métaphysique de l'espérance. Essai sur la philosophie de Gustave Thibon.*

Collection « Philosophie »
dirigée par Olivier Bloch

Élisabeth Guibert-Sledziewski, *Idéaux et conflits dans la Révolution française* (1986).
Solange Mercier-Josa, *Retour sur le jeune Marx. Deux études sur le rapport de Marx à Hegel* (1986).
Jean-François Braunstein, *Broussais et le matérialisme - Médecine et philosophie au XIXe siècle* (1986).
Geneviève Even-Granboulan, *Action et Raison* (1986).
François Rouger, *Le monde et le Moi. Ontologie et système chez le premier Sartre* (1986).
Vasco de Magalhaes-Vilhena, *Anciens et modernes - Études d'histoire sociale des idées* (1986).
Labriola, d'un siècle à l'autre. Actes du Colloque C.N.R.S., 28-30 mai 1985, sous la direction de Georges Labica et Jacques Texier (1987).
Yvon Quiniou, *Problèmes du matérialisme* (1987).
Claude Morilhat, *La prise de conscience du capitalisme. Économie et philosophie chez Turgot* (1988).
Entre forme et histoire. La formation de la notion de développement à l'âge classique. Actes du colloque C.R.H.S.P.M., 20 avril et 27 janvier 1985, 26 et 7 juin 1986, présentation par Olivier Bloch, Bernard Ballan et Paulette Carrive (1988).
Jean Robelin, *Marxisme et socialisation* (1989).
Sylvain Zac, *Spinoza en Allemagne. Mendelssohn, Lessing et Jacobi* (1989).
Paulette Carrive, *La pensée politique d'Algernon Sydney* (1989).
Yirmiyahu Yovel, *Kant et la philosophie de l'histoire* (1989).
Tony Andréani, *De la société à l'histoire*, en 2 tomes (1989).
Antimo Negri, *Recherches sur le matérialisme* (1989).
Spinoza au XVIIIe siècle. Actes des Journées d'études des 6 et 13 décembre 1987 (Sorbonne-Université de Paris I, sous la direction d'Olivier Bloch avec la collaboration de H. Politis (1990).
Didier Gil, *Alain, la République ou le matérialisme* (1990).
Takeshi Umehara, *La philosophie japonaise des enfers* (1990).
Claude Morilhat, *C. Fourier, imaginaire et critique sociale* (1991).
Pierre Raymond, *Dissiper la terreur et les ténèbres* (1992).

LIBÉRALISME ET ÉTAT DE DROIT

Actes du colloque « Libéralisme et État de Droit »
C.N.R.S., 27 et 28 mai 1988

Sous la direction de
Jacques Bidet et Georges Labica

*Ouvrage publié avec le concours
du Centre national des Lettres
et de l'Université de Paris -X Nanterre*

PARIS
MERIDIENS KLINCKSIECK
1992

Si vous souhaitez être tenu au courant de la publication de nos ouvrages, il vous suffit d'en faire la demande aux Éditions Méridiens Klincksieck, 103, Bd Saint-Michel, 75005 Paris.

Tous droits de traduction et de reproduction par tous procédés réservés pour tous pays.

Toute reproduction ou représentation intégrale ou partielle, par quelque procédé que ce soit, des pages publiées dans le présent ouvrage, faite sans l'autorisation de l'éditeur est illicite et constitue une contrefaçon. Seules sont autorisées, d'autre part, les reproductions strictement réservées à l'usage privé du copiste et non destinées à une utilisation collective, et d'autre part, les courtes citations justifiées par le caractère scientifique ou d'information de l'œuvre dans laquelle elles sont incorporées (loi du 11 mars 1957 art. 40 et 41 du Code pénal art. 425).

Des photocopies payantes peuvent être réalisées avec l'accord de l'éditeur. S'adresser au: Centre Français du Copyright, 6 bis, rue Gabriel-Laumain, 75010 Paris. Tél.: 48.24.98.30.

© Librairie des Méridiens Klincksieck et Cie, 1992
ISBN 2-86563-302-0

INTRODUCTION

par Jacques Bidet

Ce livre[1] inaugure peut-être un débat d'un style nouveau. Il réouvre quelques tiroirs de la mémoire philosophique que l'on pouvait croire rangés d'une façon définitive; et il entreprend la reventilation, la réinterprétation de leur contenu. Il confronte, en effet, à leur commune origine et à leur diffuse affinité ces deux protagonistes majeurs du conflit idéologico-politique moderne, que la tradition s'est le plus souvent contenté de distinguer et de séparer: le libéralisme et le socialisme.

L'approche est diverse. L'ouvrage rassemble des travaux de philosophes, de juristes et d'économistes. Il s'agit tantôt d'essais théoriques, tantôt de monographies d'histoire de la pensée, tantôt d'analyses de formes idéologiques ou de pratiques économiques contemporaines. La recherche balaie le vaste espace européen, envisageant tour à tour les cultures anglo-saxonne, allemande, italienne et française, du XVIIIe au XXe siècle. Mais le prétexte est unique. Il est dicté par les grandes mutations qui secouent aujourd'hui les deux moitiés du monde. Au moment même où l'une semble se résorber dans l'autre, le communisme dans le capitalisme, la question se pose en effet plus que jamais de la capacité de celui-ci à assurer la survie de l'homme. L'interrogation sur les principes de sa légitimité s'élève donc à nouveau, plus insistante. Et elle nous ramène irrésistiblement vers le lieu d'origine à partir duquel s'affrontent ces deux traditions majeures, principe ultime d'apparentement et d'hostilité, point de fascination et point aveugle, sur lequel il faut oser fixer le regard.

Je traiterai ici de la chose à ma façon, et j'indiquerai seulement au passage en quel sens, à mes yeux, les divers auteurs de cet ouvrage, aux optiques si contrastées et aux options si divergentes, contribuent à l'entre-

---

1. Nos plus vifs remerciements à Mireille Delbraccio qui a assuré l'organisation de ce colloque, et la mise au point de cet ouvrage.

prise, excluant d'avance toute idée de rassembler en un seul dessein le large éventail de leurs approches.

Le contractualisme fondateur de la philosophie politique moderne présente d'emblée une double dimension. Le pacte social présuppose que la relation contractuelle constitue le seul lien légitime entre les individus. Il en est la consécration, en même temps que la condition de possibilité. Ainsi la contractualité centrale et la contractualité interindividuelle forment-elles système.

Mais ce système est antinomique. Car l'accord central est de nature à limiter les accords possibles entre particuliers. Ce serait en effet préjuger de son contenu que de poser d'avance que le tissu de la socialité se réduira aux seules mailles unissant contractuellement les individus aux individus. La volonté qui s'affirme ainsi centralement, et qui pose qu'entre les individus les rapports seront contractuels, est elle-même susceptible d'un contenu substantiel, c'est-à-dire capable de choix concrets, qui limitent d'autant ceux que peuvent faire les individus contractant entre eux. Ce qui se décide au nom de la contractualité sociale échappe au ressort des individus. Inversement, l'espace laissé à ceux-ci se trouve soustrait à l'emprise de la volonté commune. Telle est l'antinomie de la modernité.

Cette antinomie n'est donc pas celle du seul « libéralisme », mais tout autant celle de ce que je nommerai ici « socialisme ». Ou plutôt, elle définit leur relation polaire. L'un ne peut se développer qu'au détriment de l'autre. Selon le premier, le contrat social a pour seule fin la mise en œuvre de la relation libérale entre les individus. La volonté générale tend ainsi à être une non-volonté, à affirmer que la volonté de l'individu contractant individuellement avec un autre individu est la seule légitime, toute coalition de vouloirs en vue de projets déterminés se développant en rapports de domination. L'autre nourrit le projet de constituer centralement une volonté à contenu concret, dans lequel se manifeste la capacité des membres du corps social à vouloir ensemble l'utilité commune.

L'idée libérale n'émerge donc pas seule. En même temps qu'elle, naît l'idée du « socialisme », qui non seulement s'ébauche comme alternative, profilant un lointain futur, mais affirme sa présence, comme théorie du bien commun, du bien-être social, bien avant le triomphe de la révolution libérale. La société libérale n'est pas la mère qui porte dans ses flancs le « socialisme », au sens donné ici à ce terme. A celui-ci, pour reprendre l'autre image du grand roman familial, n'appartient pas en propre le rôle de fossoyeur. La relation entre ces deux figures polaires est intime et immédiate. Indépassable.

L'antinomie de la modernité ne peut être levée que selon deux types de démarches opposées l'une à l'autre, chacune valorisant unilatéralement l'une des dimensions de la contractualité. Et c'est l'économique qui fournit — il restera à montrer pourquoi — le lieu de la disjonction. Soit on déclare que l'économie relève naturellement de la contractualité interindividuelle et échappe à la contractualité centrale[2]. Soit on déclare au contraire que l'ordre naturel idéal de l'économie est celui de la contractualité sociale[3]. Dans le premier cas, on privilégie le marché, dans le second cas, le plan. A l'un des pôles, le capitalisme concurrentiel, à l'autre le socialisme étatique. Entre eux, toutes les figures intermédiaires du monde moderne, marquées par l'incessant combat qui tire contradictoirement vers ces limites opposées[4].

Mais quel rapport, demandera-t-on, entre cette figure, apparemment intemporelle, de la contractualité et les structures historiques particulières de la modernité?

On peut discerner chez Marx la suggestion d'une réponse quand il pose qu'à l'ère moderne, marchande, les rapports de domination et d'exploitation ont cessé de se fonder sur la simple coercition pour se réaliser à travers des rapports économiques contractuels, ceux de l'échange et du salariat. Mais si l'on se réfère à la structure de la relation contractuelle comprise dans sa connexion interindividuelle/centrale, on comprend aussitôt que la perspective se dédouble. Le rapport salarial — qui attribue au salarié les biens de sa consommation et laisse au maître de l'appareil social de production cette maîtrise renouvelée et par là aussi les moyens de la prééminence sociale — se réalise tout autant, quoique dans des conditions différentes, que la domination de classe se fonde sur une propriété privée ou publique. Dans les deux cas, l'économique constitue un moment stratégique du métabolisme.

La réponse à la question posée ci-dessus est donc que cette structure de la contractualité devient décisive à l'époque moderne parce qu'elle s'inscrit pour la première fois dans l'histoire au principe des rapports économiques eux-mêmes. Et c'est ainsi que se rencontrent, mais dans un rapport explosif, certaines thèses du matérialisme historique et certaines vues du jusnaturalisme[5]. On comprend aussi dans quelles conditions des sujets historiques vont se faire porteurs des thèses libérale ou socialiste.

---

2. C'est pourquoi le rapport de production et la «question sociale» qui s'y rattache se trouvent constituer, comme le montre ici André Tosel, l'impensable du libéralisme.
3. On a ainsi prétendu rendre cette «question» transparente. Mais on l'a seulement ainsi rendue invisible. Jusqu'au moment récent où elle s'est rappelée au grand jour avec l'éclat que l'on sait.
4. L'étude de Solange Mercier-Josa montre bien, me semble-t-il, comment émerge chez Hegel la conscience théorique de cette antinomie en même temps que le projet de la dépasser selon une dialectique qui accorde l'hégémonie à la «volonté substantielle» de l'État.
5. On a trop longtemps constitué ces traditions comme des blocs étrangers l'un à l'autre. Didier Deleule montre plus largement le lien historique existant, par l'intermédiaire de l'école écossaise, entre le moment de l'individualisme libéral, pris ici dans sa version humienne, et celui de la théorie sociale du XIXe siècle.

La thèse selon laquelle la sphère économique fonctionne d'elle-même dès que l'on laisse les individus contracter entre eux, celle qui définit le marché comme la forme naturelle des rapports économiques (leur forme naturelle « idéale », car chacun sait bien sûr qu'il en existe d'autres, mais censément moins naturelles, c'est-à-dire moins efficaces et moins justes), cette thèse laisse toute sa place à un ordre contractuel politique, à un État démocratique dont la mission est la préservation de l'individu et de sa liberté[6]. Elle délimite ainsi ce qui appartient au contrat social et à ce qui relève de la nature[7]. Cette position se définit comme « libéralisme » au sens fort. Entendons par là cette croyance selon laquelle il existerait une affinité naturelle entre libéralisme économique et démocratie (ou libéralisme) politique. Elle occulte seulement le fait que cette contractualité économique se réalise dans des conditions d'extrême inégalité, et que la contrainte structurelle, qui dès lors tend à reconduire les partenaires dans leurs rôles et reproduire le système des rôles, est le principe d'un immense pouvoir qui donne aux détenteurs des moyens de production la faculté d'exercer à leur profit la contrainte étatique[8].

La thèse alternative est celle selon laquelle la forme naturelle idéale de l'économie, ou principe de raison (tout à la fois celui de l'efficience et de la justice), se trouve dans la concertation centrale, la définition commune des moyens et des fins et la répartition subséquente des tâches, bref dans la planification universelle. Elle tend à la promotion d'une forme de société profondément différente, qu'on ne saurait avec pertinence désigner comme capitalisme, car elle réalise en effet l'autre potentialité, polairement inverse, du monde moderne. Cet autre système moderne de classes clive entre dirigeants et dirigés et unifie les dominants par la participation non plus au monopole de la propriété privée, individuelle, des moyens de production, mais à celui d'un pouvoir centralisé, auquel la planification donne la forme la plus extrême de concentration et les moyens (en même temps que les raisons) de la plus extrême coercition.

On comprend ainsi pourquoi sous le règne de la propriété privée les dépourvus en appellent spontanément à la détermination collective, au contrat social économique. Et pourquoi aussi ceux qui ont été dépossédés par cette fraction du corps social qui prétendait les représenter à partir du

---

6. L'essai très ambitieux présenté ici par Serge Christophe Kolm a pour objet de porter à leur niveau le plus élevé les exigences d'un ordre éthique fondé sur le libéralisme. L'élaboration des philosophies libérales, comme le montrent l'étude de Marianne Schaub sur Humboldt et celle que je consacre à Tocqueville, manifeste l'existence d'affinités entre libéralisme économique et démocratie politique, mais ne peut cacher les limites de celles-ci.

7. Et c'est ainsi, me semble-t-il, que se met en place la disjonction entre la nature et la convention, dont Pierre Manent montre qu'elle est propre au libéralisme, qui en effet oscille constamment entre les deux pôles extrêmes du pur artificialisme et du pur naturalisme.

8. C'est ce qu'illustre la contribution de Suzanne de Brunhoff qui montre, dans le monétarisme de M. Friedman et les perspectives de la « nouvelle école classique », la constance du précepte walrasien « liberté de l'individu et autorité de l'État ». Jacques Michel en analyse, dans l'œuvre de Hayek, la substance politique.

centre en viennent à exiger qu'on leur rende leur capacité d'iniative privée. Et pourquoi enfin, dans l'un et l'autre cas, cet appel révolutionnaire risque la confiscation.

La combinaison des formes plan et marché, qui caractérise nombre de sociétés modernes ne constitue pas par elle-même la mise en œuvre des exigences doubles et contraires de la contractualité. Sans elle il n'y a certes pas de voie ouverte à l'ordre démocratique, mais il ne s'agit que d'une condition nécessaire et non suffisante[9]. Et le trait le plus commun de ces sociétés est que les forces qui dominent le marché dominent aussi centralement. D'une domination certes relative, inégale d'un cas à l'autre, mais toujours assez solide pour se reproduire. Le discours néolibéral ne peut cacher que de puissantes institutions centrales étatiques sont nécessaires à la réalisation de son projet. Il s'agit plutôt pour lui de déterminer lesquelles sont les plus conformes aux exigences de sa domination universelle.

Le mouvement ouvrier marxiste s'est caractérisé par le projet de transcender la forme marchande. Jusqu'au point où se découvre que l'extinction du rapport marchand ouvrait non à « l'association des producteurs », mais au monopole de l'institution centrale. *Tertium non datur.* D'où, à l'heure de la défaite, le charme puissant du libéralisme.

Qui veut évaluer toutes les circonstances théoriques de l'événement doit remonter loin en arrière. Qui veut prendre la mesure des dérives historiques doit réinterroger les vieux axiomes à partir desquels le débat avait été prématurément considéré comme clos.

Si, du fait même de la structure centrale/interindividuelle de la contractualité, il n'y a pas d'autre forme économique moderne possible que l'articulation plan-marché, et si l'une et l'autre portent la domination de classe, c'est en définitive sur cette articulation que doit s'exercer la critique. Celle-ci aura pour tâche de définir les conditions dans lesquelles ces deux formes modernes de la coopération et de la domination peuvent être démocratiquement maîtrisées. C'est-à-dire de déterminer, au regard de celles-ci, les conditions dans lesquelles les individus peuvent s'associer de façon libre et égale. D'établir les principes selon lesquels la multitude, et chacun des membres qui la composent, peut trouver la protection la plus sûre et la réalisation de soi la plus haute — comment, en d'autres termes et selon la plénitude du sens, peut se constituer un Etat de droit. De définir les formes institutionnelles adéquates à la formation discursive de la volonté générale. Et de dire à quel moment la communication se transforme en violence discursive, légitimant le droit à la résistance et à la subversion de

---

9. Du reste, le marché, comme le dit Gramsci, a toujours été un marché « déterminé ». Et Jacques Texier montre pourquoi, chez cet auteur, le terme de « société civile » présente un double sens et s'applique tout à la fois au domaine « privé » et à la sphère étatique dans ses formes politiques (versus coercitives). Gramsci semble bien être, dans la tradition marxiste, celui qui a le mieux saisi le rapport entre contractualité centrale et interindividuelle.

l'ordre établi. S'ouvre ainsi, au-delà de toute utopie sociale-étatique ou mercantile-libérale, le champ d'une théorie révolutionnaire de la justice[10].

Avril 1990

---

10. Le choix privilégié du couple « individu/société », où celle-ci est prise dans sa capacité de détermination centrale, a pour objet la clarification du problème général de la contractualité. D'autres concepts sont évidemment requis pour la constitution d'une théorie politique de la modernité. En témoigne l'analyse avancée par Timothy O'Hagan de la relation entre l'individualité et la communauté, à propos de laquelle il développe un « dilemme » analogue à l'« antinomie » que j'ai présentée ici, mais qui concerne cette fois l'espace intermédiaire entre l'individualité et le tout social. J'ai proposé, au titre de troisième terme, la catégorie d'« associativité », qui ne peut cependant suffire à définir cet intermédiaire, et qui appelle notamment la définition de son rapport à la catégorie de communauté. Cf. *Théorie de la modernité*, chapitre 2. La matrice métastructurelle de la modernité, P.U.F., 1990.

ORDRE NATUREL ET ORDRE ARTIFICIEL DANS LE LIBÉRALISME

par Pierre Manent

On peut dire que la philosophie, et donc la philosophie politique, naît avec la distinction entre nature et convention. Ce qui donc caractérise une philosophie politique, c'est le type de rapport qu'elle établit entre celle-ci et celle-là : on peut dire alors que le libéralisme est caractérisé par l'effort pour séparer le plus radicalement possible la nature et la convention.

Cette séparation ne fait qu'un avec la séparation entre l'état de nature et la société civile — selon le langage des fondateurs de la doctrine libérale, Hobbes et Locke en premier lieu —, ou entre la société civile et l'État — selon un langage ultérieur qui est resté le nôtre.

Cette séparation a pour résultat que le libéralisme oscille entre deux pôles extrêmes, celui du pur artificialisme d'une part, celui du pur « naturalisme » de l'autre.

Considérons d'abord le pôle artificialiste.

Le libéralisme considère que l'ordre politique, selon sa genèse légitime, est produit ou créé par une convention humaine : le contrat social. Même après avoir abandonné l'idiome du contrat social proprement dit, le libéralisme maintiendra que les seules institutions politiques légitimes sont les institutions représentatives. Par la représentation politique, les individus ou les citoyens produisent délibérément et souverainement l'ordre politique dans lequel ils veulent vivre. Le régime représentatif est le triomphe de la convention et de l'artifice. Pourtant, un instant d'attention, et le paysage se renverse.

En effet, l'État représentatif est l'instrument, par eux construit, grâce auquel les membres de la société civile cherchent à réaliser un certain nombre de fins inscrites dans leur *nature*. Le pur artificialisme suppose que les fins des individus sont inscrites dans leur nature *avant* que l'artifice soit construit. Le centre de gravité du dispositif artificialiste réside donc dans la nature — état de nature ou société civile. L'ordre politique artificiel a pour raison d'être, pour seule raison d'être, de protéger, ou de garantir, un ordre naturel qu'il suppose et qui, tendanciellement, se suffit à lui-même. Il se suffit à lui-même en droit et, bientôt, en fait : c'est l'ordre de la propriété selon Locke, le « système de la liberté », ou la « société commerciale » fondée sur la « propension naturelle » à échanger selon Smith.

Bien sûr, passant de Locke à Smith, passant de l'idiome artificialiste du contrat à l'idiome « naturaliste » de l'économie politique, le libéralisme change de registre, pendant que l'image qu'il se forme de la nature change de couleur : la nature cesse d'être tendanciellement état de guerre pour devenir tendanciellement système autosuffisant et autorégulé d'échanges pacifiques. Mais le fondement de la doctrine libérale n'est pas affecté, à savoir l'extériorité entre la nature et la convention. Simplement l'État, d'*instrument* devient *obstacle*. Être instrument ou être obstacle, voilà certes deux déterminations contraires, mais qui sont également fondées sur la même caractéristique fondamentale de la vision libérale : l'ordre politique est extérieur à l'ordre naturel.

Cette ambiguïté restera la marque et fournira le ressort du développement des régimes libéraux qui oscilleront entre deux attitudes : tantôt la société voudra faire de l'État le moyen de réaliser ses fins, tantôt elle le ressentira comme un fardeau et un obstacle. Les deux possibilités sont simultanément inscrites dans le code génétique des régimes libéraux.

Il est frappant de constater que le socialisme connaît la même oscillation, avec une amplitude encore plus large. Selon son intention, il emploie l'État à surmonter ou supprimer la division sociale, mais il ne donne tout le pouvoir à l'État que pour l'abolir ensuite complètement. Après en avoir fait l'instrument universel, il le découvre comme obstacle universel (la « bureaucratie »). En ce sens, le socialisme n'est que le libéralisme *written large*.

En quoi consiste alors la différence entre le libéralisme et le socialisme ? Elle existe, et elle est radicale. Le libéralisme préserve la référence à un état de nature, tandis que le socialisme désancre la logique libérale (la logique « représentative ») de toute référence à un état de nature.

Comment caractériser l'état de nature auquel le libéralisme ne cesse de se référer ? L'homme est corps physique menacé dans sa sécurité ; il est propriétaire menacé dans sa propriété ; il est agent moral menacé dans sa liberté ; il est agent économique confronté à la rareté. Même si, depuis deux siècles, le libéralisme n'emploie guère l'expression d'« état de nature », il fait toujours référence, implicitement ou explicitement, à une telle condition naturelle indépassable — indépassable quels que soient les progrès économiques. (Cette condition naturelle étant caractérisée par un ensemble de menaces ou de « contraintes », l'expression d'« état de nature » reste parfaitement adaptée.) En revanche, le socialisme tend à ne garder comme caractéristique humaine fondamentale que celle de « travailleur ». Certes, cette caractéristique avait déjà été complètement élaborée par le libéralisme (voir Locke et Smith sur la valeur-travail), mais, séparée des autres, elle place les hommes dans un élément — le travail productif, de plus en plus productif — où ils ne rencontrent plus de limites naturelles puisque précisément le propre du travail et de sa productivité, comme déjà le soulignait Locke, est d'établir la souveraineté humaine sur la nature.

Cette référence maintenue à un état de nature est, pour le libéralisme, un principe de force: il peut faire appel à l'expérience humaine universelle, au «bon sens». Mais c'est aussi un motif de faiblesse. L'état de nature ne peut être un «idéal»: c'est bien plutôt un repoussoir, puisque c'est un état que les hommes veulent nécessairement surmonter. Bien sûr, le libéralisme dit aux hommes que, dans un régime libéral, ils connaîtront une plus grande abondance — et donc surmonteront plus complètement la rareté de l'état de nature — que dans aucun autre régime (et c'est vrai). Mais il doit leur dire aussi que pour obtenir cette abondance, ils doivent comprendre que leur situation est fondamentalement une situation de rareté, que l'économie est la gestion rationnelle de ressources rares, qu'ils doivent donc se placer, accepter de se laisser placer dans une situation de rareté. Le marché est le moyen pour des hommes qui se trouvent dans une certaine abondance de se placer «artificiellement» dans une situation de rareté (correspondant à l'état de nature fondamental) pour obtenir une plus grande abondance, et ainsi de suite indéfiniment. Chaque état donné de l'économie doit être sans cesse détruit pour être ramené à l'état de nature, afin que l'état de nature puisse être surmonté plus complètement.

La faiblesse «morale» ou «idéologique» du libéralisme est que le centre de sa vision est une situation — l'état de nature — qui *n'est pas désirable* en tant que telle, qui n'est pas un bien en soi (mais seulement la condition et le moyen des biens).

On dira que ces considérations ne valent que pour le «libéralisme économique», plus précisément, que le libéralisme a su élaborer un langage qui se détache de toute référence à un état de nature et surmonte la polarité entre état de nature et état de société, entre nature et convention ou artifice: le langage du *pouvoir*, de la limitation, de la séparation, de la distribution du ou des pouvoirs. Cela est vrai. C'est à Montesquieu que l'on doit l'élaboration de ce langage que j'appellerais volontiers le langage «définitif» du libéralisme. Montesquieu, partageant avec Locke et Smith ce qui est commun à ceux-ci, réussit à se tenir sur la ligne de crête, sans tomber ni dans l'artificialisme lockéen, ni dans le naturalisme smithien. Comment?

C'est Hobbes qui, le premier, avait défini l'homme comme désir de pouvoir, comme quantum de pouvoir. C'était une définition de la *nature* de l'homme (même si, par ailleurs, cette définition était le support de l'artificialisme hobbien: avoir du pouvoir, c'est être capable de produire des effets, et donc d'inventer et de construire des artefacts). Montesquieu reprend cette caractérisation en atténuant considérablement son signe naturel sans jamais l'abolir tout à fait. Il dit d'une part: «Le désir que Hobbes donne d'abord aux hommes de se subjuguer les uns les autres n'est pas raisonnable.» Et il dit d'autre part: «... c'est une expérience éternelle que tout homme *qui a du pouvoir* est porté à en abuser; il va jusqu'à ce qu'il trouve des limites» (*Esprit des Lois*, I,2 et XI,4, souligné par moi). Le désir de pouvoir est donc «naturel» à l'homme, mais à l'homme placé dans une certaine position sociale ou institutionnelle. La nature de l'homme ne devient dangereusement avide de pouvoir que dans une situation susceptible d'être modifiée par l'homme, c'est-à-dire dans une situation «artificielle». Le propre du libéralisme de Montesquieu, c'est de poser une détermination naturelle de l'homme, mais une détermination «faible», c'est-à-dire susceptible d'être complètement maîtrisée par un agencement judicieux de l'artifice institutionnel. Il me semble que Montesquieu fournit ainsi ce qui sera la note morale dominante du libéralisme, et qui l'exposera à une double critique: critique «de droite» pour laquelle Montesquieu atténue à l'excès la force des déterminations naturelles, critique «de gauche» pour laquelle Montesquieu a tort de maintenir l'idée d'une détermination «naturelle» ou «éternelle» de l'homme.

Cet équilibre obtenu et maintenu entre la nature et l'art peut être décrit d'une autre façon. Le régime libre est de part en part politique: dans le langage de Montesquieu, il est gouverné tout entier par les «lois» et non pas par les «mœurs», la «religion», ou «les maximes du gouvernement», etc.; il est tout entier gouverné par l'artifice politique de la division des pouvoirs. Simultanément, cette politique a pour seul but de se neutraliser comme politique: les «hommes» ne sont pas des «concitoyens» mais plutôt des «confédérés», ils «font valoir à leur gré leur indépendance», bref, ils vivent dans une sorte d'état de nature (*Esprit des Lois*, XIX,27). On voit alors que, s'il est vrai que Montesquieu abandonne l'idiome du contrat social, de la polarité entre l'état de nature et l'état civil, le régime libre qu'il nous offre en modèle est la réconciliation ou la coprésence de l'un et de l'autre: c'est un état de nature artificiel ou civilisé.

Il n'est pas douteux que cette ingénieuse réconciliation, telle qu'elle a été institutionnalisée dans nos régimes, est une des grandes inventions politiques de l'histoire humaine. On sait aussi cependant qu'elle a aussitôt suscité des oppositions passionnées, et d'abord et avant tout celle de Rousseau. Rousseau dit à peu près ceci: cette «réconciliation» est un compromis corrupteur, qui lèse la nature et énerve la loi; dans une telle société «individualiste» ou «libérale», on ne peut connaître ni le bonheur de la nature, ni celui de la vie civique. Il y a trop de nature pour ce qu'il y a d'artifice, trop d'artifice pour ce qu'il y a de nature.

Mais je voudrais attirer l'attention sur une autre difficulté. Montesquieu l'indique déjà: dans une telle société, où les hommes sont politiquement indépendants les uns des autres, il y aura deux activités dominantes: l'économie et la culture. Elles seront distinctes et même séparées l'une de l'autre : l'économie rend les hommes dépendants les uns des autres et les attache les uns aux autres par l'intérêt, tandis que la culture est l'expression des « talents » individuels. Les « talents », détachés de la conversation civique puisqu'il n'y a plus véritablement de vie civique, les talents n'auront d'autre règle que leur imagination ou leur « créativité » (les hommes y penseront « tout seuls », dit Montesquieu, ce qui selon l'application peut contenir la louange ou le blâme). De sorte que les citoyens, ou plutôt les « hommes confédérés », pour peu qu'ils aient l'envie ou le talent de « penser », vivront dans un monde où ils ne pensent pas, penseront dans un monde où ils ne vivent pas.

Le « monde » de la culture se tournera volontiers contre le régime libéral, non pas tant parce que la pensée serait par nature « critique » que parce que dans un tel régime, les hommes vivent naturellement dans « deux mondes » et que cette condition de la conscience est malheureuse.

J'ai essayé de présenter, très brièvement, quelques-unes des antinomies du libéralisme. Une telle présentation ne constitue pas nécessairement une critique, encore moins une réfutation. Après tout, c'est pour résoudre d'autres antinomies, celles du ou des régimes qui l'ont précédé, que le libéralisme a été élaboré. Et les difficultés qu'il rencontre à son tour signifient que le problème politique est plus fort qu'aucune de ses solutions. C'est pourquoi je voudrais, pour conclure, proposer une typologie des attitudes politiques possibles, en fonction de cette polarité entre la nature et la convention, ou la loi, ou l'artifice :

1) Les régimes préliberaux — et aussi, d'une certaine façon, les critiques « réactionnaires » ou « de droite » du libéralisme — proposent aux hommes des *fins* à la fois *naturelles* (éventuellement aussi surnaturelles) et *sublimes* (la vertu, le salut, la gloire, etc.).

2) Les régimes libéraux conservent une base *naturelle*, mais point à proprement parler de fins naturelles, ou alors ces fins sont négatives : surmonter l'état de nature ; et en tout cas, elles sont modestes : sécurité, confort.

3) Les régimes postliberaux — et les critiques « de gauche » du libéralisme — proposent à nouveau des *fins sublimes*, mais cette fois *non naturelles* (l'homme nouveau, la culture, etc.).

Entre ces deux sublimes opposés, le libéralisme fait pâle figure, et même, dans certaines circonstances historiques, il disparaît. Pourtant, à la réflexion, sa position n'est pas si désespérée qu'il le semble. D'une part, la critique « de gauche » ne fait qu'hériter de ses travaux même si elle oublie de lui témoigner sa reconnaissance ou ne lui réserve que mépris : c'est le libéralisme qui a critiqué décisivement les « fins sublimes » de l'ancien monde et a contesté radicalement qu'elles aient un fondement naturel. Et il reste à cette critique à établir qu'une politique peut se passer de *toute* référence à la nature. Quant à la critique « de droite », elle oublie que ce sont ses propres antinomies (les conflits entre des fins sublimes incompatibles) qui ont historiquement et logiquement conduit à l'élaboration du libéralisme.

C'est pourquoi, détournant ou retournant une formule célèbre, je serais tenté de dire: le libéralisme est une doctrine politique et économique *pratiquement* indépassable. Elle est pratiquement indépassable parce qu'elle préserve une référence explicite à la nature de l'homme et que cette référence est la plus modeste, la plus incontestable, ou la plus neutre qui soit dans une vie confortable: l'homme comme animal qui veut vivre, respirer et se déplacer librement, et trouver la récompense d'un travail auquel il consacre son talent. La dépasser «à gauche», c'est effacer totalement la référence naturelle, et, quoi qu'on puisse dire, l'homme ne peut ni vivre ni penser sans cette référence. La dépasser «à droite», c'est avancer une interprétation de la nature de l'homme qui sera contestée, c'est susciter la guerre ou en prendre le risque. Mais que le libéralisme soit pratiquement indépassable ne signifie pas qu'il soit interdit de chercher une doctrine qui penserait le rapport entre la nature et la loi d'une façon plus complètement satisfaisante que ne le fait le libéralisme.

WILHELM VON HUMBOLDT :
L'ÉTAT DE DROIT COMME ÉTAT LIMITÉ[1]

par Marianne Schaub

Je me propose d'esquisser brièvement la problématique élaborée par Wilhelm von Humboldt, penseur que le XIXe siècle célébra comme un des fondateurs du libéralisme. Réfléchissant une double crise, celle du despotisme éclairé en Prusse et dans l'Empire et celle du despotisme français emporté par la tourmente révolutionnaire, le philosophe s'efforce de répondre en disciple de Kant aux aspirations libérales en analysant leurs réelles conditions de possibilité en terre allemande et singulièrement en Prusse.

Le climat intellectuel et politique

Quelques précisions sur les premiers apprentissages, la « Bildung », du jeune penseur accouru à Paris assister en août 1789 aux « funérailles du despotisme français » en compagnie de son ancien précepteur Joachim Heinrich Campe[2], pédagogue renommé qui exerça son influence sur un élève attentif, réceptif et critique.

Réceptif aux valeurs libérales et sensible à l'enthousiasme politique du

---

1. Les œuvres complètes de Wilhelm von Humboldt, *Gesammelte Schriften*, Königlich Preussischen Akademie der Wissenschaften, éd. Albert Leitzman, reprint Berlin 1968, T.I. œuvres de 1785 à 1795; les principaux écrits de philosophie politique de cette époque, auxquels on se référera: *Idées sur les Constitutions, A propos de la nouvelle Constitution française* (Ideen über Staatsverfassug, durch die neue französische Konstitution veranlasst), 1791, *Des lois du développement des forces humaines* (Über die Gesetze der Entwicklung der menschlichen Kräfte) 1791, *Essai pour définir les limites de l'action de l'État* (Ideen zu einem Versuch die Grenzen der Wirksamkeit des Staats zu bestimmen), 1792; trad. fr. M. Schaub à paraître.

2. J.H. Campe, *Lettres écrites à l'époque de la Révolution* et *Récit de mon voyage à Paris*, 1790, (Briefe zur Zeit der Revolution geschrieben; Reise des Herausgebers von Braunschweig nach Paris im Heumonat, 1789), éd. moderne abrégée, H. König, Berlin, 1961.

rousseauiste convaincu qu'était Campe et que le jeune Humboldt tenait pour « un des rares hommes estimés faisant le poids dans l'opinion publique », « capable de produire autre chose que des lieux communs » bien qu'il observât à son égard une distance parfois ironique, agacé par la forme didactique, la tournure rhétorique, l'utilitarisme philosophique trop « bourgeois » du pédagogue. Quoi qu'il en soit, à comparer le Journal de Humboldt[3] avec les Lettres de Campe, on peut constater combien ce dernier joue à Paris le rôle d'un mentor écouté ; les préoccupations, descriptions et commentaires se rejoignent voire s'expriment en termes identiques quand l'écrivain introduit le jeune homme auprès de personnalités et d'institutions de premier plan : Mirabeau et l'Assemblée de Versailles, Marmontel[4] et les Académies, Sébastien Mercier et les établissements d'assistance publique.

Le milieu familial avait déjà introduit Wilhelm et son jeune frère Alexandre dans les cénacles « éclairés » de Berlin et contribué en 1785 et 1786 à organiser pour eux et quelques autres jeunes gens des cours privés faits par des personnalités éminentes de l'Aufklärung berlinoise ; parmi elles, J.J. Engel, disciple de Leibniz et de Wolff, éditeur jusqu'en 1777 d'un périodique de vulgarisation philosophique sous le signe des Lumières[5], les initiait à la philosophie moderne ; E.F. Klein, un des principaux collaborateurs de Suarez pour le projet de réforme du Code prussien en cours d'élaboration, enseignait les principes du Droit naturel dans une perspective qu'il voulait libérale ; C.W. von Dohm illustrait les idées « nouvelles » dans le domaine de la politique et de l'économie, exposant « le système physiocratique » ; il s'interrogeait sur sa pertinence comme modèle intellectuel et sur son efficience comme instrument pratique comparativement aux hypothèses d'A. Smith, il était connu par ailleurs pour son mémoire concernant l'émancipation des Juifs réalisée grâce à l'égalité des droits et des devoirs civils[6] ; Mirabeau allait en reprendre l'essentiel[7].

Comme l'on sait, la capitale prussienne était alors un haut-lieu de rencontre des courants modernistes, un espace restreint mais privilégié où les affinités individuelles, culturelles pouvaient prendre le pas sur les anciennes solidarités nobiliaires et confessionnelles, sur les rigidités léguées

---

3. G.S. *Tagebuch*, T. XIV.
4. La rencontre avec Marmontel n'est pas certaine, H. se plaignait que Campe ne l'ait pas toujours présenté à toutes les personnalités visitées.
5. *Der Philosoph für die Welt.*
6. *De la Réforme politique des Juifs* (1781-1782) ; dans sa *Préface à Manasseh ben Israel*, 1782, M. Mendelssohn formule la même idée dans les termes voisins : « liberté et égalité sans restriction de tous quels que soient la religion, le statut ou prestige singulièrement en ce qui concerne les droits des acheteurs et des vendeurs ». A la suite des troubles d'Aix-la-Chapelle, Dohm sera chargé de présider à l'enquête et de proposer des révisions constitutionnelles pour la ville d'Empire, H. le rencontrera à Aix à ce moment-là et, vraisemblablement à son instigation, il rédigera, deux brefs compte-rendus de brochures consacrées à cette actualité : cf. G.S. *T.* VII, pp. 546-549.
7. Sur cet enseignement, notes et commentaires, voir G.S. *T.* VII.

par la tradition. Les projets éditoriaux, les réunions littéraires, les loges maçonniques rassemblaient au-delà des barrières sociales et religieuses ; le culte d'une amitié fraternelle, dédaigneuse des préjugés pouvait être élevé à la hauteur d'une règle de vie refusant le conformisme[8]. La sphère des relations privées pouvait ainsi devenir un pôle de référence pour des relations publiques à réinventer ou plus simplement à remodeler.

Nombre d'amis juifs[9], sa passion pour Henriette Hertz, signifient concrètement pour le jeune étudiant qu'il s'est détaché des divisions et hiérarchies «irrationnelles» : non seulement pour lui mais pour d'autres aussi elles doivent tomber en désuétude, une Humanité moderne est en chemin.

Emprunter ce chemin conduisait à réfléchir sur les fondements d'une universalité du genre humain susceptible de progrès quant à la religion, la culture, l'éthique et à approfondir dans cette perspective la philosophie kantienne ; à propos de ce dernier travail, Humboldt écrit modestement en février 1789 à F.-H. Jacobi : «Vous me tenez pour une tête spéculative bien mieux armée pour le combat sur le champ de bataille métaphysique que je ne le suis. Vous le savez bien vous-même, j'ai été nourri et élevé dans la philosophie wolffienne et je me suis seulement faufilé dans le système kantien... »[10]

Alors qu'il poursuivait ses études de droit et de science politique aux Universités de Francfort-sur-Oder et de Göttingen, Humboldt rédigeait ses premiers essais traitant de la religion naturelle (1785-1787), de la religion en général et du christianisme (1789). Il achève sa formation théorique par une pérégrination à travers le Reich, discutant avec des personnages fort divers de l'Édit de Wöllner[11], des privilèges nobiliaires et de la condition paysanne,

---

8. Le «*Veredlungsbund*», qu'on peut traduire par «alliance» ou «loge d'ennoblissement mutuel» doit réunir les âmes selon des affinités culturelles profondes ; tel est d'abord le nom donné aux liens sentimentaux noués entre Henriette Hertz et H., association moralement exigeante, destinée à regrouper les intimes, elle exprime sous la forme de l'idéalisme le plus juvénile la double idée de la belle âme et de la belle associativité ; concrètement, elle sera un groupement très limité et peu durable mais elle inspirera ultérieurement encore la conception du mariage fondé uniquement sur la liberté du sentiment et l'harmonie effective du couple, faute de quoi la loi doit permettre une dissolution des liens, voir le ch. de l'*Essai pour définir les limites d'action de l'État*.

9. Israel Stieglitz, qui allait être un médecin réputé, fut parmi eux la forte personnalité intellectuelle et morale la plus influente. Voir R. LEROUX, *G. de Humboldt, la formation de sa pensée jusqu'en 1794*, Publications de la F. des L. de l'Université de Strasbourg, 1932.

10. Lettre du 7 février 1789 ; H. avait commencé l'étude de Kant à partir de l'automne 1787, cf. sa deuxième lettre à Jacobi, ed. A. Leitzmann.

11. L'Édit de Wöllner, 9 juillet 1788, rétablit l'obligation d'une stricte orthodoxie confessionnelle dans tout enseignement théologique et la stricte observance des professions de foi des trois religions chrétiennes (la calviniste, la luthérienne et la catholique-romaine, seules reconnues par l'État) dans toutes les écoles ; celles-ci seront contrôlées par une inspection régulière des autorités confessionnelles des trois religions ; l'Édit de Wöllner sur la censure, décembre 1788, complète la premier en donnant tous les moyens nécessaires pour réprimer dans les publications les courants *Aufklärer*. G. Forster, dont H. avait fait la connaissance à Göttingen en 1788 et qui exerça sur lui un certain ascendant quelque temps, publie dans la *Berlinische Monatsschrift* de décembre 1789 une critique en règle : *Über Proselytenmacherei*.

des relations entre nobles et bourgeois, des préjugés concernant les Juifs et les mariages mixtes, de la limitation des pouvoirs d'État[12]. Le voyage dans la capitale de la France parachève ce parcours en donnant à voir la nuit du 4 août l'implosion d'un monde et l'entrée en scène d'une nouvelle société.

Mais où en était outre-Rhin le débat sur l'absolutisme?

Débat décisif pour la formation de la philosophie allemande car il n'était pas, comme ce fut le cas en France, la continuation d'un débat spécifiquement politique déjà ancien, développé dès le XVIe siècle sur le Droit, la légitimité de l'absolutisme monarchique et de la raison d'État, face aux « guerres de religion » et aux Grands mais il s'enracinait dans une tradition théologico-politique spécifique à la Réforme, dominante dans les principautés protestantes. Or le luthéranisme, avec la doctrine du sacerdoce universel et de la « sola fides », signifie la disparition de l'« état ecclésiastique » ainsi que la séparation radicale de la foi et du monde. L'universel se réalise du côté du religieux, de l'intériorité, non du côté du Droit, de l'extériorité. La Réforme légitime ainsi une forme d'absolutisme d'État : elle reconnaît au Prince toute autorité sur le monde extérieur, ce qui rend d'emblée toute universalité du Droit utopique ici-bas ; si elle revendique la liberté intérieure, la liberté de conscience et de prédication, elle invalide comme chimérique et même comme anti-chrétienne toute aspiration à réaliser les principes du Droit naturel en société, sauf à être le fait du Prince lui-même. L'idéal du despote éclairé se profile déjà à l'horizon quand bien même les princes sont pour le Réformateur plus souvent bourreaux que protecteurs[13].

Le débat politique ouvert au XVIIIe siècle durant une vingtaine d'années jusqu'au tournant marqué par l'accession au trône de Prusse de Frédéric Guillaume II (1786) était dominé par une contestation modérée qui revendiquait faiblement une Constitution mais avec force le droit à une libre activité sur le plan religieux, intellectuel et, à des degrés divers dans les différentes principautés, une plus grande initiative sur le plan économique ainsi que la suppression de tout un ensemble de règlements corporatifs archaïques imposé par le mercantilisme. Ce courant fondait la légitimité de sa démarche à plusieurs niveaux :

1) En rappelant de façon générale que la Réforme avec l'abolition de l'ordre ecclésiastique en tant que tel et la sécularisation de ses domaines avait déjà opéré une modernisation de l'État et une spiritualisation de la vie religieuse que ne connaissent pas les pays où règne sans partage le

---

12. Voir son *Journal, op. cit.*
13. Voir M. SCHAUB, *Müntzer contre Luther, le droit divin contre l'absolutisme princier*, Paris, 1984, Partie III.

catholicisme romain. Le protestantisme a ainsi amélioré les institutions et inauguré un progrès à long terme qui incite les esprits à exercer librement leurs facultés.

2) En mettant de grands espoirs dans le projet de réforme de la procédure judiciaire et du Code prussiens engagé sur l'ordre de Frédéric II (1780), réforme destinée à rationaliser et à moderniser le fonctionnement de la justice. Homogénéiser les coutumiers disparates en vigueur dans le royaume ainsi que mettre fin aux mesures arbitraires dans l'administration de la justice signifiera pour d'aucuns dépasser l'arbitraire dans le domaine législatif et même constitutionnel : dans la mesure où une certaine ambiguïté joue dans la définition du Droit et dans la référence au Droit naturel comme légitimation de « libertés » et de « servitudes », on pourra dire libre un citoyen qui n'a aucun droit sur le législateur. Dans cette optique il suffira que la refonte des lois judiciaires prenne en compte des libertés fondées sur le Droit naturel et que l'autorité établisse des lois justes pour que l'État ne manque pas d'être un État de droit. Un État de droit où l'égalité devant la loi peut s'entendre de diverses façons et notamment sans remise en cause des ordres privilégiés à condition seulement que se réalise « une juste proportion entre les ordres de sorte qu'aucun ne s'élève par trop au-dessus des autres et que le plus humble parmi eux ne soit pas méprisé »[14].

Pourtant le projet fut long à aboutir, la mise en vigueur du nouveau Code n'eut lieu qu'en 1794, sous le titre *Allgemeines Landrecht für die preussischen Staaten*. L'orientation imposée au départ étant de concilier le Droit Romain reçu dans le Saint Empire avec le Droit naturel et le Droit positif, autrement dit la Constitution prussienne existante. Une conciliation de cette sorte était une gageure et devait susciter maintes controverses. A la suite de la Révolution et de la proclamation de la République en France, les possibilités d'aboutir se compliquèrent encore du fait des milieux ultra conservateurs redoutant tout changement.

La fonction et les limites du Droit naturel avaient été au centre du débat : autour de 1770 des juristes avaient forgé la notion de « nature de la chose » (*Natur der Sache*) pour intégrer en tant que cas particuliers ou exceptions justifiées de par leur « nature », des droits particuliers (régaliens, nobiliaires ou corporatifs) aux principes universels du Droit naturel ; cette notion, à la formulation ambiguë et à l'usage controversé, permit de mettre en veilleuse ou d'invalider l'application du Droit naturel ; radicalisée au XIXe siècle, elle servit de point de départ à l'École historique du Droit[15]. En définitive, la systématisation à partir de concepts universels ne pouvait qu'être rejetée car elle eut conduit à s'interroger sur la participation des citoyens à la souveraineté ; la tendance dominante tenait pour illusoire de

---

14. F.C. von MOSER, 1763.
15. Voir G. SPRENGER, *Naturrecht und Natur der Sache*, Berlin, Duncker u. Humblot, 1976.

croire « que le Code doive être déduit de la nature ou des concepts des choses, de la fin de l'État et de la société, c'est-à-dire du contrat civil, autrement dit constitué de prescriptions puisées dans le saint des saints de la philosophie »[16]; c'est le Droit Romain qui devait assurer l'articulation entre les trois systèmes juridiques (Droit Romain, Droit positif, Droit naturel), « de sorte que la matière ne soit pas puisée dans Montesquieu, Rousseau et Mably mais dans Labeo, Capito, Sévère et les Antonins » et de sorte que puissent être légitimés des coutumiers provinciaux aussi bien que des dispositions conservant des formes de servage ou des règlements mercantilistes. La tâche assignée au Droit naturel sera de formuler sous sa forme la plus universelle le droit de propriété sans qu'il puisse pour autant servir de fondement ou de modèle à un Droit constitutionnel toujours déterminé par le Droit positif. Car il convient de maintenir un hiatus entre l'universalité du droit de propriété et les droits particuliers (ou privilèges) découlant des statuts distincts des « ordres ». Il devait en résulter une minorité politique perpétuelle des sujets, somme toute « des nègres blancs », pour parler comme un pamphlet de la Hesse.

3) Enfin, en défendant précisément l'idée d'une distinction à opérer entre le privé et le public, le civil et le politique et ce de telle façon qu'une société civile puisse se développer comme sphère d'activité propre, à la fois séparée de, et soutenue par l'État, seul souverain législatif et exécutif établi par la tradition et autonomisé dans sa fonction.

Johann August Eberhard, le philosophe « populaire »[17] de Halle, fut le premier (1784) à vouloir cerner cette conception, encore vague jusque-là, et à en déduire une double définition de la liberté; la liberté politique qui est « participation à la souveraineté » tandis que la liberté civile signifie « le droit de prendre ou non des initiatives en vue d'activités non définies par les lois de l'État ». Distinction qui ne lui paraît pertinente que pour une monarchie moderne : il déduit de cette proposition la non pertinence pour les sociétés modernes du modèle politique antique qui ne doit donc pas être considéré comme universel, contrairement à un préjugé largement répandu. Or c'est en vertu de ce « préjugé » que se diffuse l'idée que « la liberté des citoyens n'existe que dans les républiques et d'autant plus réellement que la forme du gouvernement... est plus proche de la Démocratie » alors que dans une monarchie absolue la liberté existe tout autant, bien qu'elle soit d'une autre sorte, à savoir « liberté civile »; elle existerait même bien mieux que

---

16. Sur les questions de Droit voir J. SCHLUMBOHM, *Freiheit, Die Anfänge der bürgerlichen Emanzipationsbewegung in Deutschland*, Geschichte und Gesellschaft, Bd. 12, Düsseldorf; E.R. HUBER, *Deutsche Verfassungsgeschichte*, Kohlhammer, 1960; Uwe-Jens HEUER, *Allgemeines Landrecht und Klassenkampf*, Berlin, 1960.

17. Les « *Popularphilosophen* » représentent un courant moralisateur s'adressant au grand public, le plus connu fut Ch. GARVE, dont les *Versuche über verschiedene Gegenstände aus der Moral und Literatur*, critiques, vis-à-vis de Kant, provoquèrent une réplique du philosophe dans *Über den Gemeinspruch...*, 1793 (*Sur l'expression courante, il se peut que ce soit juste en théorie mais en pratique cela ne vaut rien*, trad. L. GUILLERMIT, Vrin, 1972).

dans maintes républiques. Historiciser la référence à l'antiquité et la traiter en préjugé politique est un moment important de l'argumentation, l'auteur doit néanmoins admettre que les deux conceptions expriment chacune l'idée de liberté et que «le degré le plus élevé de liberté politique et civile, que permet le bien de l'État, (est) le degré le plus élevé de liberté qui peut échoir aux citoyens»[18]. Mais l'essentiel pour lui est de justifier et de concilier un libéralisme «privé» avec son contraire en politique, l'absolutisme du pouvoir monarchique reposant sur les «ordres» (*Stände*) privilégiés.

Cette conciliation ne pouvait évidemment être viable qu'à condition d'être stable, c'est-à-dire de recevoir l'agrément du monarque, de chaque monarque successivement; Frédéric II de Prusse y fut disposé, grâce à quoi son règne eut de fervents défenseurs parmi les intellectuels *Aufklärer*, encore que certains comme Lessing ne se faisaient guère d'illusions; raillant cette aimable liberté de discuter à perte de vue de la religion à condition de se taire sur les servitudes proprement politiques, Lessing avertissait Nicolaï, si fier des Lumières berlinoises: «... si quelqu'un s'avisait d'élever la voix pour défendre le droit de sujets protestant contre l'exploitation et le despotisme comme cela peut arriver même en France et au Danemark, vous verrez alors quel est en Europe le pays le plus soumis à l'esclavage».[19]

Précisément, après la mort du roi-philosophe, sous le règne de Frédéric-Guillaume II, ce dispositif de conciliation est en crise, sa vulnérabilité, sa dépendance «irrationnelle» du contingent deviennent manifestes. Les deux Édits de Wöllner font apparaître la précarité d'un progrès des Lumières contrôlé par le despotisme, chaque despote pouvant défaire ce qu'avait fait le précédent[20].

La volonté royale, absolue et singulière, ne pouvait plus passer, sans réel débat, pour une expression de la «volonté générale», de l'«intérêt commun». D'où une plus grande attention portée à l'idée que l'universalité de la loi est un gage de constance, de régularité, qu'elle seule garantit contre les aléas d'un arbitrage singulier. L'arbitrage singulier peut ainsi devenir synonyme d'arbitraire. Une légitime défense contre l'arbitraire devait-elle lever toutes les ambiguïtés et entraîner une conception du Droit qui faisait basculer toute la problématique du judiciaire au constitutionnel? Pouvait-on alors formuler l'exigence d'une participation des citoyens à la souveraineté et réclamer l'instauration d'une Constitution fondée sur l'universalité du droit naturel?

---

18. Cité in J. SCHLUMBOHM p. 134.
19. Lettre du 25 août 1769.
20. A partir de 1790 la censure prussienne réprime de plus en plus sévèrement, les interdictions se multiplient, Kant n'a pas l'autorisation de publier la deuxième partie de *La religion dans les limites de la raison* dans la *Berlinische Monatsschrift* et H. Prudent ne fera paraître qu'une petite partie de son *Essai* dans la même revue. L'*Essai* ne sera publié intégralement qu'après sa mort, par les soins de son frère.

La crise du despotisme s'était développée à l'échelle de l'Europe donnant à voir simultanément un triple processus :
— en Prusse, le souverain rompt un point d'équilibre, entre en conflit avec les Lumières et ne peut plus prétendre à l'épithète d'« éclairé » ;
— en Autriche, un souverain éclairé, l'Empereur Joseph II, entreprend un ensemble de réformes et, de ce fait, entre en conflit avec les privilégiés qui le mettent en échec et suscitent même des insurrections en Hongrie et en Belgique ;
— en France, le conflit avec le souverain amorce un procès révolutionnaire, à l'issue encore incertaine. Pourtant, c'est cette révolution qui devenait en Europe non seulement un point de mire général mais l'événement décisif par rapport auquel il faut repenser la problématique du Droit et de l'État.

L'État moderne

La France venait d'être le théâtre d'un passage sans précédent « de la théorie à la pratique », de la doctrine du Droit naturel à sa réalisation politique. Ce passage était-il obligé et devait-il s'effectuer nécessairement sous la forme de la rupture révolutionnaire ?

C'est à cette question que Humboldt s'efforcera de répondre pour jeter les fondements d'un État libéral susceptible de se substituer réellement à un État despotique ; substitution qui pourra peut-être s'effectuer non par rupture révolutionnaire mais par un procès continu de réformes. Dans cette perspective, il reprend l'argumentaire des *Aufklärer* modérés pour en transformer les conclusions :

Premièrement, l'historicisation des normes universalistes du Droit et de la culture humaniste n'aboutira plus à une inapplicabilité de principe du Droit naturel au réel mais à la recherche de leurs conditions objectives d'émergence et d'application à différents moments de l'histoire.

Ensuite, la distinction du civil et du politique ne conduira pas à geler sine die le droit des citoyens de participer à l'exercice de la souveraineté en renvoyant à un passé révolu le modèle de cet exercice mais à définir autrement la fonction et les fins de l'État.

Tout d'abord dans les *Idées sur les Constitutions,* il articule l'une sur l'autre deux analyses historiques, 1) la description des circonstances ayant produit des changements au long cours, qui en France aboutissent à la Révolution et à la Constitution de 1791, et 2) la mise en évidence du rapport entre privilèges et formes de l'État.

Selon l'*Esprit des Lois*, à l'origine l'octroi des privilèges correspond au service rendu à la nation pour sa conservation et Montesquieu décrit comment s'acquiert l'hérédité des privilèges et comment la formation des « ordres » et des lignages répond à des circonstances historiques diverses. Il s'agissait bien là de droits acquis. C'est aussi ainsi que l'entendra Humboldt. Restera, donc, à définir quels rapports les droits acquis doivent entretenir avec le Droit naturel pour la conservation de la nation. L'auteur des *Idées sur les Constitutions* inscrira l'universalité dans la relativité historique non pas comme une «abstraction» éthique qui doit céder au joug d'un présent politique indépassable mais comme un modèle dynamique en voie de maturation. Cette dynamique exprime une possible progression des forces humaines, qui se renforce ou s'affaiblit selon des conjonctures variées et qui suppose à l'œuvre un principe téléologique, «une ruse de la raison» pour reprendre la notion kantienne; le progrès du genre humain apparaît ainsi comme un effet complexe de forces, difficilement connaissable et formulable en termes de loi mais qui n'en doit pas moins être objet d'intelligence politique, car même si une science aussi aléatoire ne peut «indiquer (aux gouvernants) quels sont exactement les moyens par lesquels ils peuvent atteindre sûrement leur but, elle les empêchera tout de même de courir après l'impossible, elle leur inspirera du respect pour l'objet de leurs soins, enfin elle les incitera peut-être à abandonner les rênes et à les remettre aux forces autonomes de la liberté, qui, elles seules, sont dignes de les prendre en main.»[21]

D'autant plus qu'un droit acquis devient «irrationnel», illégitime du point de vue des Lumières, s'il ne correspond plus à un service réel, ce qui ne manque de se produire quand la forme de l'État se modifie et que cette mutation marginalise le service et le serviteur. L'acquis historique n'est pas par nature immuable, il peut devenir historiquement caduc.

Tel est le processus historique qui, à l'orée des temps modernes conduit de façon en apparence contradictoire à l'absolutisme monarchique mais aussi à plus de liberté à travers «la dépravation de la noblesse»: la domination exclusive du Prince «s'imposa et pourtant la liberté gagna. En effet, comme le peuple était plus soumis au Prince qu'à la noblesse, le seul fait d'être plus éloigné de lui donnait déjà un peu d'air: ses vues ne pouvaient plus être imposées immédiatement comme autrefois au moyen de la contrainte physique imposée par les vassaux, d'où était issu en particulier l'esclavage des personnes. Un moyen devint nécessaire, l'argent... Tous les efforts tendirent maintenant à pressurer la nation pour lui faire rendre autant d'argent que possible. [Il fallut augmenter les ressources...] C'est ici que se trouve, en réalité, le fondement de tous nos systèmes politiques actuels... on recherca la prospérité de la nation... et comme on concéda à celle-ci une plus grande liberté, en tant que condition indispensable à cette même prospérité... ainsi naquit le principe selon lequel un gouvernement devait prendre soin matériellement et moralement du bonheur et du bien-être de la nation. Il s'agissait, en l'occurrence, du pire et du plus oppressif des despotismes. En effet, comme les moyens de l'oppression étaient si bien cachés, si fort entortillés, les hommes se croyaient libres et de la sorte ils

---

21. Cf. *Des Lois du développement des forces humaines.*

étaient dépouillés de leurs forces les plus nobles. Pourtant, le mal engendra à nouveau son propre remède : le trésor de connaissances découvert chemin faisant, la diffusion plus générale des Lumières enseignèrent à nouveau ses droits à l'Humanité et firent renaître la nostalgie de la liberté. Par ailleurs, l'art de gouverner était devenu si artificieux, qu'il exigeait une intelligence et une prudence exceptionnelles ; or, c'est précisément dans le pays où les Lumières avaient fait de la nation l'ennemi le plus féroce du despotisme, que le gouvernement sombra dans la déliquescence et dévoila les plus périlleuses de ses turpitudes. C'est, donc, ici que devait éclater, en premier, la révolution et dès lors aucun autre système ne pouvait suivre sinon... le système de la raison, la Constitution idéale... elle contribuera à relancer les Lumières, à ranimer l'ardeur d'une vertu agissante et, ainsi, à répandre leur rayonnement bienfaisant très au-delà des frontières de la France. »

Qu'on veuille bien excuser la longueur de cette citation destinée à illustrer la méthode « historique » de Humboldt, à montrer comment l'auteur recourt au temps long pour argumenter et mettre en évidence cet enchaînement de médiations plus complexes, constitutif du cours des choses habité par « la ruse de la raison »[22]. Comme la complexité croissante des relations sociales signifie de nouveaux rapports, le « despotisme » change de figure : avec la contrainte économique marchande il y a simultanément plus de latitude mais aussi plus d'illusions. D'où le rôle décisif des Lumières pour une liberté réelle et une fonction immédiatement pratique pour « le trésor des connaissances ».

En projetant sur le long terme le cheminement accidenté des Lumières, il ouvre également une voie d'avenir aux aspirations libérales dans l'Empire germanique et avance une solution pour l'immédiat dans l'*Essai pour définir les limites de l'action de l'État*. Il reprend la distinction entre les sphères du civil et du politique, qu'il redouble avec la distinction entre lien national (*Nationalverbindung*) et lien étatique (*Staatsverbindung*) pour mettre toute la positivité des rapports humains, de la culture, de la créativité intellectuelle et artistique, de l'individualité nationale et du dynamisme historique du côté du civil qui prend ainsi l'ampleur d'une dimension sociale et mettre toute la négativité des contraintes, artifices mécaniques du despotisme ou légalité abstraite — le négatif de l'histoire — du côté de l'État dont il faudrait réduire la fonction au minimum, le minimum de coercition indispensable à la vie en commun d'hommes inégalement mûrs pour la convivialité et la liberté.

En effet, si « les révolutions politiques proprement dites, les changements de régime constitutionnel ne sont possibles qu'avec le concours de circonstances nombreuses, le plus souvent contingentes..., tout gouvernant peut, par contre, en toute tranquillité — que l'État soit démocratique,

---

22. Cf. *Ibid.* Sur la méthode de l'historien-philosophe, « Der philosophische Geschichtsschreiber ».

aristocratique ou monarchique — étendre ou inversement restreindre les limites de son action et plus il évitera les innovations à grand spectacle, plus sûrement il atteindra son but. Les meilleures opérations humaines sont celles qui imitent le plus fidèlement la nature.» Ainsi, tout État peut faire varier l'étendue de son action. Or, s'il amenuise lui-même sa propre fonction, il procède à une réforme génératrice de réformes ultérieures s'engendrant les unes les autres de façon quasiment naturelle. Précisément: «nul autre genre de réforme ne peut donc être mieux adapté à notre époque, si celle-ci doit réellement se targuer d'être à juste titre l'âge privilégié de la culture et des Lumières». Autrement dit, si le despotisme entend être éclairé et moderne, il doit commencer — et en principe il en a le pouvoir — par se convertir à... l'anti-despotisme ou à tout le moins à une réduction sensible de pouvoir[23].

Ainsi le manque de liberté renvoie à un manque de culture vraie, car si les conditions de possibilité de la liberté sont un haut niveau de culture, réciproquement «si les temps présents se signalent effectivement par la possession de la culture, de la vigueur et de la richesse, il faut leur accorder cette liberté qu'ils réclament ainsi à bon droit». L'absence de liberté signale, donc, soit une absence de culture soit une injustice.

Il dépendra finalement des conditions historiques que la liberté emprunte la voie révolutionnaire ou la voie réformiste. Il n'est pas douteux, pour Humboldt, que les réformes librement consenties par le souverain manifestent qu'une société connaît un degré de morale et de civilisation plus développé: «Si, ailleurs, c'est le glaive brandi par la nation qui limite la puissance physique du souverain, ici, ce sont les lumières et la civilisation qui l'emportent sur les idées et la volonté de ce dernier, bien que la transformation des choses paraisse être son ouvrage plutôt que celui de la nation. Encore que ce soit déjà un beau et grand spectacle de voir un peuple, pleinement conscient de ses droits d'homme et de citoyen, briser ses fers, ce doit être un spectacle infiniment plus beau et plus édifiant de voir un Prince rompre de lui-même les chaînes de la servitude et proclamer la liberté, non par un effet de sa bienveillante sollicitude mais pour remplir le premier et le plus pressant de ses devoirs, car il est plus sublime de voir agir l'inclination ou le respect pour la loi que s'exercer l'empire de la nécessité et du besoin. La liberté, qu'une nation s'efforce d'atteindre par un changement de Constitution, est à la liberté qu'un État existant accorde, ce qu'est l'espérance à la jouissance, l'esquisse à l'achèvement.»

Cet hommage rendu au souverain véritablement éclairé, autrement dit à la conscience morale comme facteur de civilisation, exprime aussi le thème — promis à un bel avenir — des différences nationales entre les cultures française et allemande, la première faisant la part belle à la civilité,

---

23. Voir les difficultés rencontrées par Joseph II, signalées plus haut, qu'H. n'ignore pas, ce qui signifie que cette «autoréduction» par en haut est bien aussi une «révolution».

la seconde à l'authentique moralité. Mais Humboldt entend montrer surtout qu'un État moderne ne peut exister comme tel et fonctionner qu'à la condition expresse de borner ses compétences aux questions touchant la sûreté intérieure et extérieure.

A partir de ces prémisses la démarche de l'auteur consistera à illustrer par des exemples historiques ou psychologiques, par des analyses politiques et juridiques les aspects stérilisants de toute intervention étatique destinée à modifier les mœurs, les religions ou la culture, à produire des biens ou des effets économiques. Les attendus philosophiques des codes modernes et l'histoire des ordonnances de la plupart des États font pratiquement tout dépendre de l'État : « L'agriculture, l'artisanat, les industries de toutes sortes, le commerce, même les arts et les sciences, tout reçoit vie et orientation de l'État. »

Or, le seul véritable objet de l'État consiste dans la sûreté intérieure. Une partie importante de l'*Essai* est consacrée à l'examen des institutions répressives indispensables, aux sanctions pénales, au Code. Pour la sûreté extérieure, les ressources et capacités publiques s'avèrent modestes car l'aptitude d'une nation à combattre dans une guerre dépend plus fondamentalement de son esprit, de son moral, de sa personnalité.

A tout législateur incombe donc le devoir d'étudier les fins, les moyens, le financement de lois qui n'auront d'effet salutaire qu'à la condition expresse de renforcer au long cours, par des effets indirects, la force intérieure des citoyens en tant qu'ils sont hommes. Comme les droits de l'homme sont le socle sur lequel s'élèvent les droits des citoyens c'est la qualité humaine qui fait la qualité civique.

Ces effets à long terme véhiculés par la suite des générations et constituant la substance de tout progrès réel impliquent par hypothèse un postulat téléologique. La continuité historique plus nourrie de facteurs extérieurs, de conditions imprévisibles, de « hasards » que de projets conçus par la raison est garante de l'individualité vivante des nations. Ces Individus-Nations ne se laissent pas durablement enfermer dans un carcan imposé d'en-haut ou bousculer d'un extrême à l'autre par des révolutions excessives. Mais les révolutions elles-mêmes n'obéissent-elles pas à ces jeux de « hasard » qu'on appelle aujourd'hui des conjonctures ?

Humbolt pense démontrer le bien-fondé d'un libéralisme libérant les énergies spirituelles, culturelles et économiques en l'inscrivant dans une réalité vivace et mobile, la société régulée par les rapports civils. Qu'en sera-t-il du libéralisme politique face à un despotisme arc-bouté sur la tradition ? Il demeure en attente d'avenir, de stratégie fiable.

Lorsque l'opposition société civile-État aura conquis avec Hegel un nouveau statut philosophique, ce sera au prix d'un renversement des valeurs : c'est l'État porteur d'universalité, de Droit, qui réassumera son rôle de grande puissance. Quant au thème du dépérissement de l'État il connaîtra, comme l'on sait, un avenir controversé !

DE L'INDIVIDUALISME LIBÉRAL À LA SOCIOLOGIE : UN INTERMÉDIAIRE PARADOXAL

par Didier Deleule

Résumé

La polémique développée contre l'idée d'ordre naturel est accompagnée, chez Hume, d'une reconsidération de l'idée de nature humaine, comprise désormais comme puissance d'invention et d'artifice, et non plus comme simple élément intégré au Tout de la Nature (comme la partie du Tout-Nature à la manière stoïcienne) soucieux du respect d'une Nature déjà constituée en Système.

Dans la perspective humienne, il n'est d'autre « respect » que celui qui concerne le dynamisme inventif d'une nature dont le seul « souci » est sa propre conservation à travers ses modalités expansives : attitude qui déconcerte, en principe, tout projet apologétique au bénéfice de la recherche des facteurs d'amélioration ou de préservation du corps individuel et du corps social dans une situation donnée : la médiation est ici technique. A la conformité à la norme ordonnée ou instruite une fois pour toutes, se substitue le repérage des mécanismes de construction de normes forcément variables suivant les « circonstances ».

L'École historique écossaise, en systématisant les acquis de l'analyse humienne, met en place les éléments notionnels qui autorisent un certain discours sur le social, en un mot une sociologie.

Communication

Il y a un retentissement du rejet par Hume de la doctrine du droit naturel et du contrat originel. On sait que Bentham et Burke y ont puisé, chacun dans son registre propre, le point de départ de leurs systèmes. Mais c'est peut-être chez certains représentants de l'intelligentsia écossaise de la 2e moitié du xviiie siècle que l'on trouve avec le plus de fermeté l'élaboration de réflexions qui savent tirer jusqu'en leur ultime conséquence la leçon de la polémique engagée par Hume. De ce cercle d'universitaires (John Millar à Glasgow, Adam Ferguson, William Robertson à Édimbourg, auxquels il faudrait joindre Lord Kames, James Dunbar, Hugh Blair et même, dans une moindre mesure, le jeune Adam Smith) se dégage une vision relativement cohérente de l'organisation sociale liée à la division du travail et à la répartition de la propriété, et régie par le principe de la conservation de soi du côté de l'individu, et du développement productif du côté du corps social ; la notion d'intérêt (comprise comme préoccupation qui se réfère à notre condition externe et à la conservation de notre nature animale, pour reprendre la définition donnée par Ferguson), la notion d'intérêt — prise dans ce sens particulier et restreint — triomphe à la fois dans la perspective d'une histoire dépourvue de tout critère religieux et dans un projet commun d'achèvement du système des sciences selon un modèle de type baconien et newtonien (c'est ainsi que John Millar, par exemple, appelle Montesquieu le Bacon — et A. Smith le Newton — de la nouvelle science de la société civile).

Les commentateurs (anglo-saxons et italiens, car en France on s'intéresse peu à ce courant) insistent avec raison sur la véritable occultation dont a été victime l'école historique écossaise tout au long du xixe siècle (si l'on excepte Saint-Simon, Marx et Stuart-Mill qui connaissaient et, à l'occasion, citaient leurs auteurs). On peut invoquer les raisons que l'on voudra et dire par exemple, comme cela a été dit, que l'émergence du prolétariat comme classe organisée aurait logiquement entraîné — à la lumière des théories de Ferguson, Millar, etc. (qui insistaient sur l'idée selon laquelle les rapports de propriété sont au fondement de l'organisation sociale) — l'idée que le développement social est une lutte entre possesseurs de capitaux et prolétariat et que de nouvelles formes d'organisation sociale doivent être inévitablement envisagées, formes qui correspondent à l'entrée en scène de la nouvelle classe sociale... Après tout, c'est bien de ce genre de préoccupations, activées par l'événement considérable qu'a représenté la Révolution française, qu'est née ce qu'on appelle la Sociologie. Or, mon propos sera précisément, aujourd'hui, non point de réparer une injustice (cela demanderait sans doute beaucoup plus de temps), mais d'essayer de montrer à partir du thème ordre et histoire que l'École historique écossaise constitue peut-être un intermédiaire — et un intermédiaire paradoxal — entre l'individualisme libéral du xviiie siècle et l'entreprise sociologique du xixe, entre d'une part la reconnaissance d'un libre jeu de forces séparées qui constituent — au sens strict — le tissu social et qui entrent en conflit avec une certaine vision du dirigisme étatique, et, d'autre part, l'avènement d'une rationalité politique comme garantie gestionnaire de la société en tant que telle.

De quoi s'agit-il ? Il s'agit d'une réflexion sur les conditions de possibilité d'un *ordre* social qui ne serait pas téléologiquement guidé, qui ne serait le fruit d'aucune conspiration providentielle. C'est la faillite de la notion de providence (générale ou particulière), de la notion de dessein, de *design*, bref la faillite de la complicité entre ordre et finalité qui appelle une approche nouvelle fondée sur une vision chaotique des choses et des gens. Puisque cette vision s'inscrit directement dans l'héritage de Hume, il me faut rappeler les implications de l'hypothèse sur laquelle elle repose. Cette hypothèse, remise au goût du jour, est référée à Straton de Lampsaque. Qu'énonce cette hypothèse? L'idée d'une force originelle, inhérente à la matière, qui produit par une action aveugle toute la variété des effets perçus (cf. Hume, *Letter from a Gentleman* — 1745 — et *Dialogues sur la religion naturelle*, 6e partie). Cette hypothèse d'une nature animée et aveugle mue par une nécessité interne permet de décoller la notion d'organisation de celle de mécanisme pur et de mettre en évidence les difficultés qu'éprouve celle-ci à rendre compte de celle-là. L'hypothèse stratonicienne pénètre dans le champ de la polémique moderne pour rappeler que la nature doit être perçue moins comme montage machinique que comme enchaînement temporel d'événements réductibles à certains principes d'intelligibilité, lors même que la cause ultime des phénomènes demeure inaccessible. Entre le mécanisme brut et le finalisme providentiel, le fossé apparemment infranchissable se comble dans l'impossibilité commune de penser une quelconque finalité interne: le vivant-machine, le monde-machine, dont la propriété essentielle réside dans la transmission d'un mouvement reçu d'ailleurs renvoient d'autorité à un constructeur-programmateur à la fois cause efficiente et assignateur de fins: le modèle technologique exclut d'emblée toute auto-suffisance de son objet, puisque la raison de son fonctionnement lui est toujours imprimée de l'extérieur. En revanche, l'hypothèse stratonicienne, qui autorise l'élaboration d'une analogie biologique, rompt le contrat de mariage du mécanisme et du finalisme: la substitution de l'image du monde-animal à l'image du monde-machine s'accompagne d'une chute de finalité, à propos de laquelle Déméa (dans les *Dialogues*) formule la question fondamentale, celle qui met en jeu la définition même de la notion d'ordre: «comment l'ordre peut-il naître d'une chose qui ne perçoive pas l'ordre qu'elle met?» En d'autres termes, il faut *dissocier ordre et dessein* pour, en évitant toute répétition de principe, faire *surgir* comme difficulté ce qui jusqu'alors était posé comme allant de soi: la notion même de finalité. Si finalité il y a, c'est du côté des extraordinaires potentialités de la nature qu'il sera souhaitable d'en discerner les contours; le principe naturel qui génère en toute méconnaissance de ses mécanismes générateurs laisse place à une certaine spontanéité inventive.

L'hypothèse stratonicienne permet de saisir la possibilité d'une conspiration involontaire des éléments dans la sauvegarde du tout. La seule subsistance de l'animal suffit à manifester l'adaptation mutuelle des parties à l'intérieur de l'individu concerné. Si la seule « intention » *(purpose)* de la nature est la préservation des individus et la propagation de l'espèce, la division du travail s'inscrit dans cette exigence; elle n'est pas commandée par une simple commodité, mais par une nécessité de survie; elle n'est pas le fruit d'une délibération providentielle, mais d'une spontanéité conservatoire. Elle manifeste à cet égard l'aptitude « réparatrice » *(repair)* de la nature qui suscite l'artifice pour remédier au désordre réel. Par exemple, lorsque Hume décrit les motifs de constitution des groupes sociaux en reliant le double couple notionnel égoïsme/générosité limitée-parcimonie naturelle/satisfaction des besoins, on peut soupçonner que l'argumentation vise moins à atteindre une source historique qu'une condition logique. La rareté, en effet, n'est pas évaluée en fonction d'une parcimonie naturelle intrinsèque, mais « en comparaison des besoins et des désirs des hommes ». Si une économie de subsistance peut, à travers la division des tâches, garantir une élémentaire survie de l'individu en réunissant les conditions minima de la mise en échec des injures de la nature extérieure, une économie développée, tout en prolongeant l'effort de résorption de l'antinomie « quantité infinie des besoins et des nécessités »/« faiblesse des moyens », introduit dans la notion l'amplification des déterminations de la nature humaine. Sans que Hume tienne pour fatale l'émergence d'une économie développée, il apparaît que la croissance économique reconduit d'une certaine manière l'antinomie, tout en intervenant, aux yeux du philosophe, comme condition de sa résolution. Il y a là sans doute quelque chose qui n'appartient pas en propre à la pensée de Hume, mais que le philosophe a su révéler de manière exemplaire; l'une des contradictions dans lesquelles s'enferme l'économie politique classique est bien celle-ci: faire reposer le développement économique sur certaines qualités de la nature humaine en position d'agression vis-à-vis de la nature extérieure ou en position d'harmonie avec elle, et, dans le même temps, compter sur ce développement même pour — dans une perpétuelle fuite en avant — résoudre le problème de la réconciliation des deux natures ou de leur parfaite adéquation. Chacun sait que nous sommes encore plongés dans ce débat; Hume, et c'est son mérite, à sa façon, le mettait à nu. L'artifice ne supprime pas la nature, il la confirme; l'artifice, c'est, en un sens, la nature opposée à elle-même :

> « Bien que la justice soit artificielle, le sens de sa moralité est naturel. C'est la combinaison des hommes en un système de conduite qui rend un acte de justice avantageux pour la société. Mais une fois qu'un acte a cette tendance c'est *naturellement* que nous l'approuvons; si nous ne faisons pas ainsi, il serait impossible qu'aucune combinaison ou convention produisît jamais ce sentiment » (*Traité de la nature humaine*, Aubier, p. 748).

La description humienne de la constitution des groupes sociaux concerne donc de manière permanente le corps social; l'origine de la justice renvoie plus à une logique qu'à une chronologie. Abondance, rareté sont des notions relatives; seul le superflu est destiné à un éventuel échange; conservé il devient épargne. L'incompatiblité n'est donc pas entre le luxe et l'épargne, mais entre les différents usages possibles du superflu.

En apparence, l'abondance — phénomène culturel — supplée au manque installé par la rareté, phénomène naturel. En réalité, la relativité des notions soulignées d'emblée par Hume introduit un double jeu de comparaisons qui finissent par se mêler de manière inextricable: écart entre ce qu'offre la nature et les aspirations des besoins et des désirs des hommes, écart entre les individus eux-mêmes mesuré à la possession des objets: la seconde situation, chronologiquement suscitée par la première, en est logiquement solidaire et ne cesse de rebondir sur elle. L'espoir de réconciliation de la nature humaine et de la nature extérieure doit pouvoir naître d'un troisième terme, d'un médiateur, la technique, susceptible de pallier les insuffisances de la nature extérieure et de développer les potentialités de la nature humaine: l'art n'est ni imitation, ni pur et simple prolongement de la nature, ni même franche rupture; l'art est produit de l'artifice, donc ruse de la nature; la technique, dans son essor inépuisable est fille de l'institution qui l'encourage pratiquement et l'autorise juridiquement. En d'autres termes, l'abondance des biens appelés à gratifier les sens et les désirs des hommes n'est réellement concevable que dans le cadre d'une civilisation du *refinement* où l'activité, canalisée sur des objectifs économiques, devient susceptible de satisfaire aux besoins de tout ordre dans le temps même qu'elle en renouvelle perpétuellement le stock:

> « La nature nous donne peu de jouissances d'une main libéralement ouverte; mais c'est par l'art, le labeur, et l'industrie que nous pouvons les obtenir en grande abondance. C'est de là que provient la nécessité des idées de la propriété dans toute société civile; c'est de là que la justice tire son utilité pour le public; et c'est de cette seule source qu'elle tire son mérite et son obligation morale » (*Enquête sur les principes de la morale*, Aubier, p. 43).

Au lieu que la divine providence force l'homme à pratiquer à son insu les règles de la justice, les défaillances de la nature extérieure, la pauvreté des moyens mis à la disposition de la nature humaine obligent l'homme, sans aucun secours étranger, à se tirer seul d'affaire et, en jouant la passion contre la passion pour la passion, à former une société qu'il n'aurait nullement recherchée si la providence avait pris en charge son destin. En conséquence, ou bien l'idée de providence n'est qu'un mythe, ou bien elle ne sert qu'à masquer une action malhabile que le concept de nature suffit assez bien à désigner. Cette « naturalisation » de l'hétérogénéité des fins retentit sur la doctrine de la division du travail dans la mesure où celle-ci ne peut être rattachée qu'à l'inventivité de la nature — sous la forme de la nature humaine comme puissance d'artifice — soumise à une nécessité de type économique où il y va de la survie de chacun. L'artifice, en tant qu'effet naturellement réservé des imperfections naturelles, ne saurait être utilisé comme intelligibilité analogique d'un ordre prétendument naturel mais précisément artificiellement construit.

Si j'ai insisté sur ce point, c'est qu'il me semble décisif. Ces préalables représentent en effet l'acte de rupture qui permet un autre discours sur l'histoire : l'histoire des hommes remplace le dessein providentiel ; l'ordre n'est pas au départ assigné, pour être ensuite maintenu ou restauré ; l'ordre est *problématique*, ce qui signifie qu'il est aléatoire et contingent (non-nécessaire). L'École historique écossaise assume cette articulation essentielle : une vision de l'histoire in-sensée, dont le cours, à tout le moins, est énigmatique parce que non pré-ordonné, non assigné, non normé. La question fondamentale à cet égard est posée par James Dunbar en écho à Hume (*Essay on the history of mankind*, 1782) : « Tout ce qui m'entoure n'est-il pas désordre, confusion, chaos ? Existe-t-il alors quelque principe d'union de stabilité, d'ordre ? »

Question fondamentale, car si l'on renonce à expliquer le développement social par les « grands hommes » ou par un dessein providentiel ou humain [Cf. *Essay* (1767) — rejet du *human design* chez Ferguson] : si donc la société se développe à l'aveugle, c'est pour le coup qu'il devient urgent de tenter de repérer les lois qui gisent sous le développement des sociétés. Dans la mesure où la loi (au sens scientifique) ne se confond pas avec le commandement, la prescription. En d'autres termes : reconnaître la contingence d'un fait, cela ne veut pas dire que sa production ne soit pas réglée ni qu'elle ne corresponde à des mécanismes qu'il appartient justement à l'enquête de déterminer. Le refus du pré-déterminé n'implique évidemment pas l'absence de règles. Au contraire, c'est bien dans l'absence du pré-réglé que la production demande des comptes. Simplement, l'objet de l'enquête ne sera pas une *retrouvaille*, mais précisément une *trouvaille*. Le travail de l'enquête ne sera pas récurrent (il refusera toutes les formes de l'illusion rétrospective), il sera, si je puis dire, conjoncturel (en mettant en avant, notamment, la notion essentielle de « circonstance »).

Ce travail, dès lors, reposera sur deux propositions de bases issues en principe de l'observation empirique du cours du développement social dans différents pays et à différentes époques. Ces deux propositions ont été formulées, entre autres, par Robertson :

1) « Dans toute recherche sur les actions des hommes dès qu'ils sont rassemblés en société, le premier objet de l'attention devrait être leur mode de subsistance ; étant entendu que lorsque celui-ci varie, leurs lois et leur politique doivent être différentes » (*History of America*, vol. I., 1777).

Ce qu'on pourrait appeler le principe de la variété dans l'uniformité, de la variété sociopolitique dans l'uniformité d'aspiration de la société civile.

2) « En découvrant quel est l'état de la propriété à une période particulière quelconque, on peut déterminer avec précision quel était le degré de pouvoir détenu par le roi ou par la noblesse dans la conjoncture » *(The history of the reign of the emperor Charles V — 1769)*.

Ce serait le principe d'une connexion entre les rapports de propriété et les formes de gouvernement.

Si le premier principe doit quelque chose à Mandeville, le second doit beaucoup à Harrington (*Oceana*, 1656). A ce point de l'exposé, il faut rappeler combien la théorie de la balance constitutionnelle, dégagée par Harrington à partir de l'apologie chez Polybe — reprise par Machiavel — de la doctrine du gouvernement mixte, a pu contribuer à forger l'idéologie politique du XVIIIe siècle : au modèle cyclique des formes pures de gouvernements se substitue un modèle d'équilibre des forces ; si la forme pure de gouvernement (monarchie, aristocratie, démocratie) dégénère inévitablement sous le poids de sa propre perfection pour engendrer une forme aberrante (tyrannie, oligarchie ou anarchie) bientôt remplacée par une autre forme pure, elle-même condamnée à sa propre perversion, en revanche on part du principe qu'une constitution mixte qui combinerait harmonieusement les qualités des formes pures de gouvernement permettrait d'échapper au cercle infernal de la dégénérescence et de la substitution. Mais ce modèle d'équilibre, dont certains voient l'illustration dans la république de Venise, est lui-même menacé d'une nouvelle forme de dégénérescence que Machiavel appelle « corruption » et qui survient lorsque l'une des trois composantes constitutionnelles empiète sur les autres, mettant ainsi en péril la stabilité du système. Or, l'originalité de Harrington est de fonder la notion de « corruption » sur des principes purement économiques. La corruption apparaît lorsqu'il y a, d'une manière ou d'une autre, divorce entre la forme du pouvoir et la distribution de la propriété (foncière). L'équilibre du pouvoir est en réalité lié à un certain déséquilibre de la propriété. Il faut, en effet, que la balance de la propriété soit en faveur d'un seul homme (monarchie absolue), ou d'un petit nombre d'hommes (monarchie mixte), ou du plus grand nombre (république), mais, dans tous les cas, la stabilité du régime est suspendue au fait que le ou les propriétaires détiennent beaucoup plus que la moitié des terres disponibles : il suffit, dès lors, que soit engendrée ou rétablie une répartition égale des biens entre deux groupes distincts pour que ceux-ci se livrent une lutte sans merci et que « le gouvernement devienne une vraie boucherie *(a very shambles)* ». Mais, réciproquement, si l'évolution de la répartition de la propriété va dans le sens d'un déséquilibre croissant, on assiste, à partir d'un certain moment, à la transformation du régime politique et donc à la « corruption » du régime en place devenu inadéquat à la nouvelle distribution des biens. Rééquilibrage parfait de la propriété, déséquilibre croissant sont donc les deux sources principales de la «corruption» des régimes politiques. Dans tous les cas, le fondement, la base *(foundation)* économique détermine la superstructure *(superstructure)* politique (cf. *Oceana*, éd. Toland, p. 51).

Je n'insiste pas sur la fortune extraordinaire de cette formule tout au long du XVIIIe siècle; je voudrais seulement signaler que la 2e proposition de base de Robertson (mais on pourrait en trouver une formulation analogue chez les autres penseurs de l'École historique écossaire) — qui reprend à sa manière la formule de Harrington vulgarisée sous la forme «le pouvoir suit la propriété», cette proposition, donc, n'est en réalité opératoire qu'à l'intérieur d'un champ qui maintient comme horizon la question politique classique de la meilleure forme de gouvernement. Encore une fois, l'École historique écossaise n'est pas une école du droit naturel. Elle a entériné les critiques humiennes: le droit est le fruit de l'artifice humain; ce qui est naturel, c'est la nature humaine comme puissance d'invention et d'artifice; les fruits de l'artifice (le droit, l'organisation économique et sociale, l'État) ne sauraient être considérés comme maintien ou capture de droits préétablis; ils les *produisent*; ils ne les maintiennent pas, pas plus qu'ils ne rompent avec eux; même l'autoconservation de l'individu n'est pas un droit, mais simplement une nécessité biologique. Du coup l'évacuation du mythe du droit naturel et du contrat originel (parallèle à l'évacuation du finalisme providentialiste) implique que l'on renonce à poser la question du fondement et de la légitimité de l'État en termes strictement juridiques, et que l'on adopte une attitude plutôt opportuniste (au sens précis du *kairos* grec) qui fait revenir à la surface la vieille question du meilleur régime, dès lors que cette question — loin d'être posée dans l'absolu — n'a de sens que par son investissement historique.

De ce point de vue, le programme de recherche proposé par John Millar dès l'introduction de *The origins of the distinction of ranks* (1771) peut être considéré comme le programme même de l'École:

«Afin d'examiner quelle est la meilleure forme de gouvernement, il nous faut étudier le passé. Mais pour comprendre réellement le passé, il est nécessaire de connaître les circonstances qui produisent certaines structures *(forms)* sociales. Ces circonstances sont la fertilité ou l'aridité des sols, la nature des productions, la nature du travail requis, la taille de la population, les capacités techniques, les avantages qui découlent des échanges.» Millar insiste ensuite sur le fait que ces facteurs économiques produisent «des habitudes, des dispositions et des modes de penser correspondants». Et il conclut: «Le développement de la propriété entraîne des différences accrues entre les individus; de là proviennent des lois plus complexes et le gouvernement, de là proviennent les variétés de goût et de sentiment.»

Pour mener à bien un tel programme, comme le signale Robertson (*History of Charles V,* 1769), «il n'est pas nécessaire d'observer la succession temporelle avec une précision chronologique, il est de loin beaucoup plus important de garder à l'esprit leur connexion et leur dépendance mutuelles».

Par cette simple précision, nous sommes effectivement passés d'une simple perspective historienne à quelque chose d'autre: la recherche d'un principe d'intelligibilité dans la production des mécanismes sociaux à travers l'histoire, d'un principe d'intelligibilité immanent et non transcendant, bref nous sommes passés dans le registre de ce qu'il faudra bien appeler une sociologie historique.

Comment se déploie ce projet? C'est ce que je voudrais brièvement examiner avec vous. Là encore, Hume au départ. Et le postulat — déjà évoqué — de l'uniformité de la nature humaine:

> «Tout le monde reconnaît qu'il y a beaucoup d'uniformité, dans les actions humaines, dans toutes les nations et à toutes les époques, et que la nature humaine reste toujours la même dans ses principes et ses opérations.» (*Enquête sur l'entendement humain*, Aubier, p. 133).

Le postulat est repris par l'École historique écossaise. Les mêmes principes d'instinct et d'autoconservation guident les hommes: ces principes universels renvoient à la détermination passionnelle des phénomènes culturels (idée d'une histoire naturelle); mais l'intensité et la direction des passions dépendent en réalité des «circonstances»; les incertitudes de la fortune (par exemple, le déchaînement des éléments, les épidémies, le sort des armes), en un mot — les *difficultés* — orientent l'investissement passionnel dans les directions les plus diverses et avec une vivacité modulée, allant jusqu'à constituer des dominantes passionnelles variables suivant les temps et les lieux. Or, c'est cela qui intéresse l'École: le lien que l'on peut établir entre, d'une part, les principes constants de la nature humaine, et, d'autre part, l'environnement toujours changeant dans lequel l'homme évolue; le lien, donc, entre nature et histoire, entre nature et société *pour autant qu'il n'y a d'histoire humaine que dans et par la société civile*, pour autant aussi que l'histoire est à la fois le laboratoire dans lequel peuvent se discerner, dans leur mélange chimique, les éléments constants de la nature humaine, et le lieu dans lequel la nature en réalité se manifeste, c'est-à-dire se montre, s'exhibe et s'effectue.

Il s'agit donc bien de rendre compte du changement dans les coutumes, dans les mœurs, dans les institutions, en fonction des *nécessités*, des *difficultés* qui, en installant un nouveau champ de forces, doivent inévitablement retentir sur les passions, inhibant l'une, renforçant l'autre, canalisant telle dans une direction définie, bloquant telle autre dans son élan: à ce jeu, rien n'est fatal, tout est possible; et le réel, possible advenu, loin de revêtir les atours de l'entéléchie, est d'abord produit contingent.

Les mécanismes à l'œuvre: 2 principalement:

— Le bouleversement, le changement qualitatif.

— L'effet pervers.

La précipitation d'un phénomène comme la dette publique par exemple, risque de sacrifier — sous prétexte de défendre l'intérêt public — les intérêts de toute une partie de la société et d'engendrer par là même un processus de dissolution qui pourra être fatal au système en vigueur (par exemple, risque politique de tyrannie). Autrement dit, le recours systématique à un artifice de gestion circonstanciellement requis peut menacer, passé un certain degré, la solidarité du corps social par dissolution forcée et violente de ses éléments. Il existe donc un seuil au-delà duquel ce qui pouvait être relativement bon devient franchement pernicieux: un excès quantitatif provoque un bouleversement qualitatif. Passé un certain seuil, le processus de «réparation» *(repair)* n'est plus suffisant pour rétablir l'autonomie et l'intégrité du corps: la dissolution l'emporte sur la solidarité pour recomposer — à partir des éléments ainsi remis à la disposition — une nouvelle et imprévisible structure; une combinaison tout autre surgit au prix de la mort d'un certain corps social. Un phénomène politico-économique entraîne un déplacement de la propriété qui rejaillit sur la structure du pouvoir.

De même, le caprice, le hasard peuvent se manifester dans la vie politique et sociale, là où la confrontation des faisceaux passionnels ne manquera pas d'introduire un certain jeu dans le fonctionnement de la machine sociale: la rançon de l'innovation, dans la loi comme dans les mœurs, est l'imprévu. L'artifice ou l'événement peut, en certaines occasions, déclencher un processus qui, ou bien aboutit à un résultat contraire à celui initialement prévu, ou bien détraque à son insu l'agencement préalablement construit (cf. Robertson, *Histoire de Charles Quint*, trad. franç., tome I, pp. 45-49). Dans les deux cas, l'effet échappe à la croyance investie dans le mécanisme causal.

Ces deux mécanismes sont essentiels, car ce sont eux qui, en réalité, viennent prendre la place de toute perspective du type théisme planificateur ou physico-théologie. Ils permettent en effet de maintenir l'idée d'un développement aveugle des sociétés, puisque les structures nouvelles ne sont pas forcément prévisibles, commandées qu'elles sont par les «circonstances», et que la seule constante du processus demeure d'ordre passionnel (autoconservation, nécessité de l'action, investies dans les objets variables). Mais ces mécanismes permettent également de maintenir l'idée d'un principe d'intelligibilité du développement social: le développement social n'est pas vectoriel; il ne dévale pas une pente fatale, ni ne gravit une colline inspirée; sa loi est le rebond, l'à-coup, voire la révolution puisqu'un léger excès ou un infime manque quantitatif peut provoquer un bouleversement qualitatif. C'est ce dernier principe qui permet de rendre compte de la connexion établie entre les types d'organisation économique et les types de structure sociale.

L'attention portée sur la corrélation entre le mode de production et les modifications de l'organisation sociale conduit à l'idée d'une complexification des structures (ainsi, à la période chasse/pêche ne correspond aucune forme gouvernementale par absence de la propriété privée ; à la période d'élevage — qui voit l'instauration de la propriété — correspond l'apparition du gouvernement ; à la période commerciale et industrielle — qui voit le développement des échanges et le déplacement de la propriété — correspondent les différentes formes de gouvernement moderne). Mais cette complexification de l'organisation économico-sociale est bien le seul « sens » que l'on puisse trouver à l'histoire des sociétés. Car l'analyse — et voilà un point important — ne conduit pas forcément à une assignation téléologique, à l'avènement fatal, et à une apologie débridée de l'économie monétaire développée et de la naissante civilisation industrielle. Sans nier les vertus de la civilisation du *refinement*, l'École n'hésite pas à considérer les effets néfastes du développement économique et, en particulier, de la division du travail : « L'ignorance, dit Ferguson, est la mère de l'industrie aussi bien que de la superstition (...) la perfection, à l'égard des manufactures, consiste à pouvoir se passer de l'esprit, de manière que, sans effort de tête, l'atelier puisse être considéré comme une machine dont les parties sont des hommes. »

Marx se souviendra de ce texte dans *Misère de la philosophie* et dans *Le Capital*. L'argument — comme on sait — vient de Smith (1763); on le trouve également chez Millar et chez Lord Kames. Il s'agit donc d'un argument d'École. On doit sans doute y percevoir les traces d'une protestation de type individualiste dans la mesure où la spécialisation des tâches est susceptible d'entraîner une mutilation de l'individu (les bras et les jambes, dans leur hypertrophie, évacuent la « tête »). [Soit dit en passant, c'est bien en partie pour remédier à ce genre d'inconvénient, que Ure, dès 1835 *(Philosophie des manufactures)*, propose de substituer à la division manufacturière du travail une analyse scientifique des principes constituants du travail fondée sur le remplacement du métier par l'automate.] Mais on peut également percevoir dans l'argument quelque chose de plus : la prise de conscience d'une *contradiction* entre les conditions sociales d'un acroissement de la productivité et les vertus civilisatrices *(refinement)* qui en accompagnent le développement et, d'autre part, le fait que le processus même mutile les agents de la production et les prive des bénéfices auxquels ils ont droit en vertu du projet de la civilisation au sein de laquelle ils prennent place. De ce point de vue, la protestation individualiste pose en même temps la question de l'organisation sociale de la production et de son éventuel contrôle.

Question d'autant plus pressante que l'École met en relief — dans une sorte d'hyper-harringtonisme — une corrélation entre l'organisation économique et les modèles de dépendance ou d'autorité. De toute part, on insiste sur le fait que la caractéristique essentielle de la société civile réside dans ce modèle de subordination, d'autorité, qui détermine nécessairement les rapports mutuels des membres de la société ; on insiste également sur le fait que l'exercice de l'autorité par un homme ou par une classe, sur un autre homme ou sur une autre classe, est fonction du degré de dépendance des parties en présence ; ce degré de dépendance est lui-même fonction du mode de subsistance, c'est-à-dire du rapport qu'entretiennent ceux qui possèdent les moyens de subsistance avec ceux qui doivent se les procurer. D'où l'idée ultime : l'autorité, le pouvoir politique est entre les mains de ceux qui sont propriétaires. On rejoint ainsi le point de départ ; l'organisation économique est fondamentale dans la mesure où elle détermine ce qu'on pourrait appeler la logique sociale de la différenciation, donc une relation de pouvoir liée à l'avoir, et dans la mesure où elle pose corrélativement la question de la « réconciliation » (à travers le problème du meilleur régime et à travers le développement de la technique).

Je parlais en commençant d'intermédiaire paradoxal entre l'individualisme libéral et l'entreprise sociologique. C'est sur ce point que je voudrais conclure. A première vue, en effet, rien ne semble vraiment nouveau dans les thèmes développés par l'École historique écossaise. On a même l'impression qu'il est possible de restituer à chaque thème la responsabilité nominale de quelques prédécesseurs : Mandeville, Harrington, Hume, voire Montesquieu. Si on les prend séparément, les thèmes, quelle que soit parfois leur avancée, pourraient sembler préserver l'individu comme valeur essentielle : par exemple, la dénonciation des méfaits de la division poussée du travail pourrait apparaître assez aisément comme une sorte de protestation humaniste dirigée contre l'éclatement de l'individu. Mais, en même temps, si l'on replace l'argument dans le cadre de l'analyse systématique que j'ai essayé d'évoquer, on se trouve confronté à l'idée d'une autoproduction de la nature humaine dans la société elle-même : de ce point de vue (ainsi que le signale Salvucci dans son livre sur Ferguson, *Adam Ferguson, Sociologia e filosofia politica*, 1972), l'individu n'est pas seulement au point de départ de la société, il en est aussi le produit historique : dans la mesure où la production est originairement sociale, la socialité — dès l'instant qu'elle se fixe sur la capacité productive de la nature humaine — peut avoir pour conséquence une certaine dégénérescence de l'individu ; mais le processus, non assigné dès le départ, est d'abord — dans son aspect contradictoire — un possible advenu, le fruit des circonstances historiques et sociales, un phénomène engendré par des mécanismes spécifiques en dehors de toute perspective finaliste, et qui pose, en tant que tel, le problème de l'organisation sociale de la production.

Voici mises en place les conditions d'un certain regard. Je ne dis pas que la conversion est à tout coup assumée par les penseurs de l'École historique écossaise ; mais ce que je dis, c'est que leur œuvre — pour autant qu'on puisse y discerner une certaine cohérence — est sans doute l'un des maillons essentiels qui permet de relier l'individualisme de type libéral à l'apparition d'un discours nouveau sur le social. Je ne dis pas non plus que c'est le seul maillon : le démarquage de la biologie par rapport à l'économie animale renouvelée, par exemple, joue certainement un rôle fondamental dans ce passage : le passage d'une société conçue comme une collection d'atomes sociaux à l'idée d'une société comme totalité intégrative des individus.

Mais enfin, le fait de renoncer à providentialiser le cours de l'histoire, qui s'avance jusqu'à écrire l'histoire en lançant un défi à la chronologie, c'est-à-dire en mettant en relation non seulement l'économique et le social, mais encore le social et le politique, ouvre une voie qui permet aussi de rendre pensable l'idée de *crise* (point de départ de la sociologie : tous ces éléments sont par exemple présents et orchestrés dans l'opuscule d'A. Comte rédigé en 1820 sur la *Sommaire appréciation de l'ensemble du passé moderne)* : idée de crise rendue pensable à partir de la précipitation du processus de la division du travail, à travers l'idée que l'opulence acquise à ce prix peut ruiner les fondements moraux du gouvernement et de la société, à travers l'idée surtout selon laquelle un nouvel *ordre* social est toujours l'effet d'un déplacement des éléments du corps social, déplacement issu d'une crise comprise comme *moment décisif* d'un processus lié aux yeux des Écossais (pour dire les choses en termes harringtoniens) à l'écart entre l'ancienne balance du pouvoir et la nouvelle balance de la propriété.

Saint-Simon et Marx ne s'y sont pas trompés puisqu'ils n'hésitent pas à citer les Écossais. La sociologie, liée à la volonté de mise en ordre de la société, est d'abord, à sa naissance, revendication de la place légitime de tel ou tel élément du corps social (les producteurs, les savants, les prolétaires) comme solution à la crise : le problème posé est celui de la prise du pouvoir. Saint-Simon — qui a refait pour son propre compte l'itinéraire qui conduit de l'individualisme libéral à la sociologie, n'hésite pas à s'appuyer sur John Millar pour affirmer en 1817 (dans *L'industrie*) que le régime libéral, au sens moderne du mot, n'est autre qu'un régime fondé sur l'industrie, *a commercial government* (t. 2, p. 108) et qu'il s'agit bien d'achever la Révolution, considérée comme une occasion manquée de porter au pouvoir les industriels et les savants (cf. *Du système industriel*, 1821).

Le négatif, c'est-à-dire la limitation libérale de l'autorité étatique ou, à tout le moins, la définition des conditions de son intervention, engendre par réaction le positif, c'est-à-dire la velléité de l'ordre administré. Entre les deux : les éléments conceptuels qui permettent la mise en place du *diagnostic* de la crise.

Théâtre des opérations : la substitution progressive d'une philosophie économique et sociale à une philosophie juridique.

LA CONNAISSANCE ET LA LOI DANS LA PENSÉE ÉCONOMIQUE LIBÉRALE CLASSIQUE[*]

par Claude Roche

Tout effort d'interrogation sur les conditions de la *connaissance* humaine, se situe d'abord et avant tout sur le terrain de la philosophie. C'est ce que nous avait appris Kant, au tout début de ce travail, lorsque nous avions rencontré pour la première fois, le problème de l'économie immatérielle. Et nous avions pu constater qu'il n'était pas possible, ne serait-ce que de concevoir l'idée d'une économie centrée sur le travail intellectuel, sans se situer prioritairement sur ce terrain de la philosophie. Mais il importe de le rappeler de nouveau, au moment de tirer le bilan de ce travail. Et de rappeler surtout, que ce sont les problèmes posés par la *pratique* économique, et la pratique économique contemporaine, qui lui ont donné à la fois son sens et sa justification. Car il est trop souvent considéré, de nos jours, et tout particulièrement parmi les praticiens de l'économie, qu'il y aurait une véritable coupure entre la réalité de l'économie et le monde de la philosophie ; bref, qu'il ne « servirait à rien de faire le détour par la philosophie ». Or, c'est contre ce préjugé, aussi ancré soit-il, qu'il nous faut nous inscrire, à l'issue de ce travail. Et si nous avons pu apprendre quelque chose à ce sujet, c'est bien le caractère incontournable, justement, d'un tel détour par la philosophie. Car c'est bien à des exigences fondamentales en matière de connaissance économique que vont être confrontées, dans un très proche avenir, les principales économies modernes.

Rappelons-nous d'où était partie notre interrogation. Nous étions partis de l'idée selon laquelle nos économies étaient confrontées à une profonde mutation dans la forme de leur activité commerciale, une

---

[*] Claude Roche ayant poursuivi la réflexion présentée au colloque au point d'en faire le thème d'une thèse de doctorat de philosophie, portant ce titre et soutenue à Nanterre en 1990, c'est la conclusion de celle-ci que l'on trouvera ici présentée.

mutation concernant la nature immatérielle de cette activité. La chose n'avait pas été très difficile à admettre. Car si l'ampleur de ce mouvement peut encore être sujette à discussion, il n'en reste pas moins que la tendance à laquelle nous nous référons, cette mutation vers une économie de l'*immatériel*, comme il est convenu de l'appeler, apparaît trop clairement pour qu'il puisse y avoir le moindre doute à son sujet. Mais chacun sait que reconnaître une tendance est une chose, tandis que l'interpréter en est une autre. Or il nous est vite apparu que si la pensée économique de notre époque était parfaitement à même de décrire, voire de mesurer le *phénomène* de l'économie immatérielle, elle était pratiquement incapable, et de par sa méthode même, d'en donner un compte théorique cohérent. Plus même, il nous était apparu qu'il s'agissait là d'un point qui la distinguait de toute la tradition d'où était née toute la pensée économique moderne, la tradition de l'économie classique.

Aussi est-ce dans cet esprit que nous avons abordé cette interrogation, en insistant sur l'importance décisive qu'avaient eu les auteurs classiques pour l'ensemble de notre compréhension de la vie économique, et en nous demandant si ce n'était pas à partir de cette « économique » qu'il fallait appréhender le développement de l'économie moderne.

Quelle est la véritable nature des fondements de l'économie classique? N'est-ce pas dans ces fondements qu'il nous faut chercher les éléments susceptibles de nous renseigner au sujet du développement de nos économies de marché?

Telles étaient les questions qui ont formé l'horizon de notre recherche. Une telle interrogation était loin de convenir à l'esprit dans lequel nous a éduqués la science économique moderne; car si l'on y réfléchit, elle revenait à interroger le fondement d'une pensée presque tricentenaire, à propos de questions auxquelles elle n'avait manifestement jamais été confrontée; et nombreux sont ceux qui auraient pu nous faire le reproche du paradoxe qui était contenu dans une telle interrogation. Mais le paradoxe, dans ce cas précis, n'aurait été qu'apparence; ou plutôt est-ce ainsi que l'on doit en juger, rétrospectivement. Car le principal acquis de ce travail est encore d'avoir mis le doigt sur la perspective dans laquelle il convenait d'appréhender la pensée économique classique, sur le fait, notamment, qu'il s'agissait d'une pensée entièrement déterminée par des questions de connaissance *pratique*. Or il est clair, maintenant, que c'est le même problème — le problème posé par la mesure du capital — qui va se poser, dans un très proche avenir, à nos économies développées. Il n'y avait donc rien d'étonnant, finalement, dans la démarche que nous avons suivie. Car il ne s'agissait que de rechercher au travers d'un débat sur l'origine de la pensée classique, ce qui constituait la principale *expérience* des problèmes qui nous étaient posés; au point que l'on peut dire que chaque pas que nous avons fait dans la compréhension de la *pensée* économique classique, nous faisait progresser, dans le même mouvement, dans la compréhension des enjeux auxquels nous allons bientôt être confrontés.

Aussi est-ce de ce point de vue, à partir du *bilan* d'une longue interrogation sur les fondements de la pensée économique classique, qu'il nous faut répondre, maintenant, à la question de ces enjeux. Une réponse, qui, nous le savons déjà, se situe sur le terrain de la philosophie.

L'économie immatérielle face à l'acquis de l'économie politique classique

Que nous ont donc appris ces auteurs classiques du problème auquel nous sommes confrontés? Ou plutôt en quel sens devons-nous interpréter les débats que nous avons pu tenir à leur sujet, puisque c'est essentiellement d'un point de vue *critique* que nous avons abordé la pensée économique classique. En fait, on peut considérer que ce contenu *critique* que nous avons donné à nos débats nous a conduits à distinguer *deux* niveaux d'interprétation de la pensée classique, deux niveaux que l'on pourrait aisément qualifier de *théorique*, en entendant par là les réflexions que nous avons menées sur les fondements de la théorie classique en tant que telle, et de *pratique*, ce niveau correspondant à l'enquête que nous avons menée sur les *conditions pratiques* à partir desquelles s'était développée l'*action politique* menée par les mêmes auteurs. Et c'est assurément cette sorte de dichotomie dans l'analyse qui nous a créé le plus de difficultés. Mais quel que soit le niveau où nous avons été conduits à nous placer, quelle que soit la complexité même de l'interprétation que nous avons été conduits à mener, il apparaît que toute la discussion que nous avons tenue converge vers ce double résultat fondamental, et dont on peut dire qu'il doit former la base de cette dernière discussion, à savoir que la pensée classique devait être comprise comme un *projet* d'*institutionnalisation* du premier *marché* moderne (en entendant derrière ce terme l'idée d'un ensemble de transactions doté de règles générales de formation des valeurs et des revenus) et que ce projet reposait intégralement sur la prise en compte des exigences de *connaissance* liées au développement du marché du *capital* — ces exigences étant exclusives de toute idée de capital immatériel.

Un tel résultat était déjà en germe dans la première discussion que nous avions tenue à ce sujet, puisque nous avons d'entrée été conduits à nous pencher sur le *problème* de la mesure du capital (CHAPITRE I), c'est-à-dire sur la question des exigences de connaissance (de mesure) qui étaient liées au développement et à la stabilité d'un marché du capital. Et nous avions fait valoir à ce moment que ce « problème de la mesure » expliquait non seulement l'*action* politique menée par les classiques en faveur des politiques d'*engagement* des monnaies — toute mesure du capital, avions-nous dit, suppose la présence d'une monnaie abstraite — mais qu'il montrait surtout que la possibilité de cette mesure supposait qu'un capital fût physiquement mesurable. Ce qui, nous le savons, est loin d'être acquis pour une économie immatérielle. On pourrait donc dire qu'aussi bien la mise à jour du problème auquel nos sociétés sont confrontées, que l'ensemble du *bilan* même que nous pouvons tirer de l'étude des auteurs classiques, pourrait se déduire de cette première discussion sur leur conception de la monnaie.

Mais on aurait tort de négliger le reste de notre discussion pour autant. Car ce qui est sans doute le plus important dans les débats que nous avons alors menés, ce qui permet de donner corps à cette première affirmation, c'est la nature même de cette action politique menée par les classiques : c'est le fait bien précis, que nous ayions pu montrer que les mesures qu'ils ont prônées ont correspondu à un effort d'*institutionnalisation* de l'ensemble de la gestion des monnaies. Or le propre d'une approche institutionnelle — et c'est en cela, d'ailleurs, qu'elle se situe sur le terrain de la philosophie — est de chercher à modifier, et modifier de façon *normative*, les *conditions* réelles dans lesquelles doit se développer la *pratique* humaine. Il est même de chercher à les modifier durablement, ainsi que nous le rappelle le «*Traité* de *gouvernement civil*», ce qui explique qu'il se situe sur le terrain de la *globalité*. «Une telle constitution rendrait le plus fort *Leviathan* d'une plus courte durée que ne sont les plus faibles créatures» (LOCKE, *Traité de gouvernement civil*, Flammarion, 1984, p. 253). Et c'est sans aucun doute là, dans cette idée d'*institution* d'une *norme* de mesure, que nous avons trouvé la clé de toute compréhension de la pensée classique. Car au-delà de la dimension factuelle de l'action monétaire menée par les classiques, elle nous a indiqué le sens dans lequel il fallait lire l'ensemble de leur pensée, et que c'était avant tout dans les termes d'*un projet* institutionnel, un projet visant à *redéfinir*, et à redéfinir de façon *globale*, les conditions de *connaissance* dans lesquelles pourraient se développer les transactions commerciales portant sur des capitaux.

C'est ce que nous avons appris avec le travail de LOCKE, tout d'abord, lorsque nous avons montré que son «*traité*» était entièrement traversé par la question de l'*institutionnalisation* de la monnaie (CHAPITRE IV). Et nous avons pu faire valoir que le cœur de l'argumentation de ce «*traité*» avait été de considérer, et de façon purement *normative*, qu'il existait une sorte de «*convention monétaire*», passée entre les hommes, et dont le fondement premier résidait dans ce qu'elle permettait de *conserver* la valeur des propriétés (CHAPITRE VII).

Puis c'est ce que l'on a pu confirmer au travers du travail de RICARDO. Et si l'on peut dire que la dimension monétaire de sa pensée — son projet de réforme bancaire, notamment — «n» était «qu'»un simple approfondissement du travail de Locke (CHAPITRE V), il n'en reste pas moins que c'est dans les «*Principes de l'économie politique*», que l'on trouve pour la première fois défini l'ensemble des conditions autorisant le développement d'un marché du capital, qu'elles soient monétaires, ou qu'elles soient, comme l'indique cette citation, simplement *physiques*. « Quand donc nous parlons des marchandises... et des principes qui règlent leurs prix relatifs, nous n'avons en vue que celles de ces marchandises dont la quantité peut s'accroître par l'industrie de l'homme, (et) dont la production est encouragée par la concurrence » (Ricardo, *Principes*, Flammarion, 1977, p. 26).

Mais c'est encore lorsque nous nous sommes interrogés sur les principales notions *théoriques* de la pensée classique, et de façon plus précise, sur les notions de *loi* économique et de *marché*, que la chose a été la plus nette, et, de notre point de vue, la plus expressive. Car il nous est apparu à ce moment que c'était la signification *même* de ces notions qui se déduisait du principe de l'*institutionnalisation* des monnaies, et ce, aussi bien sur le plan *théorique*, puisque nous savons que leur « structure logique », se déduisait entièrement des *conditions* de connaissance des capitaux, que sur le plan *pratique*, puisque nous avons vu avec Locke (CHAPITRE IV), que la *signification empirique* elle-même de ces notions, leur valeur de vérité avions-nous dit, se déduisaient des principes de l'institutionnalisation des monnaies. C'est pourquoi nous avons été conduits à conclure, et c'est dans ce sens alors que nous avions parlé d'*institutionnalisation* du marché, que c'étaient les fondements mêmes de la pensée classique, qui se déduisaient de leur projet d'institutionnalisation des conditions de mesure d'un capital. C'est donc une image très cohérente qui se dégageait de cette économie politique classique, et dont on peut regretter qu'elle ait si souvent été dénaturée. Mais il s'agit d'une image, surtout, que nous pouvons comparer, que nous devons comparer à ce que nous savons maintenant des problèmes de l'économie moderne.

Du problème de la connaissance possible d'un capital immatériel à la question de son institutionnalisation

Car nous connaissons désormais les problèmes qui nous sont posés, puisque nous avons pu tout au long de ce travail, souligner aussi bien la direction dans laquelle nos sociétés s'engageaient, que la *nature* des problèmes que cela soulevait. Nous savons, maintenant, que ce qu'on pourrait appeler un développement naturel conduit nos sociétés vers une économie dans laquelle les capitaux seront de plus en plus composés de biens immatériels, et, sans doute parmi eux, de biens informatiques. Et nous savons surtout, pour l'avoir souligné encore une fois tout à l'heure, que le caractère *im*matériel de ces capitaux interdit toute *objectivité* possible de la connaissance de leur valeur. Bref, nous savons que le mouvement même de nos économies risque de la confronter à un problème fondamental pour une économie de marché, puisqu'il touche à l'essence même de ce qu'on entend par l'idée de transaction marchande.

Et c'est à ce sujet qu'il nous faut effectuer une comparaison avec le *bilan* que nous avons tiré de la pensée économique classique. Car si la discussion que nous venons de tenir, si le terme même de bilan peuvent avoir une signification, ce ne peut être que de nous dire que c'est le *cadre* même dans lequel se sont développées nos économies de marché qui est en jeu dans une telle affaire. On devrait même parler d'un cadre *fondamental* (au sens fort du terme), puisque cette discussion nous indique que non seulement le cadre *conceptuel* dans lequel nos sociétés appréhendent le développement de leurs activités économiques, c'est-à-dire, l'idée même de *marché*, mais surtout le cadre *institutionnel* dans lequel ces activités se sont historiquement développées, ces deux fondements donc de nos économies de marché, reposaient sur cette même idée de *possibilité* de *connaissance* objective d'un capital. Or, ce sont bien ces possibilités de mesure qui sont remises en cause par le jeu même de notre activité commerciale. Il ne saurait faire de doute, dans ces conditions, que c'est bien le fondement même de nos économies de marché qui apparaît en jeu dans leur évolution. Et que si l'on ne peut parler ici que de tendance, si donc il ne s'agit que de se projeter dans un avenir encore hypothétique, il n'en reste pas moins que c'est d'abord dans ces termes, en parlant d'une remise en cause du *cadre* général qui avait permis leur développement qu'il faut parler à propos de la direction dans laquelle sont engagées nos économies de marché.

En disant cela, nous n'entendons tirer aucun *trait* d'*égalité* entre deux périodes économiques, soutenir l'idée, par exemple, que nous serions engagés dans une sorte de *reproduction* de la situation que connaissaient les auteurs, classiques. Ce serait ridicule que de penser ainsi ; ou plutôt, ce serait oublier l'extrême nouveauté de la tendance dans laquelle sont engagées nos économies de marché. Mais en tirant un tel bilan, nous entendons avant tout mettre à jour deux idées qui sont les conséquences mêmes de tout ce qui a été dit dans ce travail, et que nous voudrions considérer comme une sorte d'*héritage* que nous auraient légué les auteurs classiques.

Nous voulons souligner, tout d'abord, la *nature* du problème que nous devrons affronter dans le futur, le fait que nous allons toucher là, au problème *même* qui a été à l'origine de la constitution de nos économies de marché. Et nous entendons souligner que c'est dans le même esprit, au travers d'une même démarche institutionnelle que celle tracée par les auteurs classiques, et quoi qu'en ait notre modernité, que nos sociétés se doivent d'y répondre. Ou, pour le moins, nous entendons faire valoir qu'il s'agit là d'une attitude *naturelle*, dans la mesure où c'est à ces mêmes auteurs, pour l'essentiel, que nous devons les fondements de notre compréhension aussi bien *pratique* que *théorique* des économies de marché. Car il ne faut pas se leurrer sur la portée de la pensée que nous avons si longuement interrogée, ni surtout croire que nous n'ayions côtoyé qu'une simple école de pensée, une parmi d'autres, en quelque sorte. Il faut insister, au contraire, sur le caractère fondateur qu'a eue cette pensée pour l'*idée même* que nos démocraties se font d'une société fondée sur «le» marché. Plus important encore, il ne faut pas hésiter à rappeler que c'est dans le problème même que nous évoquons, comme nous l'avons vu au travers du travail de John Locke (CHAPITRE IV) que l'on doit trouver l'origine même de nos *institutions démocratiques*. Et c'est sur ce terrain, prioritairement, que nous entendons tirer parti de l'expérience classique. Car s'il ne fallait retenir qu'une idée de notre enquête auprès de ces auteurs, ce serait qu'il n'est pas possible, ne serait-ce que de concevoir l'idée de relations économiques stables — c'est-à-dire l'idée même de liberté économique — si les conditions sociales d'une connaissance minimale de la réalité des objets mis en jeux ne sont pas réunies. Ou, comme nous le disent les «*considérations*» de Locke — à propos du taux d'intérêt — qu'il n'est pas possible d'imaginer une société cohérente si l'on ne peut connaître en confiance la valeur véritable d'un bien à échanger. «La confiance et la vérité... sont les grands liens de la société... il appartient à la sagesse des magistrats... de les rendre aussi sacrés et aussi terribles, dans l'esprit des gens qu'ils le peuvent» (John Locke, *Some considerations upon lowering the interest of money*).

Et l'on a trop insisté sur ce point, maintenant, pour ne pas savoir que cela signifie que le détour par une nouvelle démarche *institutionnelle* devient désormais incontournable pour nos sociétés, si l'on ne veut pas renoncer aux principes fondamentaux qui sous-tendent nos économies de marché.

Oh, bien sûr, nous ne parlons pas ici de l'avenir immédiat de nos économies de marché. Il est clair que la question que nous soulevons ici est trop importante pour qu'on puisse l'envisager autrement que comme le résultat d'un effort de longue haleine, embrassant toutes les sphères de la société. Et l'on peut parfaitement imaginer que le premier réflexe de nos économies de marché sera de chercher des solutions d'ordre *technique*, c'est-à-dire des solutions qui ne touchent pas au cadre institutionnel que nous connaissons — à ce problème de mesure qui lui est posé. Le futur est même ici une clause de style, puisque l'on peut observer dès maintenant nombre de tentatives allant dans une telle direction. C'est ainsi, par exemple, que de nombreuses recherches sont actuellement menées pour évaluer la contribution objective des travaux de recherche à la valorisation d'une économie. C'est ainsi, autre exemple, que certaines professions étudient la possibilité d'établir certaines normes de production (ainsi, par exemple, la dimension, en termes de lignes, d'un logiciel) comme base de référence pour les transactions commerciales. Et la liste serait déjà longue — il suffirait de consulter les meilleures revues de gestion — des efforts engagés dans la pratique pour dépasser le problème que nous soulevons. Mais quelle que soit l'importance que puissent prendre de tels efforts, nous ne croyons pas que l'on puisse longtemps conserver la direction technique dans laquelle on les a engagés. Car lorsqu'on parle d'économie immatérielle, on peut éventuellement parler d'une réalité quantifiable (ce logiciel, par exemple, possède 10 000 lignes), on peut même estimer les revenus qu'elle est susceptible de générer (l'utilisation de ce logiciel peut rapporter 500 000 FF à cette entreprise). Mais on parle surtout d'une réalité dont ces deux dimensions n'ont aucun rapport entre elles (ces deux mêmes logiciels ne vaudront, en effet, que 500 000 et quelques francs pour cette même société), dont c'est l'essence même de n'avoir aucun rapport. Bref, on parle d'une réalité dont la connaissance en tant que capital est impensable en dehors de l'élaboration d'une *norme* — et qui soit acceptable par toutes les parties concernées. Et si l'on accepte cette idée de *norme* sociale, on acceptera alors l'idée selon laquelle cette norme doit être élaborée dans le cadre de la *loi*, et, bien sûr, d'une *loi institutionnelle*. On en conclura alors, que c'est face à la nécessité de *re*définir les conditions de *connaissance* dans lesquelles se développent leurs principales transactions commerciales — et de les redéfinir dans une perspective institutionnelle — que vont être confrontées, à l'avenir, nos sociétés.

Aussi est-ce cette première idée qu'il nous faut retenir de la pensée classique, et qui signale assez là dimension philosophique du problème qui nous est ainsi posé. Mais une telle conclusion — et du fait même de l'enjeu de *pensée* que nous venons d'aborder — serait encore trop imparfaite si l'on se contentait de l'exprimer ainsi. Et pour tout dire, il s'agirait encore d'une manière d'édulcorer son enjeu *philosophique*.

L'économie de l'immatériel face à l'exigence de philosophie

Car ce qui est le plus important dans l'expérience que nous ont léguée les auteurs classiques, et ce qui à notre avis, mérite qu'on y arrête véritablement notre conclusion, c'est ce que nous avons appris de ces auteurs au sujet de leur conception générale de la vie économique, et, au-delà, de la portée *globale* qu'ils ont voulu donner à leur projet *institutionnel*. C'est cette idée essentielle, et selon laquelle le *contenu* des principales notions de leur économique, et plus encore, l'image d'ensemble que ces auteurs se sont faits des relations économiques se déduisaient de la conception fondamentale que l'on pouvait se faire de la *mesure* du capital.

Or, la chose est loin d'être sans conséquences que de parler ainsi, au moment, surtout, où nous entendons tirer *parti* de l'expérience des auteurs classiques : dire que les classiques ont été conduits à élaborer un tel projet d'institution, cela veut dire qu'ils ont fait du principe de mesure qu'ils défendaient le fondement de toutes leurs conceptions ; et l'on a vu la portée d'une telle affirmation. Mais parler d'un tel projet va plus loin, cela veut dire que les auteurs classiques ont été conduits à se représenter, voire à *imaginer* les conséquences *globales* des lois qu'ils défendaient. Et cela veut dire aussi, qu'ils ont été conduits à *anticiper* sur les mutations que les mesures qu'ils prônaient ne manqueraient pas de provoquer. Bref, cela veut dire qu'ils ont été amenés à reconstruire, à recomposer autour de cette question de la mesure, l'ensemble de la conception que l'on pouvait avoir à leur époque des principales relations économiques. Et si l'on revient sur l'ensemble de la discussion que nous avons tenue à leur propos, si l'on refait en pensée le chemin que nous avons parcouru avec les auteurs classiques, on se rendra compte de ce qu'il peut être considéré comme une longue prise de conscience des conséquences du projet d'*institution* qu'ils défendaient. On s'en rendra compte à propos des «*considérations*», puisqu'on sait que Locke a été conduit à élaborer une théorie générale de la valeur et des prix de marché, à cette seule fin de développer ses deux théories de la monnaie (CHAPITRE III). On s'en rendra compte à propos de la fameuse théorie de la *valeur-travail*, ensuite, dont on a souvent eu l'occasion de souligner qu'elle se déduisait de l'idée même de la globalité de l'opération de mesure de la valeur d'un capital (CHAPITRE V). Mais c'est encore la discussion que Ricardo a eue avec Smith, à propos de cette notion de valeur-travail, qui reste la plus symbolique, et, de notre point de vue, la plus riche d'enseignements (CHAPITRE VIII). Car ce débat nous a montré que, derrière cette opération si simple en apparence que celle de la mesure d'un objet, c'était en fait la question de l'orientation générale de l'économie du pays, et au-delà, la *finalité* même de l'activité marchande qui était alors posée. Ou, pour reprendre le mot de Ricardo, il a montré que c'était en termes de «*principes*» — du principe de la formation des revenus, pour être précis — qu'il a fallu parler lors d'une telle discussion. « Le principe qui distribue le capital à chaque branche de l'industrie est plus puissant qu'on ne le pense généralement » (Ricardo, *Principes*, Flammarion, 1977, pp. 78-79).

La chose est loin d'être neutre, on le voit, que de parler d'un tel projet *institutionnel*; et l'on peut parfaitement imaginer le parti que l'on doit en tirer pour notre propre discussion. Car nous n'ignorons rien, maintenant, des conditions dans lesquelles il nous faut lire l'expérience des auteurs classiques. Nous savons que c'est à un problème analogue à celui qu'ont connu les auteurs classiques que nous allons devoir nous affronter. Et si l'on admet cette similarité des problèmes auxquels nos sociétés doivent être confrontées, si l'on admet, surtout, les exigences *institutionnelles* que la chose peut supposer, on admettra aussi que ce soit dans le *même* état d'esprit, avec le *même* parti de généralité qu'il nous faille aborder, nous aussi, cette question de la mesure du capital. On admettra alors que ce soit la *finalité* même de l'activité économique moderne qu'il faille interroger... et l'on admettra surtout l'enjeu de *pensée considérable* que la chose peut représenter.

Car lorsqu'on parle d'une économie *im*matérielle, on parle d'une économie où les objets échangés sont des objets issus de la connaissance humaine: on parle de ce logiciel informatique, du résultat de cette recherche scientifique, du réseau de cet agent commercial. Débattre d'une telle économie, c'est donc débattre de l'utilité, de la réalité même de cette connaissance. Et en débattre sur le terrain général, c'est débattre de la *finalité* même de la connaissance humaine. Or il n'est pas possible d'appréhender une telle interrogation sans se situer sur un terrain très précis: le terrain de la philosophie; et de s'y situer, n'ayons pas peur d'insister sur ce point, quels que soient les réticences, les préjugés même qui s'opposent à la philosophie. Certes, il ne saurait là être question de prendre parti pour la *forme* que peut prendre une telle interrogation; encore moins l'est-il de défendre telle ou telle position dans le cadre de ce travail. Le voudrait-on d'ailleurs que l'*expérience pratique* nous manquerait de façon trop criante et notre discussion deviendrait rapidement sans objet. Tout au plus, pouvons-nous laisser ouvertes de telles questions. Mais là n'est pas l'essentiel du résultat que nous touchons. L'essentiel est dans la direction que nos sociétés auront à prendre dès qu'elles seront confrontées à ce problème de la mesure du capital, qu'espérons-le, nous avons contribué à soulever. Il est dans cette idée toute simple, qui veut qu'il ne soit pas possible d'imaginer repenser le cadre pratique dans lequel se développe un échange marchand dans notre monde moderne, sans être conduit à s'interroger sur sa finalité.

Car enfin, l'économie est d'abord et avant tout ancrée dans la réalité des biens marchands, chacun le reconnaît. C'est le travail des hommes, leurs besoins, leurs désirs *de* ces *biens* qui lui donnent sa propre réalité. Et l'on voudrait croire qu'il n'y aura pas lieu de s'interroger lorsqu'une mutation affecte ces objets sans s'interroger sur leur utilité? On voudrait croire que l'on puisse longtemps ne serait-ce que faire le commerce de tels objets? On voudrait croire que l'on puisse longtemps investir dans la connaissance humaine sans s'interroger vraiment sur sa réalité? Et croire qu'une société puisse ainsi s'organiser sans s'interroger sur leur *finalité*? Poser de telles questions à l'issue de ce travail, c'est désormais y répondre; et telle sera, alors, notre conclusion: affirmer qu'il n'est pas possible de rester fidèle aux principes de l'économie de marché sans s'interroger sur le cadre *institutionnel* qui lui permettra de développer l'échange de biens *im*matériels. Et c'est affirmer qu'à partir de ce moment on ne pourra pas éviter de rencontrer la philosophie.

Plus même, c'est dire que telle est la leçon que nous donne l'héritage que nous ont légué ces premiers économistes libéraux que l'on a appelé « les *économistes classiques*». Et puisque nous parlons ici d'économie, c'est souhaiter que notre modernité arrête enfin de le dilapider.

HÉGÉMONIE DU SYSTÈME DES BESOINS OU DÉPÉRISSEMENT DE L'ÉTAT

par Solange Mercier-Josa

Ce qui pour nous est aujourd'hui à penser clairement et distinctement :
I. La différence essentielle entre a) l'idée libérale contemporaine du « moins d'État » (réduction au minimum de l'intervention de l'État dans la vie économique et sociale) ou d'« État minimal » (« l'État-gendarme » ou l'État possesseur du monopole de la violence légitime) et b) l'idée marxienne et engelsienne de « déclin » *(untergehen)* de l'État, de « suppression » *(Aufhebung)*, d'« extinction », de « dissolution » *(auflösen)* ou de « disparition » *(verschwinden)* de l'« État politique » *(politische Staat)* ou du Pouvoir politique proprement dit, idée que Lénine désigne comme l'« âme révolutionnaire de leur pensée ».

En quoi donc, la disparition de l'État politique qui dans la *Critique du Droit Politique Hégélien* caractérise pour Marx en 1843 « la vraie démocratie » — (Il faut préciser qu'alors Marx affirme que la dissolution de l'État politique abstrait est simultanément la dissolution de la société civile-bourgeoise, thèse à nos yeux essentielle pour comprendre ce veut dire Marx par suppression de l'État politique.) —, en quoi cette disparition de l'État politique qui dans *Misère de la Philosophie* et dans le *Manifeste du Parti communiste* caractérise la substitution de l'« association » à « l'ancienne société civile », « la concentration de toute la production dans les mains des individus associés », c'est-à-dire, écrit Engels, « l'instauration d'un ordre social socialiste » *(Einführung der sozialistischen Gesellschaftordnung*, autrement dit, en quoi la substitution à « l'État en tant que tel » de la « communauté » *(Gemeinwesen)* ou de la « Commune française » (Engels, lettre à Bebel du 18/28 mars 1875) ne peut et ne doit pas être confondue avec l'émancipation de la société civile-bourgeoise vis-à-vis de la puissance centralisatrice, oppressive, stérilisante et même castratrice de l'État et de l'Administration par la propension de ceux-ci à atteindre aux droits des individus, thèse que prône le néo-libéralisme?

Il faut bien dire que l'analyse de Marx dans le *Dix-huit Brumaire de Louis Bonaparte* qui oppose la *machine* d'État « artificielle » et « parasite » au corps de la société, peut paraître si l'on sépare cette analyse de son contexte, faire écho au discours néo-libéral et doit être située par rapport à celui-ci.

Nous citons: « Ce pouvoir exécutif, avec son immense organisation bureaucratique et militaire, avec sa machinerie d'État étendue et artificielle, son *armée de fonctionnaires d'un demi-million d'hommes* et son autre armée de cinq cent mille soldats, effroyable corps parasite, *qui recouvre comme une membrane le corps de la société française et en bouche tous les pores** se constitua à l'époque de la monarchie absolue, au déclin de la féodalité, qu'il aida à renverser (...). Chaque intérêt *commun* fut immédiatement détaché de la société, opposé à elle à titre d'intérêt supérieur, *général*, enlevé à l'initiative des membres de la société, transformé en objet de l'activité gouvernementale, depuis le pont, la maison d'école et la propriété communale d'une commune rurale jusqu'aux chemins de fer, aux biens nationaux et à l'Université nationale de France... »[1]

Plus, dans *La Guerre Civile en France* (1871), c'est la Commune ou « *le gouvernement de la classe ouvrière* » qui aurait régénéré la France par sa volonté active de rendre au corps social ses forces vitales dont l'État " qui semble planer bien haut au-dessus de la société " s'est emparé. Nous citons: « La Constitution communale aurait restitué au corps social toutes les forces jusqu'alors *absorbées par l'État parasite qui se nourrit sur la société et en paralyse le libre mouvement* »[2].

II. Est corrélativement à penser le concept implicite d'État dans son rapport avec le discours marxien sur l'État (sans éliminer aucun des textes sous prétexte qu'il serait antérieur à la pensée spécifiquement marxienne[3]) qu'impliquent la défense actuelle du (ou des) service(s) public(s) par la gauche française, l'attachement traditionnel de celle-ci à la fonction publique, à la titularisation des fonctionnaires et à leur droit à la retraite, sa résistance à la politique de privatisation menée par la droite (politique considérée en tout cas comme de droite), sa résistance à toute politique de précarité de l'emploi des agents de ces services[4], d'avancement au mérite, etc.

---

* Nous soulignons.

1. Karl Marx, *Le Dix-huit Brumaire de Louis Bonaparte*, Paris, Éditions Sociales, 1984, pp. 186, 187.
2. Karl Marx, *La Guerre Civile en France* 1871, Paris, Éditions Sociales, 1968, p. 66.
3. Dans l'article « Remarques à propos de la récente instruction prussienne sur la censure » écrit en février 1842, Marx écrit déjà: « Si l'État coercitif (*Zwangsstaat*) voulait être loyal, il s'abolirait (*so höbe sich auf*). » Marx, *Œuvres* III Pléiade, p. 136.
4. Dans les *Grundrisse* de 1857-1858, Paris, Éd. sociales, 1980, p. 9, à propos *Des salaires*, Marx cite Bastiat: « <Exemple authentiquement français: 1) tout le monde veut être fonctionnaire ou faire en sorte que son fils le devienne (voir p. 371 des *Harmonies économiques*, chap. XIV)>. »

La question se pose de savoir comment, d'ailleurs, expliquer que ces agents de l'État constituent une partie importante de l'électorat des partis de gauche?

Cette lutte du peuple et des partis de gauche contre l'affaiblissement et la limitation de « l'appareil d'État » en tant que services publics diversifiés, contre la détérioration du fonctionnement de ces services et du statut des personnels, infirme-t-elle la critique marxienne de la bureaucratie (« état universel » hégélien) exposée en 1843 dans la *Critique du Droit Politique Hégélien* et reformulée dans *La Guerre Civile en France* comme suit: les « services publics » sont « la propriété privée des créatures du gouvernement central »[5] ?

La réponse n'est pas simple et demande à être élaborée.

Il va d'avantage de soi que les nationalisations correspondent pour une part aux mesures (5), (6), (7), exposées dans le *Manifeste du Parti Communiste* mais l'idée de la nécessaire « centralisation par le prolétariat de tous les instruments de production entre les mains de l'État » affirmée par le *Manifeste* est remise en question dans *La Guerre Civile en France* dans la mesure où, comme il est bien connu, Marx écrit que « la classe ouvrière ne peut pas se contenter de prendre tel quel l'appareil d'État et de le faire fonctionner pour son propre compte[6] », que « cette nouvelle Commune... brise le pouvoir d'État moderne »[7].

N'est-il pas également apparemment paradoxal, si comme il est dit dans l'*Idéologie Allemande*, l'État est « l'expression *pratique* sous forme idéaliste de la puissance sociale de la classe dominante », s'il est « la forme par laquelle les individus d'une classe dominante font valoir leurs intérêts communs... » ou encore « la forme d'organisation que les bourgeois se donnent par nécessité, pour garantir réciproquement leur propriété et leurs intérêts tant à l'extérieur qu'à l'intérieur »[8], n'est-il donc pas apparemment paradoxal que la volonté de cette classe dominante soit de diminuer la puissance, d'émousser sinon de briser (l'État doit être minimal mais il ne s'agit pas d'État zéro) l'instrument de sa domination?

Certes dans les « *Gloses critiques en marge de l'article "Le Roi de Prusse et la Réforme sociale". Par un Prussien* », publiées en 1844, Marx

---

5. MARX, *La Guerre Civile en France*, p. 63. Dans la *Critique du Droit Politique Hégélien*, Paris, Éditions Sociales, 1975, Marx écrit « la bureaucratie a en sa possession l'essence de l'État, l'essence spirituelle de la société; cette essence est sa *propriété privée* », p. 92. « ...Dans la bureaucratie, l'identité de l'intérêt de l'État et de la fin privée particulière est ainsi posée, que *l'intérêt de l'État* devient une fin privée *particulière* en regard des autres fins privées », p. 93, etc.
6. MARX, *op. cit.*, p. 59.
7. MARX, *op. cit.*, p. 65.
8. MARX-ENGELS, *L'Idéologie Allemande*, Paris, Éditions Sociales, 1968, p. 68, p. 106, p. 105.

reconnaissait le bien-fondé de la position que nous disons libérale en tant qu'il n'est pas question pour la société civile, la vie privée, les intérêts particuliers, de se laisser troubler, altérer par l'État et l'Administration qui est l'activité organisatrice de l'État. Nous citons : « ... l'*Administration doit se borner à une activité formelle et négative,* car son pouvoir (*Macht*) s'arrête précisément là où commencent la vie civile (*bürgerliche Leben*) et son travail. A la vérité, l'*impuissance* est la *loi naturelle* de l'Administration quand elle est placée devant les conséquences qui résultent de la nature antisociale de cette vie civile, de cette propriété privée, de ce commerce, de cette industrie, de ce pillage réciproque des multiples sphères civiles. »[9] L'État moderne, pour Marx, ne peut vouloir supprimer la vie privée, les intérêts particuliers ; il ne peut, dirions-nous même, porter atteinte à ces intérêts privés, limiter cette vie privée, car en tant que « vie publique », « intérêts généraux », « il n'existe *que* par opposition à la vie privée. »[10] Corrélativement l'on pourrait dire que si le libéralisme contemporain reconnaît l'existence d'un intérêt général (sans même parler d'intérêt général d'une classe, d'une classe dominante), il affirme que celui-ci est assuré pour sa part la plus étendue autrement et mieux par le privé, la concurrence, les rapports marchands que par le pouvoir d'État (celui-ci ne garderait que la possession, la capacité de la violence *légitime*).

En résumé, il s'agirait de distinguer et de situer l'une par rapport à l'autre deux thèses concernant l'État, le pouvoir politique :

a) La thèse libérale et néo-libérale (anarcho-capitaliste) pour laquelle la conquête du pouvoir d'État a pour finalité de privatiser au nom de l'efficacité les services publics assurés par l'État. Il n'y aurait pas de paradoxe à ce que l'essence de l'activité de l'État soit de limiter au maximum son action, de se garder surtout de croire qu'il peut définir positivement et établir un « bien commun », qu'il peut déterminer un ordre juste de répartition des richesses, une « justice distributive », une « justice sociale ». L'activité de l'État consisterait à se garder de perturber le fonctionnement régulier de l'ordre spontané issu du marché concurrentiel (ou des marchés concurrentiels) par la construction volontaire et consciente d'un ordre économico-social, à se garder de violer les droits des individus souverains, de limiter les initiatives individuelles, à laisser, en dernière instance, le privé se développer sinon à promouvoir indirectement son développement.

b) La thèse marxienne selon laquelle la disparition du Pouvoir politique est le signe de (ou a pour condition) « la disparition des classes et de leur antagonisme » puisque « le pouvoir politique est le résumé officiel de l'antagonisme dans la société civile [11] ».

---

9. MARX, *Œuvres III*, Philosophie, Paris, Pléiade Gallimard, 1982, p. 408.
10. MARX, *op. cit.*, p. 409.
11. Cf. MARX, *Misère de la Philosophie*, Paris Éditions Sociales, 1968, p. 179.

Autrement dit, en tant que le Pouvoir politique est le pouvoir d'une classe pour l'oppression d'une autre, le pouvoir public perd son caractère politique lorsque le prolétariat en même temps qu'il supprime l'ancien régime de production supprime les conditions de l'antagonisme des classes, les classes en général, sa propre domination de classe[12] ».

La *liberté* des individus n'est possible qu'une fois que l'*association* s'est substituée au *pouvoir de l'État*. Nous citons : « Tant que le prolétariat a encore *besoin* de l'État, ce n'est point pour la liberté mais pour réprimer ses adversaires. Et le jour où il devient possible de *parler de liberté**, l'État cesse d'exister comme tel[13] », écrit Engels en 1875. Mais nous pouvons lire déjà dans la première partie de *L'Idéologie Allemande* (Feuerbach) : « Dans la communauté réelle (*wirklichen Gemeinschaft*) les *individus** acquièrent leur *liberté** simultanément à leur association, grâce à cette association et en elle », «... dans la communauté des prolétaires révolutionnaires qui mettent sous leur contrôle toutes leurs propres conditions d'existence et celles de tous les membres de la société... : les individus participent aux rapports communs (au lien social) (*das gemeinschaftliche Verhältnis*) en tant qu'individus[14] », etc. Sans vouloir en dire plus que Marx et Engels sur cette notion d'« association », nous dirons cependant que la disparition de l'État est la politisation maximum des individus[15].

En fait le « détour par » ou le « retour sur » la philosophie hégélienne du Droit nous paraît indispensable pour penser ce qui fondamentalement oppose Marx au libéralisme. En effet, la critique marxienne de l'État n'est pas une simple mise en pièces de la philosophie du Droit Politique de Hegel, ne serait-ce que dans le sens où elle retient de la leçon hégélienne que ce que Hegel désigne par le « système des besoins » n'est pas le système qui est définitivement le système historiquement hégémonique, celui qui dans son développement transcende à jamais comme un destin et assujettit l'activité des individus humains. En d'autres termes, pour Marx et Engels, le développement du processus historique est porteur de rapports entre individus qui ne se réduisent pas à ceux qu'ont entre eux les individus qui, en tant que « citoyens (*Bürger*) de l'État extérieur, *État de la nécessité et de l'entendement (Not-und Verstandesstaat)*, sont des *personnes privées (Privatpersonen)*[16] ».

---

12. Cf. MARX-ENGELS, *Manifeste du Parti communiste*, Paris, Éditions Sociales, 1961, p. 35.
* Nous soulignons.
13. Cf. MARX-ENGELS, *Critique des programmes de Gotha et d'Erfurt. — Lettre à Auguste Bebel, 18-28 mars 1875*, Paris Éditions Sociales, 1966, pp. 58, 59.
14. MARX- ENGELS, *L'Idéologie allemande*, Paris, Éditions Sociales, 1968, pp. 94, 96.
15. Rappelons que dans l'*Introduction à la Guerre Civile en France*, Engels écrit : « Regardez la Commune de Paris. C'était la dictature du Prolétariat. » *Op. cit.*, p. 25.
16. Cf. HEGEL, *Principes de la Philosophie du Droit*, trad. R. Derathé, Paris, Vrin, 1975, § 183, § 187, pp. 216, 118.

Certes, comme l'écrit Engels, dans l'*Introduction à la Guerre Civile en France*, la critique marxienne de l'État a pour fin de désillusionner la conscience qu'ont de l'État en Allemagne, non seulement la bourgeoisie mais aussi de nombreux ouvriers, c'est-à-dire la vénération superstitieuse qui a son origine dans la philosophie. Nous citons: «Dans la conception des philosophes, l'État est "la réalisation de l'Idée" ou le règne de Dieu sur terre traduit en langage philosophique, le domaine où la vérité et la justice éternelles se réalisent ou doivent se réaliser»[17]. Cependant la critique de l'État comme Raison effectivement réalisée ne suffit pas, dirons-nous, à conclure à l'abandon par Marx et Engels de l'idée de réalisation de la Raison, de la Liberté, de l'Universel-concret, d'une «unité voulue et consciente d'elle-même», à l'assentiment à la domination irrévocable de l'ordre naturel auquel correspond l'ordre de l'entendement (ordre économico-juridique). Ce qui est dénié à l'État est transféré à la Commune, à la société sans classes.

Dans l'additif au § 272 des *Principes de la Philosophie du Droit*, Hegel écrivait: «Il ne faut pas s'imaginer que le monde de la nature physique est quelque chose de plus élevé que le monde de l'esprit. Car autant l'esprit se tient au-dessus de la nature, autant l'État est au-dessus de la vie physique...»[18]. L'histoire est le processus par lequel l'esprit naturel (*natürlicher Geist*) devient l'esprit effectif qui a le savoir de son essence; elle est l'impulsion et le travail par lequel «la vie spirituelle brise *l'écorce de la naturalité**, du sensible et de son propre caractère étranger pour parvenir à la lumière de la conscience de soi, c'est-à-dire à soi-même»[19].

Or dans l'*Esquisse d'une Critique de l'Économie Politique* parue en 1844, Engels caractérise la loi de la concurrence comme «*une pure loi naturelle et non une loi de l'esprit*». Nous citons: «La loi de la concurrence est que la demande et l'offre se complètent toujours et partant jamais..., jamais d'état sain, mais une constante alternance d'excitation et d'abattement qui exclut tout progrès, une éternelle oscillation sans que jamais le but soit atteint... C'est justement *une loi naturelle qui repose sur l'absence de conscience des intéressés.** Si les producteurs comme tels savaient de combien les consommateurs ont besoin, s'ils organisaient la production, s'ils la répartissaient entre eux, le flottement de la concurrence et sa

---

17. Marx, *La Guerre civile en France*, Engels, *Introduction*, p. 25.
18. Hegel, *op. cit.*, p. 280. Cf., aussi le § 146 des *Principes* et la *Remarque* dans lesquels Hegel affirme l'autorité et la puissance absolues de la substance éthique, infiniment plus fermes que l'être de la nature. Mais aussi «la liberté, en tant qu'idéalité de l'immédiat et du naturel, n'est pas un immédiat et un naturel, elle doit plutôt être acquise et gagnée par la médiation infinie de la discipline du savoir et du vouloir... Cette limitation (des instincts, etc.) est dûe à la médiation par laquelle se produit la conscience et la volonté de la liberté telle qu'elle est en vérité selon la Raison et selon son concept...», Hegel, *La Raison dans l'Histoire*, Paris 10/18 Plon, 1965, pp. 140, 142, 143 et suivantes, (traduction modifiée).
* Nous soulignons.
19. Hegel, *La Raison dans l'Histoire*, p. 187 (traduction modifiée).

tendance à la crise serait impossibles. *Produisez avec conscience, en tant qu'Hommes**, et non comme des atomes dispersés (*zersplitterte*) sans conscience du genre (*Gattungsbewusstsein*) et vous échapperez à toutes ces oppositions artificielles et intenables, etc.* »[20] Le passage par l'humanisme feuerbachien ne doit pas cacher l'ancrage hégélien de la thèse soutenue par Engels.

S'il y a une philosophie qui s'oppose au libéralisme, si l'on définit celui-ci par l'identification pleine et entière de l'*Idée de liberté* à la liberté comme droit de propriété privée et au libre échange marchand, à la libre entreprise industrielle et commerciale, par la conception de l'État comme auxiliaire, instrument ou bras séculier de l'économie de marché, comme garantie du droit à la vie, à la propriété et au bien-être de l'individu, conception de l'État qui d'ailleurs est produite par l'"état de l'acquisition industrieuse", c'est, à nos yeux, la philosophie hégélienne du Droit. Depuis l'*Article sur le Droit Naturel* de 1802 jusqu'aux *Principes de la Philosophie du Droit*, Hegel refuse que l'expansion de l'état de l'acquisition industrieuse (*der Stand des Erwerbes*) et du système des besoins élève au rang de rapport politique par excellence le rapport économico-juridique, pose comme le fondement de la liberté éthique ou politique, la liberté du droit abstrait, liberté de la personne. Cet état de l'acquisition industrieuse n'est pas le tout de la société ; sa conquête exclusive du pouvoir politique aurait pour effet de réduire la vie universelle à une universalisation de la vie privée.

Aussi l'affirmation de l'*Idéologie Allemande* selon laquelle Hegel aurait donné « une forme sublimée » (*sublimierten*) « au libéralisme à la mode bourgeoise » (*verbürgerten*)[21] nous semble plus que discutable même s'il est vrai qu'il y a un libéralisme jeune-hégélien qu'il est d'ailleurs nécessaire de définir.

Le principe qui inspire la philosophie hégélienne du Droit, principe que l'époque historique tend à renverser (il nous faut dire que Hegel craint

---

* Nous soulignons.

20. ENGELS, *Esquisse d'une Critique de l'économie politique*, Édition Bilingue, Paris, Aubier Montaigne, 1974, pp. 75, 77, 79. Notons que Engels distingue la « concurrence » de « l'émulation ». « La concurrence subjective, la rivalité (*Wettstreit*) de capital à capital, de travail contre travail, etc., se réduira dans ces circonstances à l'émulation (*Wetteifer*) fondée dans la nature humaine et qui jusqu'à présent n'a été développée de manière tolérable que par Fourier, réduite après la suppression des intérêts antagonistes (*entgegengesetzten*) à sa sphère propre et rationnelle (raisonnable) (*vernünftige*) », *op. cit.*, p. 81.

21. MARX-ENGELS, *L'Idéologie Allemande*, 1968, p. 223. L'on peut se référer en ce qui concerne les « pédants » (Marx dixit) disciples de Hegel à l'article de Arnold Ruge, janvier 1843, intitulé *Autocritique du Libéralisme* et à la présentation que nous en avons faite. Dans *L'Unique et sa propriété*, paru à Leipzig fin octobre 1844, Stirner (avant Marx donc) fait de Hegel, le philosophe de la bourgeoisie, de Goethe le poète de celle-ci (cf. Stirner, *op. cit.*, Paris, trad. Docteur Reclaire, éd. Jean-Jacques Pauvert, 1960, p. 95).

ce renversement[22] dont il voit la préfiguration dans le déclin de l'empire romain) est celui de l'État comme *Système de la Vie Éthique (System der Sittlichkeit)* et non comme seul *système des besoins (System der Bedürfnisse)* ou *système de la réalité (System der Realität)*[23]. L'État (*der Staat*) ne doit pas être confondu (*verwechselt*) avec la société civile (*die bürgerliche Gesellschaft*).

L'organisation rationnelle de l'État est celle qui résiste victorieusement à l'irrésistible mouvement du système des besoins et du système de la réalité à devenir « une puissance indépendante » (*eine unabhängige Macht*) qui « se fixe de façon absolue »[24], un système hégémonique, c'est-à-dire dirons-nous, dominant et déterminant.

L'organisation de la vie éthique ne peut se conserver qu'en s'opposant à la tendance de l'état de l'acquisition industrieuse (*der Stand des Erwerbes*) à s'ériger en totalité du peuple et à *détruire* par l'« alliage » (*Vermischung*)[25] des trois états sociaux[26], formes ou figures de la totalité absolue de la vie éthique, *le peuple lui-même* en tant que « totalité organique », « indifférence vivante absolue »[27]. Ou encore, l'état de l'acquisition industrieuse substitue, dirons-nous, au « peuple », la « foule » (*Menge*), substitue à « l'identité absolue, intuitionnée », à « l'universel, l'esprit qui est en chacun et pour chacun même dans la mesure où il est singulier », « l'identité abstraite », soit une « égalité de la citoyenneté » (*eine Gleichheit der Bürgerlichkeit*)[28]. Bref, il substitue à un rapport organique entre les membres des trois états, un rapport formel, abstrait, mécanique.

Dans l'Article sur *le Droit Naturel*, Hegel écrit après avoir cité Gibbon, *The History of the Decline and Fall of the Roman Empire*, « Avec cette vie privée universelle et pour la situation dans laquelle le peuple n'est composé

---

22. Nous dirons que Hegel a vis-à-vis de ce danger de renversement du principe du Droit Politique la même attitude que Platon qui, craignant l'irruption du principe de la « personnalité libre infinie », pensa écarter le danger de destruction de la vie éthique grecque en écrivant la *République*. Cependant, il n'y a pas analogie dans le sens où il ne s'agit pas pour Hegel de l'irruption d'un principe plus profond mais du danger de corruption, de perversion du Droit Politique par l'expansion du système des besoins et de la société civile identifiée dans ce sens au deuxième état. Hegel n'est pas Platon dans le sens où il donne leur place à ce système et à cet état, mais il entend précisément par le droit qu'il leur reconnaît les maintenir à l'intérieur des limites de ce droit. On peut se demander dans quelle mesure certaines des réserves de Hegel vis-à-vis de la liberté promue par la Révolution Française (nous ne faisons pas allusion à la terreur) ne tiennent pas à ce qu'elle est l'expression de l'état de l'acquisition industrieuse qui imposera en même temps que sa puissance pratique sa conception de l'État en prenant pour fondement de celui-ci la volonté des individus immédiats (non formés par la Réforme) et non la volonté substantielle.
23. HEGEL, *Des Manières de traiter scientifiquement du Droit Naturel*, trad. B. Bourgeois, Paris, Vrin, 1972, pp. 56, 61.
24. HEGEL, *op. cit.*, p. 57.
25. HEGEL, *Système de la Vie éthique*, trad. J. Taminiaux, Paris, Payot, 1976, p. 169.
26. L'état universel ou absolu qui œuvre directement pour l'État, l'état de l'acquisition industrieuse et l'état substantiel ou immédiat ou encore état des paysans.
27. HEGEL, *op. cit.*, p. 163.
28. HEGEL, *op. cit.*, p. 161.

que d'un deuxième état (*aus einem zweiten Stande*) est immédiatement présent le rapport-de-droit formel, qui fixe l'être-singulier et le pose absolument, et le développement le plus complet de la législation s'y rapportant s'est, lui aussi, formé et déployé à partir d'une telle corruption (*Verdorbenheit*) et universelle dégradation (*Erniedrigung*). Ce système de propriété et de droit qui, à cause de cet être ferme... de la singularité n'est dans rien d'absolu et d'éternel, mais entièrement dans ce qui est fini et formel, doit nécessairement, réellement séparé et éliminé de l'état noble, pouvoir se constituer dans un état propre, et ici, alors, pouvoir s'étendre entièrement en long et en large »[29].

Le système de la vie éthique ne se maintient dans sa pureté, son indifférence absolue[30] qu'à condition de distinguer réellement entre les trois états qui composent celle-ci, de subordonner l'« état de l'acquisition industrieuse » ou « état de la droiture » (*Stand der Rechtsschaffenheit*) à l'état absolu (*absolute Stand*), en tant que subordination ou subsomption consciente de la *vie éthique relative* à la vie éthique absolue, de la *nature inorganique* à la *nature organique*.

Le souci de Hegel est donc de reconnaître l'état de l'acquisition industrieuse comme un état[31], de faire en sorte qu'il obtienne son droit mais de ne le reconnaître que comme *second état* qui se contente de la jouissance de son droit sans chercher à se solidifier, à s'organiser pour soi-même, sans surtout chercher à se soumettre l'État à proprement parler, puisqu'en tant qu'« état »[32] il ne peut qu'en dénaturer l'essence en identifiant et en réduisant comme nous l'avons dit ci-dessus le Droit Politique à la sphère de l'économico-juridique, ne serait-ce qu'en pensant la Majesté de l'État en termes de *contrat*.

Hegel ne pouvait évidemment imaginer que la classe correspondant

---

29. HEGEL, *Droit Naturel*, p. 66.
30. Le troisième état est l'état de la vie éthique brute ou l'état des paysans (*der Stand des rohen Stittlichkeit ist der Bauernstand*), *Vie Éthique*, p. 175. Cf. également *Droit Naturel*, p. 64. Notre propos n'exige pas que nous fassions plus que mentionner l'existence de ce troisième état, qui pour Hegel ne fait pas problème dans le sens où il « peut augmenter le premier état suivant la masse et l'essence élémentaire », *Droit Naturel*, p. 64.
31. « Cet enfoncement (*Versenktsein*) dans la possession (*Besitz*) et la particularité cesse ici d'être servitude à l'égard de l'absolue indifférence; il est indifférencié aussi bien qu'il le peut, autrement dit l'indifférence formelle, l'être personne (*das Personsein*) est réfléchi dans le peuple et le possédant ne déchoit pas à cause de sa différence d'avec l'essence totale, donc ne déchoit pas en dépendance personnelle; au contraire son indifférence négative est posée comme quelque chose de réel, et il est donc citoyen (*Bürger*), bourgeois (bourgeois) et est reconnu comme universel. » *Vie Éthique*, p. 173. Tout individu appartenant à cet état est un véritable individu, un universel, une personne et non plus un singulier fixé et déterminé dans une différence, un esclave qui se rapporte, du fait de l'inégalité du pouvoir de la vie, au maître comme à un individu singulier qui lui, est puissant, indifférent et libre.
32. HEGEL emploie le terme de « *Gewerbetreibenden Klassen* » dans la Remarque du § 253 des *Principes de la Philosophie du Droit* mais déjà dans l'*Article sur le Droit Naturel* de 1802, il emploie l'expression « *die erwerbende Klasse* », HEGEL, *op. cit.*, p. 64. Il emploie encore le terme de « *Klasse* » dans le § 243 des *Principes* en parlant de la dépendance et du dénuement de la classe qui est liée au travail divisé et limité.

aujourd'hui à ce que le philosophe désigne par «état de l'acquisition industrieuse» (en tant que cet état n'inclut pas la classe des travailleurs assujettis au travail mécanique) prendrait à ce point la «puissance» ou le principe qui est sien pour une totalité inconditionnée et absolue, qu'elle irait jusqu'à penser le politique en termes de marché[33].

Pour insister et préciser, I) La philosophie hégélienne du Droit est, pour nous, opposée au libéralisme en tant qu'elle refuse de penser primordialement la société comme «un ensemble ouvert, purement additif d'individus en interaction», l'individu constituant un «indéductible», un «absolu originaire»[34] et l'interaction consistant dans le travail en vue de la satisfaction des besoins, du gain et de la propriété.

Hegel est très explicite, le fondement n'est pas l'individu singulier mais le *système de la vie éthique*. Celui-ci excède la conception que peut en avoir n'importe quel individu singulier: «la vie éthique [est] un système de puissances (*Potenzen*)..., et la puissance éthique ne peut s'organiser que dans des individus comme leur matière (*stoff*), et ce n'est pas *l'individu comme tel qui est l'absolu véritable, il n'est que l'absolu formel**: le véridique est le système de la vie éthique... la singularité de l'individu n'est pas ce qu'il y a de premier (*das Erste*), mais la vitalité de la nature éthique, la divinité, et pour l'essence de celle-ci, l'individu singulier est trop pauvre pour en savoir la nature dans sa réalité entière»[35].

Le point de départ pour Hegel est donc le *peuple*, la totalité éthique absolue qui jouit divinement de soi dans la totalité des individus en tant que ceux-ci sont ses organes et ses membres. La vie éthique absolue «ne se manifeste pas comme l'amour envers la patrie, le peuple et les lois mais comme la vie absolue dans la patrie et pour le peuple»[36]. La liberté est primordialement l'appartenance de l'individu à un peuple telle qu'elle est identification sans réserves de celui-là à celui-ci, l'activité libre est celle dont

---

33. Hervé HAMON, «Les économistes néo-libéraux ou l'inversion de l'orthodoxie»: «Le champ politique... est simplement un champ sur lequel se rencontrent des entrepreneurs politiques en mal d'élection et des citoyens à la recherche de la plus grande satisfaction possible de leurs intérêts, ce qui vaut d'être organisé comme un marché ordinaire. La démocratie devient donc un marché parmi beaucoup d'autres, dont l'existence, loin d'être liée à une insuffisance des mécanismes marchands tendrait plutôt à confirmer l'omniprésence de ceux-ci» in *Actuel Marx*, n° 5, premier semestre 1989, Paris, P.U.F., p. 73. L'idéologie néo-libérale en faisant du politique une marchandise parmi d'autres légitimerait rétrospectivement les réticences de HEGEL vis-à-vis de l'élection et de la démocratie.

34. Yvon QUINIOU, «Hayek, les limites d'un défi», in *Actuel Marx*, n° 5, p. 77, 78.

* Nous soulignons.

35. HEGEL, *op. cit.*, p. 170. Il nous faut faire observer que Marx reprend à sa manière en la transposant la critique de l'individu comme point de départ de l'histoire dans la critique qu'il fait des *Robinsonnades*. Celles-ci font de l'individu une «donnée de la nature» et non un «produit de l'histoire»: «Dans cette société (la société civile-bourgeoise) où règne la libre concurrence, l'individu apparaît détaché des liens naturels, etc., qui font de lui à des époques historiques antérieures un élément d'un conglomérat humain déterminé et délimité...», MARX, «Introduction à la Critique de l'Économie Politique», in *Contribution à la Critique de l'Économie Politique*, Paris, Éd. Sociales, 1957, p. 149; cf. également p. 150.

36. HEGEL, *Système de la Vie Éthique*, p. 164.

le produit est « la conservation du tout de l'organisation éthique » ; « l'état (*der Stand*) des hommes libres », est l'état de ceux dont « l'occupation est de vivre dans, avec et pour leur peuple, [de] mener une vie universelle appartenant entièrement à la chose publique[37], ou encore, formulation qui est celle de la *Remarque* du § 258 des *Principes de la Philosophie du Droit* (1821) : « Étant donné que l'État est Esprit objectif, l'individu ne peut avoir lui-même objectivité, vérité et vie éthique que s'il est membre de l'État. La *réunion* (*l'association*) (*Vereinigung*) en tant que telle est elle-même le véritable contenu et le véritable but, et la destination (*Bestimmung*) des individus est de mener une vie universelle ; les *autres formes de leur satisfaction**, de leur activité et de leur conduite particulières ont cet *élément substantiel et universellement valable pour point de départ et pour résultat** »[38].

Dans l'additif au § 258 des *Principes*, Hegel refuse explicitement de partir du libre-arbitre des individus, de leur consentement explicite comme fondement de l'État : « Lorsqu'il s'agit de la liberté, il ne faut pas partir de l'individu, de la conscience de soi individuelle (*einzelnen*) mais de l'essence de la conscience de soi car que l'homme veuille le savoir ou non, cette essence se réalise en tant que pouvoir (*Gewalt*) indépendant, dans lequel les individus singuliers ne sont que des moments »[39].

L'individu comme « personne autonome » est « fils de la société civile »[40]. Or « la formation de la société civile est *postérieure** à celle de l'État, qui doit la précéder comme quelque chose d'indépendant pour qu'elle puisse subsister. Du reste, la création de la société civile appartient au monde moderne, qui seul a reconnu leur droit à toutes les déterminations de l'Idée »[41]. L'État moderne permet « au principe de la subjectivité de s'accomplir au point de devenir l'*extrême autonome* de la particularité personnelle ». Cependant l'État « *ramène en même temps* » la particularité dans « l'*unité substantielle* »[42], « dans la vie de la substance universelle »[43]. La société civile est une sphère *subordonnée* à l'État (*der Staat*) que celui doit maintenir dans une « immanence substantielle », pour que l'État en tant que vie éthique (*Sittlichkeit*) soit conservé, (l'État comme la Vie Éthique est l'« indifférence » de l'État *stricto sensu* et de la société civile).

---

37. HEGEL, *Droit Naturel*, p. 63. Cet être-un de l'individu et du peuple, l'individu le manifeste de manière non équivoque dans le risque de mort que l'individu prend pour que se conserve le tout de l'organisation éthique, c'est-à-dire la vie même du peuple.
* Nous souligons.
38. HEGEL, *Principes de la Philosophie du Droit*, trad. R. Derathé, Paris, Vrin, 1975, § 258 Rem, p. 258, 259 (trad. modifiée).
39. HEGEL, *op. cit.*, p. 260 (trad. modifiée).
40. HEGEL, *op. cit.*, § 238, p. 248, 249.
* Nous soulignons.
41. HEGEL, *op. cit.*, § 182, add., p. 215.
42. HEGEL, *op. cit.*, § 260.
43. HEGEL, *Encyclopédie* III, *la Philosophie de l'Esprit* (1827 et 1830) § 537, trad. B. Bourgeois, Paris, Vrin, 1988, p. 312.

II) La philosophie hégélienne du Droit est pour nous opposée au libéralisme, en tant qu'elle refuse que ce qui gouverne ce ne soit pas *l'esprit vivant absolu* mais le système des besoins dans son développement (c'est-à-dire en termes actuels, le marché) se constituant et s'organisant pour lui-même et devenant une puissance indépendante, car une telle autonomisation est « la maladie et le commencement de la mort »[44] de la vie éthique. Le libéralisme pourrait être, en effet, caractérisé en termes hégéliens par l'inversion du rapport rationnel et légitime entre la vie éthique absolue et la vie éthique relative par l'ascendant de la nature inorganique sur la nature organique.

Il faut dire que l'individu singulier n'a pas plus prise sur ce système de l'universelle dépendance physique réciproque des uns à l'égard des autres qu'il n'a la capacité de connaître la vitalité de la nature éthique. Cependant le système du besoin n'est pas dans sa totalité inaccessible à la connaissance, même si celle-ci n'est qu'approximative, si elle n'est susceptible quant aux espèces singulières qui composent cette totalité que de degrés. Aussi n'est-ce pas l'Universel privé de conscience de ce système qui doit gouverner mais celui-ci doit être gouverné par un universel conscient, un véritable vouloir-libre, pensé, conscient de soi. « Dans ce système, ce qui gouverne apparaît donc comme le tout a-conscient (*das Bewusstlose*), aveugle des besoins et des espèces de leurs satisfactions. Mais ce destin a-conscient, aveugle, l'universel doit s'en rendre maître et pouvoir devenir un gouvernement »[45]...

Le gouvernement, doit régler la production non en tant que telle, non directement, c'est-à-dire non en tant qu'espèces singulières de l'excédent (*Überfluss*) mais en tant a) d'une part, qu'une partie de la population a partie liée à cette production (le nombre des producteurs d'une espèce déterminée de production doit être réglé par ce gouvernement en fonction de la quantité consommée de cette espèce de façon à ce que ces producteurs puissent vivre de leur travail) en tant b) d'autre part, que l'ensemble des consommateurs puisse satisfaire certains besoins usuels déterminés c'est-à-dire qui sont considérés par un peuple comme nécessaires à son existence, ce qui signifie que la valeur de ces produits ne soit pas trop élevée.

Le gouvernement, si nous comprenons bien, n'a pas à déterminer directement la valeur d'un produit, mais il doit donc chercher à amortir les fluctuations de l'équilibre entre le Tout des besoins et le Tout de l'excédent

---

44. HEGEL, *Droit Naturel*, p. 91 « La maladie et le commencement de la mort sont présents, lorsqu'une partie s'organise pour elle-même et se soustrait à la domination du tout, par laquelle singularisation isolante (*Vereinzelung*), elle affecte négativement celui-ci ou même le contraint à s'organiser uniquement pour cette puissance... le système même de l'acquisition industrieuse et de la possession, la richesse d'un peuple et dans ce système, à nouveau, une puissance singulière, que ce soit l'agriculture ou les manufactures et fabriques, ou le commerce, ne peuvent être constitués en puissances inconditionnées. »

45. HEGEL, *Système de la Vie Éthique*, p. 188, 189.

(nous dirons de la production destinée à l'échange) de telle façon que la valeur d'un produit ne soit ni trop basse, ce qui a pour effet de ruiner les producteurs de cette espèce de production, ni trop haute, ce qui rend la consommation de ce produit inaccessible à la population dans sa majorité[46].

La difficulté de gouverner ce système des besoins tient à ce que ce système est en expansion quantitative et qualitative *illimitée* et que le travail nécessaire à la satisfaction de besoins de plus en plus cultivés s'accroît lui aussi indéfiniment, ce qui « met en frais la terre entière »[47]. Cependant il y a *limitation* intrinsèque au système en tant qu'à l'accumulation de la possession et à l'augmentation de la jouissance d'un côté, correspond de l'autre côté, une diminution de la possession et de la jouissance. Cette inégalité de la richesse est nécessaire en soi et pour soi (l'universalisation du travail a deux pôles: celui « idéellement universel » qui s'attribue le profit le plus élevé, celui « réellement » universel du travail mécanique le plus divisé qui a pour effet la « pauvreté la plus profonde »[48]) mais elle tend à tourner en un rapport de domination: « L'individu qui est immensément riche devient une puissance (*Macht*): il supprime la forme de la dépendance physique courante qui consiste à dépendre d'un universel et non d'un particulier. »[49]

Si le gouvernement ne travaille pas au mieux contre cette inégalité, qui fait naître ce pouvoir d'un singulier, analogue à celui du maître sur l'esclave, celle-ci a pour effet de détruire la vie éthique, le peuple. En effet « le premier caractère de l'état de l'acquisition industrieuse, qui est d'être capable d'une intuition organique absolue et de respect (*Achtung*) pour un divin posé cependant en dehors de lui, tombe (*fällt hinweg*), et la bestialité du mépris de tout ce qui est élevé entre en scène. L'en-soi est ce qui est sans sagesse (*das Weisheitslose*), le pur universel, la masse de la richesse; et le lien (*Band*) absolu du peuple, l'éthique (*das Sittliche*), a disparu (*ist verschwunden*) et le peuple est dissous (*angelöst*) »[50].

C'est sur cette idée de la puissance de destruction de la vie du peuple en tant que vie éthique par le développement de l'état de l'acquisition industrieuse, a) sur l'opposition que ce développement fait naître entre la richesse démesurée et le dénuement le plus grand, la totale indigence, entre la formation d'une classe qui vit dans le luxe et le gaspillage et l'engendrement d'une plèbe, b) sur la substitution de rapports de lutte, de concurrence sans frein généralisée à l'existence de liens organiques, que nous voulions

---

46. Sans forcer les textes, nous pouvons reconnaître dans cette analyse hégélienne de 1803 une préfiguration de l'analyse engelsienne de l'existence d'un « *excédent, ici, de moyens de production et de produits* », — d'un « *excédent, là, d'ouvriers*, sans emploi et sans moyens d'existence; », ENGELS, *Socialisme utopique, socialisme scientifique*, Paris, Éditions sociales, 1971, p. 120.
47. HEGEL, *op. cit., Système de la Vie Éthique*, p. 191.
48. HEGEL, *op. cit.*, p. 192.
49. HEGEL, *op. cit.*, p. 191.
50. HEGEL, *op. cit.*, p. 192.

mettre l'accent. Malgré le régime fiscal difficile à instaurer puisqu'il doit s'opposer à cette inégalité excessive sans diminuer la production et donc indirectement les revenus de l'État, malgré la régulation des institutions internes à la société civile elle-même que sont la police et la corporation (nous ne pouvons développer ici), la dialectique du système des besoins n'a pas pour résultat la richesse générale et durable de tous.

Ainsi la *seconde nature* qui devrait être la Vie Éthique de la totalité du peuple risque de devenir le règne d'une nécessité transcendante par rapport aux volontés particulières qui lui ont donné naissance et qui se retournent contre elle. Si l'état de l'acquisition industrieuse se confond comme elle tend à le faire avec la société civile tout entière, au lieu de rester subordonné à l'état universel, il pervertit l'État, le Droit politique en en faisant le moyen de pérenniser un système de propriété : un système économico-juridique fini remplace la vie éthique absolue, l'entendement, la raison ; le mécanisme, l'organisme.

L'on peut identifier, même si cette identification est simplificatrice et en ce sens erronée, le point de départ de la critique marxienne du droit politique hégélien comme le constat de l'impuissance de l'Idée hégélienne de l'État à conjurer la formation de l'État moderne en tant qu'État dans lequel le principe économico-juridique, ou — pour le dire en termes hégéliens — la « puissance » (*Potenz*) qui est celle du travail, de la propriété, de la jouissance, et du droit civil (*bürgerliches Recht*) qui leur est corrélatif, s'est constituée en un système autonome, « positif », « inconditionné » qui « empiète », « se soumet », et même « acquiert une domination souveraine » (*Oberherrschaft*)[51] sur l'État.

Dans la *Critique du Droit Politique Hégélien*[52], écrit de 1843, Marx montre que la « Constitution d'*états* » (*ständischer Verfassung*) est loin d'être, malgré ce que prétend Hegel, la sauvegarde de la vie éthique du peuple par la subordination de l'« état de l'acquisition industrieuse » à l'« état universel » que Marx rebaptise « bureaucratie ». Marx conteste résolument non seulement que la différentiation de la société civile en « états » (*Stände*) soit encore historiquement valide (la défense hégélienne de la rationalité de ces « états » est un combat d'arrière-garde, un combat historiquement perdu) mais encore que la prééminence de l'« état universel » soit, en tant que pilier fondamental de l'État, apte à faire obstacle à la mainmise de l'état de l'acquisition industrieuse sur celui-ci, à l'assujettissement de « l'Universel et du Rationnel en soi et pour soi » par l'état particulier qu'est l'« état de la droiture ». Marx polémique donc contre la bureaucratie qui, d'une part, en détenant l'exclusivité de l'universel étatique

---

51. HEGEL, *Droit Naturel*, p. 92.
52. Nous renvoyons à l'analyse de ce manuscrit que nous avons présentée dans notre ouvrage *Retour sur le Jeune Marx*, Éd. Méridiens Klincksieck, 1986, pp. 77-130, analyse que nous poursuivons dans un ouvrage à paraître sous le titre *Entre Hegel et Marx*.

est le pendant de la société civile-bourgeoise, laquelle a l'exclusivité des intérêts particuliers, qui, d'autre part, en fixant l'opposition entre l'État politique et la société civile-bourgeoise, empêche, en tant que corporation, chaque individu d'exercer pleinement sa citoyenneté, d'avoir, dit en termes hégéliens, une activité « en soi organique et absolue » dont « la finalité est la satisfaction d'un besoin universel de manière universelle » (cf. Hegel, *Système de la vie éthique*, pp. 171, 172, 175), qui empêche le peuple tout entier d'accéder et même d'aspirer au pouvoir politique qui lui appartient par excellence en tant que Souverain, le pouvoir gouvernemental. La Constitution politique telle que Hegel l'expose dans les *Principes de la Philosophie du Droit* (§ 261 à 313) n'est, qu'il s'agisse du pouvoir princier, du pouvoir gouvernemental ou du pouvoir législatif, que l'hypostase de la propriété privée, de l'homme privé[53].

Aussi cette critique de Marx n'est-elle pas libérale dans le sens où le libéralisme est l'idée qu'a la bourgeoisie de la liberté. En effet, Marx voit dans la « Constitution *représentative* » (repräsentativer *Verfassung*), le suffrage universel le plus étendu, paradigme politique de la « forme universelle »[54] de la représentation, la condition de la démocratie en tant que sursomption *conjointe* de l'État politique, universel abstrait et de la société civile-bourgeoise ou État privé, particularisation de l'universel et universalisation du particulier.

Le suffrage universel[55] est alors pensé par Marx comme la condition de la fin du monopole du politique, comme l'accès de tous les individus au politique, accès propre à écarter l'emprise du privé sur le public, du particulier sur l'universel, à rendre effectif « l'universel concret » hégélien. En 43, Marx ne pense donc pas le suffrage universel comme la conquête du pouvoir politique par le seul « état de l'acquisition industrieuse ».

Les limites de cette étude ne nous permettent évidemment pas de reconstituer la dérive de la Critique marxienne et engelsienne de l'État mais nous pensons qu'il ne faut pas perdre de vue qu'elle repose sur une analyse toujours reprise du rapport entre État politique et société civile-bourgeoise. L'idée de dépérissement de l'État politique est toujours pensée comme corrélative d'une suppression de la société civile-bourgeoise en tant qu'elle est opposée à ou séparée de l'État politique, mais aussi en tant que celui-ci est une expression, un sommaire de celle-là. Il nous faudrait montrer en quel sens il y a reprise et transformation marxienne de l'idée hégélienne de

---

53. Il ne nous est pas possible de donner les citations mais seulement les pages auxquelles il faut se reporter: soit MARX, *Critique du Droit Politique Hégélien*, Paris, Éd. Sociales, 1975, p. 82, p. 96, p. 172.
54. Cf. MARX, *Œuvres* III, Lettres à Ruge, Pléiade, p. 345.
55. Dans l'*Introduction* d'Engels datée du 6 mars 1895 aux *Luttes de classe en France* de Marx, Engels argumente en faveur du suffrage universel comme conquête et affirme entre autres que « selon les termes du programme marxiste français », les ouvriers allemands « *ont transformé le droit de vote, de moyen de duperie qu'il a été jusqu'ici en instrument d'émancipation* ». MARX, *op. cit.*, Paris, Éd. Sociales, 1970, p. 25.

l'État comme Vie Éthique, de l'Idée de liberté comme irréductible à la liberté du droit abstrait et de la société civile-bourgeoise.

Nous nous en tiendrons à trois citations d'Engels. La première est extraite de l'*Esquisse d'une Critique de l'Économie Politique*. Engels analyse comment « l'orgueil du système de la liberté du commerce est de faire un mauvais usage de la vie éthique vers des fins non éthiques », comment « l'économie libérale universalise l'hostilité » en universalisant « la guerre infâme de la concurrence »[56].

Les deux autres, longues mais importantes, sont extraites de *La Situation de la classe laborieuse en Angleterre*, ouvrage paru en 1845 : « Le rapport de l'industriel à l'ouvrier n'est pas un rapport humain mais une relation purement économique. L'industriel est le "capital", l'ouvrier est le "travail". Si l'ouvrier ne veut pas se laisser enfermer dans cette abstraction, s'il affirme qu'il n'est pas le "travail" mais un homme qui, il est vrai, possède entre autres la faculté de travailler, s'il s'avise de croire qu'il ne devrait pas se laisser vendre et acheter en tant que "travail", en tant que marchandise sur le marché, l'entendement du bourgeois est alors comme frappé de stupeur (...) il (l'industriel) ne reconnaît pas d'autre relation d'un homme à un autre, que celle du *paiement comptant*. »

« Commande et fourniture, demande et offre, *supply and demand*, telles sont les formules à l'aide desquelles la logique de l'Anglais juge toute la vie humaine. Voilà qui explique la libre concurrence partout, voilà qui explique le régime du "laissez faire" et du "laissez aller" dans l'administration, dans la médecine, l'éducation et bientôt aussi dans la religion (...). La libre concurrence ne veut pas de limites, pas de contrôle d'État; tout État lui pèse, son vœu le plus cher serait d'être dans un régime tout à fait dépourvu d'État où chacun pourrait exploiter son prochain à cœur joie (...). Mais comme la bourgeoisie ne peut se passer de l'État, ne serait-ce que pour tenir en respect le prolétariat qui lui est tout aussi nécessaire, elle utilise le premier contre le second et cherche à tenir l'État le plus possible à distance en ce qui la concerne. »[57].

Engels caractérise bien le régime de libre concurrence comme celui qui ne connaît que l'abstraction du rapport économique, qui réduit tout lien entre l'homme et l'homme à la valeur d'échange, à l'exploitation ouverte sans illusions religieuse, politique ou humaniste.

Il définit explicitement le libéralisme de la bourgeoisie comme l'aspiration de celle-ci à supprimer pour elle-même tout contrôle par l'État de son activité, toute limitation de l'utilisation, pour ne pas dire de l'exploitation qu'elle fait d'autrui, à se passer donc de tout État si celui-ci n'était pas nécessaire pour « maintenir l'ordre », c'est-à-dire pour assurer sa domina-

---

56. ENGELS, *Esquisse...*, p. 47 et p. 49.
57. ENGELS, *La Situation de la classe laborieuse en Angleterre*, Paris, Éd. Sociales, 1960, pp. 337-338.

tion sur la classe des prolétaires, car telle est la raison d'être de l'État minimum.

Dès 1845, Engels démystifie donc la définition hégélienne de l'État comme « effectivité de l'Idée éthique », « image et effectivité de la Raison », sans confondre l'aspiration de la bourgeoisie à limiter au minimum le pouvoir d'État sur elle-même, avec la relégation au musée de la machine de l'État qui serait corrélative de la disparition des classes et de la réorganisation de la production sur la base d'une association libre et égalitaire des producteurs.

Sans nous étendre plus avant, nous rappellerons également que, dans le chapitre VI de *La Sainte Famille*, Marx montre pour sa part que, loin que l'État soit, comme l'affirme Hegel, « le véritable fondement de la société civile » (cf. Hegel, *Principes de la Philosophie du Droit*, § 256 Remarque), c'est la société civile-bourgeoise, où « l'homme n'est même plus lié à son semblable par l'*apparence* d'un lien universel » mais où est universelle la lutte opposant l'homme à l'homme, qui est la base naturelle de l'*État moderne achevé*, c'est l'« *anarchie* » de la société civile-bourgeoise qui est le lieu de naissance et le fondement de l'« *état de choses public* ». « La *superstition politique* », écrit Marx, « est seule à se figurer de nos jours que la cohésion de la vie civile est le fait de l'État, alors que, en réalité, c'est au contraire la cohésion de l'État qui est maintenue du fait de la vie civile » (cf. Marx-Engels, *La Sainte Famille*, Paris, Éditions sociales, 1972, pp. 142, 147).

Cependant, la Critique marx-engelsienne n'est pas un pur et simple rejet de l'Idée hégélienne d'État, sans reprise ni transposition, dans le sens où, dirons-nous, la subsomption réelle de l'activité humaine tout entière sous la téléologie intrinsèque à l'activité du Capital devenu Sujet unique (pseudo-Sujet automate) n'est pas un destin historique définitif. Mais, cela que Hegel désigne par *État* et qu'il définit comme « réalité effective de la liberté concrète » (cf. *Principes*, § 260), unité de la liberté objective et de la liberté subjective, Marx et Engels le reprennent et le repensent à la lumière du socialisme et du communisme français, comme un Au-delà de l'État moderne achevé, du mode de production capitaliste, lequel révolutionne perpétuellement tant les moyens que les rapports sociaux de production; Au-delà caractérisé comme « association dans laquelle le libre développement de chacun est la condition du libre développement de tous » (cf. *Manifeste communiste*, p. 88) et étant entendu que le passage par la société civile-bourgeoise, qui dépouille de toute apparence et qui déchire tout voile d'éthicité, est inévitable.

Sans considérer la proposition qui suit comme une réponse à la question de départ que nous avons posée, nous dirons que l'on peut expliquer la défense contemporaine de l'État en tant que services publics et non en tant que détenteur exclusif de la violence légitime par la Gauche française comme lutte à l'intérieur de l'État moderne sinon pour le maintien de liens organiques du moins pour l'instauration de liens de solidarité, comme lutte en faveur de l'État en tant que vie éthique d'un peuple, « volonté substantielle révélée, claire à elle-même qui se pense et se sait, qui exécute ce qu'elle sait et dans la mesure où elle le sait » (§ 357, *Principes*...), comme lutte contre l'universalisation des rapports de concurrence et l'hégémonie de la société civile en tant que « champ de bataille où s'affrontent les intérêts privés de tous contre tous » (§ 289, *Principes*...).

Nous n'avons peut être plus aujourd'hui l'audace de penser un au-delà de l'État moderne mais nous dirons pour terminer que l'idée marx-engelsienne d'*association* comme réunion volontaire d'individus suppose la génération par le développement de l'histoire universelle d'un individu qui ne soit plus seulement « fils de la société civile », individu immédiat, naturel, privé, individu moyen, contingent, subordonné à une classe mais d'un individu personnel, universel[58].

Post-scriptum: Il nous faut signaler le livre de Jean-Claude Pinson, *Hegel, le droit et le libéralisme*, Paris, P.U.F., 1989, que nous avons lu avec un intérêt extrême. Nous ne pouvions cependant prendre en compte la problématique développée dans cet ouvrage, remarquable par sa précision et son originalité, car celle-ci était trop éloignée de la nôtre. Nous avons l'intention de nous y référer dans une autre étude.

---

58. Cf. MARX-ENGELS, *Idéologie Allemande*, Paris, Éd. Sociales, 1968, pp. 96-97. Et aussi : « Le système de production collective ne peut fonctionner avec *des hommes identiques à ceux d'aujourd'hui* (nous soulignons) dont chacun est soumis à une seule branche de la production, enchaîné à elle, exploité par elle, dont chacun n'a développé qu'*une* seule de ses aptitudes au détriment des autres et ne connaît qu'*un* seul secteur, ou même que le secteur d'un secteur de la production totale. Déjà, l'industrie actuelle a de moins en moins besoin de tels hommes. L'exploitation collective et planifiée de l'industrie par l'ensemble de la société nécessite des hommes dont les aptitudes se sont développées dans tous les domaines et qui sont en mesure d'avoir une vue d'ensemble sur tout le système de la production..., etc. » (ENGELS, *Principes du Communisme* (1847), « Réponse à la question 20 », *in Manifeste du Parti communiste*, Paris, Messidor/Éditions sociales, coll. Essentiel, 1986, pp. 145-146).

NÉO-LIBÉRALISME ET POLITIQUE ÉCONOMIQUE

par Suzanne de Brunhoff

> *Égalité des conditions, inégalité des positions. Liberté de l'individu, autorité de l'État. Telle est donc bien, en dernière analyse, la loi supérieure d'organisation de la société sur la base de l'ordre et de la justice.*
>
> Léon WALRAS,
> *Études d'Économie Sociale*, 1896.

« Liberté de l'individu, autorité de l'État. » Absence ou rejet de l'égalitarisme. Ces principes sont communs à toute pensée libérale concernant l'intervention de l'État. Ils fondent la séparation du marché concurrentiel « efficient », qui fonctionne à l'équilibre, et des institutions étatiques qui ont le monopole de la coercition (police, armée, justice), et doivent elles-mêmes être soumises à des règles de droit: respect de la propriété privée, de la libre entreprise, de la liberté du travail, et plus généralement du système de production capitaliste. Ce qui caractérise le « néo-libéralisme » des années 1970-1980, c'est la recherche des institutions d'un « État minimal », dont les interventions économiques respectent « l'efficience » des marchés. Contre l'interventionnisme keynésien, l'État-Providence, le pouvoir des syndicats. Le souci de l'équité ne se manifeste que dans de fragiles compromis politiques.

A partir de ce fonds commun, les constructions théoriques des économistes diffèrent les unes des autres, ainsi que les moyens préconisés pour parvenir aux mêmes fins. Quelles sont les bonnes institutions de politique économique à mettre en œuvre, dans une perspective néo-libérale? Par hypothèse, on ne peut les déduire des principes. Ni les formuler à partir des politiques de l'Administration Reagan et du gouvernement Thatcher pendant les années 1980: « la révolution conservatrice » s'est inspirée d'une doctrine libérale, elle a mis en cause des institutions existantes (notamment par la «déréglementation» et la «privatisation»), mais elle n'a pas produit les moyens institutionnels de sa propre politique. Malgré ses succès électoraux, le fait que la politique conservatrice ait été mise en œuvre par des gouvernements qui sont fondamentalement «opportunistes», selon les conceptions néo-libérales, la prive d'un pouvoir fondateur.

Comment produire des institutions «néo-libérales»? Ce problème est posé sous la forme suivante: quelles institutions sont les meilleures pour régler les politiques économiques? Le cas de la politique monétaire est privilégié... L'étalon or du XIXe siècle, comme institution régulatrice de l'émission de monnaie, imposée de l'extérieur à «l'opportunisme» des gouvernements, n'est plus. C'est admis comme une donnée. Quels en sont les bons substituts? L'existence d'une Banque centrale émettrice de monnaie est aussi une donnée. Mais la question de principe est celle de son indépendance par rapport à tout gouvernement. On verra que la solution monétariste consiste à la soumettre à une règle d'émission. Cependant, si toute Banque centrale est une institution forcément trop soumise à la politique gouvernementale, ou aux préférences de ses dirigeants, elle peut produire du désordre économique. La conception des «anticipations rationnelles» distingue, dans la politique monétaire, celle qui est neutralisée par les comportements privés, et celle qui ne l'est pas. Pourquoi conserver une Banque centrale toujours soumise au risque d'être «politisée»? Von Hayek, après l'avoir considérée comme une donnée, a changé d'avis et a proposé que chaque concurrent sur le marché émette sa propre monnaie. Il n'y a plus de politique monétaire comme manifestation d'une offre centralisée de monnaie.

Le «fétichisme du marché», qui inspire les nouvelles conceptions, a été critiqué ailleurs[1]. Les exposés qui suivent se bornent à présenter la façon dont s'oppose, à l'interventionnisme keynésien, la conception monétariste de M. Friedman, et celle de la «nouvelle école classique», en matière de politique économique. Ils sont orientés par l'idée que la doctrine libérale ne peut pas combler le vide institutionnel qu'elle creuse par ses propres principes: «Liberté de l'individu, autorité de l'État.» Si la politique économique est située dans l'entre-deux, elle ne relève d'aucun principe. Même soumise à des règles, elle peut déraper. Le fonctionnement des institutions risque de déboucher sur des compromis «opportunistes».

---

1. Cf. notamment L. THUROW (1981), S. de BRUNHOFF (1986), K. POLANYI-LEVITT et M. MENDELL (1989). L'exposé des conceptions de Von Hayek, aujourd'hui à la mode, n'est pas repris ici.

I. *Les « agenda » keynésiens*

Welfare State ou État-Providence, interventionnisme discrétionnaire de l'État, subordination de la politique monétaire à la politique des dépenses publiques: ces différentes caractéristiques ont été attribuées à l'idée que Keynes se faisait de l'intervention économique de l'État. Certains de ses critiques ont souligné le caractère empirique de sa démarche. On parlera plutôt ici du pragmatisme de ses prises de position, mais aussi des énoncés théoriques qui ont mis en cause « la théorie économique orthodoxe »[2].

1) Le pragmatisme de Keynes

Avant la Grande Dépression des années 1930 et le *New Deal* de l'Administration Roosevelt, Keynes avait déjà préconisé « La fin du Laissez-Faire » (1926), tout en repoussant « le socialisme d'État sous sa forme doctrinaire ». A son avis, les deux orientations étaient des « survivances poussiéreuses » du xixe siècle, et de l'individualisme de Bentham (auquel Keynes emprunte par ailleurs la distinction des Agenda et des Non-Agenda). « Tous deux mettent pareillement l'accent exclusivement sur la liberté, l'un de manière négative pour rejeter les limitations imposées à la liberté existante, l'autre positivement pour détruire les monopoles résultant de la nature des choses ou des efforts de l'homme. » Keynes pense que malgré l'orientation altruiste et le courage d'entreprendre des expériences audacieuses qu'a le « socialisme d'État », celui-ci se méprend sur les enjeux réels des années 1920.

Keynes montre que le « laissez-faire », politique du xixe siècle, est lui aussi complètement inadapté à la nouvelle situation économique de la Grande-Bretagne, au plan international et au plan intérieur. Compréhensible avant 1914, quand la Grande-Bretagne dominait le monde financier et le commerce international, et quand les salariés n'étaient pas organisés en syndicats puissants, le « laissez-faire » n'est plus admissible après la Première Guerre mondiale. Dans différents textes, Keynes constate qu'il y a dans les années 1920, un chômage massif et durable qui exclut du « marché du travail » un million de demandeurs d'emploi. Une politique monétaire erronée, de retour à l'étalon-or et de sur-évaluation de la livre sterling,

---

2. Les limites de l'exposé sont évidentes. On trouvera de bonnes présentations dans *Keynes aujourd'hui* (1985), et « La théorie générale » de *John Maynard* KEYNES: *un centenaire* (1988).

contribue à cet échec. Un peu plus tard, lors d'un voyage aux États-Unis en 1931, Keynes remarque que dans le Middle West se produit une ruée des déposants vers les banques, et il s'interroge sur la fragilité du système et « l'aveuglement des banquiers », avant l'effondrement du système bancaire américain en 1933.

Non seulement la pratique du « laissez-faire » est inopérante, et dangereuse, mais ses principes sont erronés. Il est faux, écrit Keynes en 1926, de croire que les individus ont « une liberté naturelle » dans l'exercice de leur activité économique. Faux de croire qu'un pacte social existe qui donnerait « des droits perpétuels aux possédants et à ceux qui deviennent des possédants ». Faux de croire que « l'intérêt particulier coïncide toujours avec l'intérêt général ».

C'est comme fondement d'une doctrine du « laissez-faire » que le principe de la liberté de l'individu est ici abandonné par Keynes. La manière dont il l'abandonne s'inscrit dans la légitimation d'une intervention économique de l'État, tenant compte des conditions historiques du capitalisme après la Première Guerre mondiale. « Les deux vices marquants du monde économique où nous vivons sont, le premier que le plein emploi n'y est pas assuré, le second que la répartition de la fortune et des revenus y est arbitraire et manque d'équité » (Keynes, 1936). Le problème est de sauvegarder « un heureux exercice de l'initiative individuelle » tout en introduisant un minimum d'équité dans le système. L'intervention économique de l'État en faveur du plein emploi devrait y parvenir.

Ce pragmatisme « à principes », Keynes le conserve dans ses ouvrages théoriques, le *Treatise on Money* de 1930, la *Théorie générale de l'emploi, de l'intérêt et de la monnaie* en 1936. Il n'en propose pas moins de nouvelles orientations théoriques.

2) Une théorie du chômage et une politique de l'emploi

Ce n'est pas de « l'État providence » et de son interventionnisme social que parle la *Théorie générale* en 1936. A la fin du XIXe siècle, le mouvement socialiste allemand et la stratégie de Bismarck, et d'une autre façon le travaillisme anglais, ont été à l'œuvre, avant que Keynes ne critique le libéralisme économique. L'apport keynésien est différent. Selon les formules actuelles il s'agit de fonder un traitement « économique » du chômage, qui rendrait inutile son « traitement social ».

Keynes donne du chômage une interprétation théorique qui met en cause non seulement la doctrine du « laissez-faire », mais la *théorie classique*. Le « marché du travail » ne joue pas le rôle qui lui était assigné par cette théorie, puisque le chômeur ne peut vendre son travail au prix (le salaire) en vigueur. Keynes introduit l'idée du « chômage involontaire » qui met en cause l'idée classique d'un marché du travail « *self clearing* » par le jeu des prix³. Au plan général, si l'économie fonctionne en «équilibre de sous-emploi», la régulation par les prix de marché perd la portée qui lui était traditionnellement attribuée. Et la «loi de Say», selon laquelle l'offre crée sa propre demande, ne s'applique plus.

«Il me semble», écrit Keynes dans sa préface pour l'édition française de la *Théorie générale*, «que jusqu'à une date récente les doctrines associées au nom de J.B. Say ont dominé partout la science économique beaucoup plus qu'on ne l'a cru... Say suppose implicitement que le système économique travaille constamment à pleine capacité, de telle sorte qu'une activité nouvelle se substituerait toujours et ne s'ajouterait jamais à une autre activité... Or il est évident qu'une théorie fondée sur une telle base ne saurait convenir à l'étude des problèmes se rapportant au chômage et au cycle économique»⁴.

Selon Keynes, en «équilibre de sous-emploi», «la demande effective» est insuffisante. L'État peut et doit intervenir, par ses dépenses budgétaires. La nature de ces dépenses importe peu. Ce qui compte n'est pas leur valeur d'usage, mais leur effet sur les revenus, la consommation, les investissements des entreprises: leur volume, non leur qualité. Le financement des dépenses publiques par un déficit budgétaire importe peu, à l'échelle globale. L'investissement n'est pas financé par une épargne préalable: il a besoin d'argent liquide pour être mis en œuvre. Que cet argent provienne de l'État, quand le système financier n'est pas en mesure de le fournir, est sans conséquence, tant que le plein emploi n'est pas assuré. Le financement public doit être accompagné d'une politique monétaire de crédit bon marché, qui encourage les entreprises à investir.

3) *Une nouvelle politique monétaire*

Comparée aux interventions sur le taux d'escompte de la Banque d'Angleterre, au XIXᵉ siècle, les moyens de la politique monétaire telle que Keynes la conçoit, ne changent pas: la Banque centrale contrôle le taux auquel elle approvisionne les banques en sa propre monnaie. Mais son objectif change, de sorte que la politique monétaire devient une composante de la politique économique, ici subordonnée à la politique de financement public. Le maniement du taux central ne peut alors être soumis à un système de changes fixes, qui pourrait, de l'extérieur, affecter le coût du crédit et la politique de l'emploi. La nouvelle signification de la politique monétaire, dans une politique «mixte» («*a policy mix*») dominée

---
3. L'idée du «chômage involontaire» diffère tout à fait de la notion marxiste de «l'armée de réserve». La notion de «prolétariat», chez Marx, fait place chez Keynes à celle de «salariat».
4. *Théorie générale*, édition française, p. 13.

par la politique financière, passe chez Keynes par le rejet du système de l'étalon or, un des dogmes de la « société de marché » selon K. Polanyi[5].

Suspendu pendant la Première Guerre mondiale, ce système était en discussion au cours des années 1920. Restauré par le gouvernement britannique qui avait choisi la parité de la livre sterling à son niveau d'avant 1914, il ne dura que jusqu'à la mise en « flottement » de la livre sterling, en 1931. Keynes en fit une critique incessante, avant et pendant sa restauration, après son élimination quand le moment sera venu de proposer un système pour l'après Deuxième Guerre mondiale.

Les deux arguments principaux de Keynes étaient les suivants : 1) sous couvert de neutralité, le système de l'étalon or permettait une redistribution des richesses entre les nations, au XIXe siècle, et il pouvait en Grande-Bretagne même, favoriser les banquiers de la City et les rentiers, au détriment des « classes actives » ; 2) la pression de l'étalon or, en soumettant la politique monétaire à une contrainte extérieure, rendait impossible une politique nationale de plein emploi.

Au XIXe siècle, le système de l'étalon or a servi les nations les plus riches et les plus puissantes en transférant le poids des déséquilibres de balance des paiements sur les pays les moins riches. «...*it has been an inherent characteristic of the automatic international metallic currency... to throw the burden on the countries least able to support it, making the poor poorer*»[6]. Après la Première Guerre mondiale, ce système risquait de consacrer la domination des États-Unis, devenus les détenteurs du plus gros stock d'or. Et cela au seul bénéfice des banquiers de Londres, qui ont inventé la technique la plus dangereuse qui se puisse imaginer, consistant à faire varier le taux de l'escompte tout en maintenant le change à une parité fixe. Le sens de cette politique était que l'on renonçait complètement à faire régner à l'intérieur du pays le taux d'intérêt compatible avec le plein emploi[7]. Les deux arguments de Keynes qui conduisent au rejet de l'étalon or, sont complémentaires l'un de l'autre.

Cependant un des problèmes que pose le rejet de l'étalon or est celui d'une alternative à l'échelle internationale. Dans le monde des années 1930, divisé en plusieurs systèmes de change, le flottement de la livre sterling, qui a bénéficié à l'économie britannique, s'est accompagné de violents mouvements de capitaux (« *hot money* ») et d'une diminution du commerce international. Le troc bilatéral n'est pas une bonne alternative au système condamné de l'étalon or. Pendant la Deuxième Guerre mondiale, Keynes

---

5. Selon K. POLANYI, les trois dogmes de la société de marché étaient les suivants : « le travail doit trouver son prix sur le marché ; la création de monnaie doit être soumise à un mécanisme d'autorégulation ; les denrées doivent être libres de circuler de pays en pays sans obstacle ni préférence ; en bref, le marché du travail, l'étalon or et le libre échange » (*La Grande Transformation*, traduction française Gallimard, 1983, p. 184).
6. KEYNES, in *Postwar Currency Policy*, 1941.
7. KEYNES, *Théorie Générale*, trad. française, p. 182.

étudie les moyens de fonder une institution monétaire internationale qui respecte les politiques nationales de plein emploi, tout en assurant les échanges extérieurs multilatéraux.

Une « Union internationale de compensation » (« *International Clearing Union* ») que Keynes propose en 1943[8], implique l'instauration d'une nouvelle monnaie internationale, universellement acceptée, et imposée comme unité de compte à toutes les monnaies nationales, dont le taux de change serait ainsi fixé. Les règlements des soldes entre banques centrales des pays membres seraient effectués en cette monnaie internationale, émise et gérée par une super-banque fonctionnant comme un organisme de compensation. Les opérations privées de change seraient contrôlées, ainsi que les soldes débiteurs et créditeurs des États membres de la nouvelle Union.

Ce plan reste fidèle aux orientations de Keynes, opposé au « laissez-faire », et favorable aux politiques de plein emploi. Élaboré en 1943 dans le contexte des économies de guerre et des accords militaires entre la Grande-Bretagne et les États-Unis, il n'a pas été ratifié en 1944 par les accords de Bretton Woods, dominés par la nouvelle hégémonie américaine. Il n'a jamais été repris ensuite, pour pallier la crise du dollar et l'échec des accords de Bretton Woods, ni pour instaurer le Système monétaire européen en 1979. Il inspire aujourd'hui quelques propositions concernant la construction d'une monnaie européenne, et d'un nouveau système monétaire international[9] mais reste sans avenir politique dans le contexte actuel.

Critiqué dès sa formulation comme utopique, rejeté par l'histoire, évacué par les théories dominantes, le projet keynésien a pourtant posé le problème de la fondation d'une nouvelle institution monétaire, qui est aujourd'hui le talon d'Achille des courants libéraux considérés selon leur propre logique. Mais Keynes a conservé une idée de l'État considéré comme un sujet politique. Des principes libéraux, « liberté de l'individu, autorité de l'État », il a mis en question le premier sans revoir le second à la lumière de l'interventionnisme étatique. La substitution au laissez-faire d'une action discrétionnaire de l'État suppose que l'État est un agent politique rationnel. Cela laisse le champ libre à la méfiance des néo-libéraux vis-à-vis des gouvernements qui incarnent provisoirement la raison d'État.

---

8. « Proposals for an International Clearing Union », 1943.
9. Voir notamment Bernard Schmitt, « Le plan Keynes : vers la monnaie internationale purement véhiculaire », dans Zerbaton M. Éd., *Keynésianisme et sortie de crise*, Paris, Dunod, 1987.

II. «Rules versus discretion»: le monétarisme de Milton Friedman

1) Le pragmatisme de M. Friedman

En 1936, H.C. Simons avait, dans le contexte du *New Deal* de Roosevelt, proposé une réforme de la politique monétaire: «*Rules versus Authorities in Monetary Policy*»[10]. Il pensait que c'était une question centrale pour le libéralisme économique. «*The monetary problem stands out to-day as the great intellectual challenge to the liberal faith.*» La foi libérale devait être confortée: «*Economist liberals are now on the defensive.*» H.C. Simons proposait une réforme pour sortir de cette situation. Fondamentale, l'instauration d'une règle monétaire imposée aux autorités, ne pouvait cependant, pensait-il, être appliquée sans réformes financières, et elle impliquait une profonde évolution politique, comprenant «*the revival or development of a real religion of freedom*», et «*a strong middle-class movement*»[11].

Après la Seconde Guerre mondiale, M. Friedman se réfère à l'idée de H.C. Simons, et la place au centre de la politique économique. Après avoir proposé en 1947 «*a monetary and fiscal framework for economic stability*», il juge préférable de s'en tenir à la politique monétaire, et de proposer une règle simple, celle d'une croissance stable de l'offre de monnaie, nécessaire et suffisante pour pallier l'instabilité produite par l'interventionnisme gouvernemental[12]. Plus facilement compréhensible par le public, limitant les réformes à faire, la simplicité de la règle monétaire est une de ses vertus.

L'existence d'une banque centrale émettrice de monnaie est prise comme une donnée institutionnelle[13]. La fin de l'étalon or aussi, comme chez H.C. Simons, qui critique les «libéraux traditionalistes». Comme chez Keynes, mais d'un autre point de vue qui sera exposé plus loin. M. Friedman ne met pas non plus en cause l'institution datant du *New Deal* qui concerne l'assurance des dépôts privés dans les banques commerciales par des organismes publics. Cependant la réforme qu'il propose répond à des principes tout différents de ceux de Keynes. L'intervention économique discrétionnaire de l'État doit être réduite autant que possible, et soumise en matière monétaire à la discipline d'une règle, pour ne pas affecter, même provisoirement, la stabilité du système économique capitaliste qui l'emporte forcément à long terme.

---

10. Dans *The Journal of Political Economy*, 44 (1936), reprinted in *Readings in Monetary Theory*, Londres, Allen and Unwin Ltd, 1952.
11. *O.c.*, p. 355. H.C. Simons critique notamment le système du financement à crédit par contrats à court terme entre banques et emprunteurs.
12. In *A program for monetary stability*, Fordham University Press, 1960.
13. Quoiqu'il arrive à M. Friedman de proposer une réforme radicale de la Banque Centrale, voire d'envisager sa suppression. Cf. «The Case for overhauling the Federal Reserve», in *Challenge*, juillet-août 1985.

2) Une reformulation de la théorie quantitative de la monnaie

Les théories quantitatives de la monnaie expliquent les variations des transactions agrégées au niveau global — qui reflètent celles du volume du produit réel et du niveau des prix (P.Q) — en termes de changements du stock de monnaie, M, et de la vitesse de circulation de la monnaie, V (rapport des dépenses agrégées au stock de monnaie, soit V = P.Q/M). Milton Friedman adopte l'idée d'une demande de monnaie stable, reflétant le « niveau permanent » du revenu et du taux d'intérêt, plutôt que leur niveau courant. Compte tenu de cette stabilité, et de ce qu'à long terme la croissance du produit physique est déterminée par des facteurs « réels » (changements des techniques, des goûts, etc.), les variations de l'offre de monnaie — déterminées de façon exogène par la Banque Centrale — se reflètent dans celles du niveau des prix. L'inflation, selon M. Friedman, est un phénomène purement monétaire. Elle renvoie à l'arbitraire de l'approvisionnement en monnaie par la Banque Centrale Neutralisée dans le long terme, elle n'en est pas moins gênante à court terme, quand elle perturbe les *« anticipations adaptatives »* des agents économiques privés. L'offre de monnaie de la Banque Centrale doit être stabilisée par une règle d'émission.

La monnaie, considérée dans un « continuum » d'actifs financiers et réels, est difficile à concevoir comme telle. Keynes l'avait déjà indiqué, quoique dans une perspective toute différente[14]. Sans poursuivre la recherche de H.C. Simons (après I. Fisher) sur la différence entre monnaie et crédit, M. Friedman indique qu'il n'y a pas de frontière unique séparant, pour des raisons théoriques, la monnaie des *« near monies »*; lui-même trouve commode de considérer comme monnaie les billets et pièces détenus par le public, les dépôts à vue dans les banques commerciales (soit l'agrégat M, conforme à la pratique du Fed américain), plus les dépôts à terme dans ces banques (soit un agrégat M). Le stock de monnaie M est ainsi empiriquement défini (comme il l'était chez Keynes). C'est sur la quantité de M que la Banque Centrale (le Fed américain) peut et doit influer, en se soumettant lui-même à une règle d'émission stable. Le taux annuel d'augmentation de la masse monétaire M doit être fixé en considérant le taux de croissance du produit national sur une longue période; si l'on se fonde sur la moyenne des 90 années qui précèdent (M. Friedman écrit cela en 1960), il se situe dans une fourchette de 3 à 5 %. L'important est la stabilité de l'offre de monnaie à l'intérieur de cette fourchette.

Cependant, si l'économie réelle est fondamentalement stable à long terme, toute politique économique discrétionnaire est impuissante, contrairement à ce que pensait Keynes. Elle ne peut agir de façon durable sur le

---

14. Dans la perspective d'une « économie monétaire de production », et non d'une économie réelle où est introduite de la monnaie. Cf. les études citées dans la note 2.

niveau de l'emploi, en raison de l'existence d'un «taux de chômage naturel». «A tout moment il y a un niveau de chômage qui a la propriété de correspondre à un équilibre de la structure des taux des salaires réels. A ce niveau, les taux des salaires réels tendent en moyenne à augmenter selon un taux séculaire «normal» qui peut être indéfiniment maintenu aussi longtemps que la formation de capital, les améliorations techniques, etc., restent sur leurs «trends» «de long terme»[15]. Dans cette perspective, l'objectif de plein emploi est privé de signification. A court terme, moins de chômage «naturel» signifie plus d'inflation[16].

Comprise entre la stabilité de la demande de monnaie et le taux de chômage «naturel», la politique économique se trouve rabattue par Milton Friedman sur la politique monétaire, et celle-ci sur une règle stable de l'offre de monnaie par la Banque Centrale.

3) «The case for flexible exchange rates»[17]

Dans ce texte, daté de 1953, M. Friedman prend acte de la fin du régime d'étalon or, et de l'instauration du système international des paiements issu des accords de Bretton Woods en 1944. Ces derniers ont instauré des parités «rigides» de change entre les monnaies nationales, ce qui ne convient pas, selon M. Friedman, au développement du commerce international, ni à l'indépendance des politiques monétaires nationales. M. Friedman hérite de H.C. Simons l'idée que le recours à l'étalon or ne manifeste que l'insuffisance d'une bonne politique monétaire nationale, qui doit être indépendante de pressions extérieures. Ce «nationalisme monétaire» était aussi une idée de Keynes, mais dans la perspective d'une politique nationale de plein-emploi. Aussi le plan Keynes pour une nouvelle coordination monétaire internationale n'a-t-il rien à voir avec la solution préconisée par M. Friedman, celle de la liberté du marché des changes.

Toute expérience d'ajustement dirigé des balances de paiement paraît à M. Friedman avoir été un échec, qu'il s'agisse d'une politique de réserves en devises, ou d'un contrôle direct des transactions impliquant des monnaies différentes. Le taux de change est ici considéré comme un prix extrêmement sensible (si on lui laisse jouer son rôle), dont les changements rapides, et continuels, tendent à produire des mouvements correcteurs des déséquilibres avant que ceux-ci ne deviennent cumulatifs. La flexibilité des

---

15. M. FRIEDMAN, «The role of monetary policy», in *American Economic Review*, 1968.
16. Comme tous les néo-libéraux, M. Friedman utilise la «courbe de Phillips», publiée par Phillips dans *Economica* (1958), qui est le résultat d'un travail statistique indiquant une relation inverse («*trade-off*») entre le chômage et le taux de variation des salaires nominaux au Royaume-Uni de 1861 à 1957. M. Friedman l'interprète en ajoutant son hypothèse des «anticipations adaptatives», qui, après un «brouillage» de court terme provoqué par une augmentation inattendue de l'offre de monnaie, fixent l'activité économique en son point de chômage «naturel».
17. In *Essays in Positive Economics*, Chicago, University of Chicago Press, 1953.

taux de change, sur des marchés larges, actifs, « presque parfaits » (« *nearly perfect* »), permet une adaptation à tout changement des échanges internationaux. Si ce changement concerne l'allocation des ressources productives et la composition des biens de consommation et d'investissement, un ajustement doit se produire à l'intérieur des pays concernés, dans un délai indéterminé, qui échappe à l'activisme gouvernemental.

Cela implique que la spéculation n'est pas elle-même déséquilibrante. M. Friedman prend l'exemple de la « *hot money* » des années 1930. D'après lui, les spéculateurs qui envoyaient leurs fonds aux États-Unis n'ont fait qu'anticiper un changement des forces économiques réelles, qui devait entraîner une dépréciation des monnaies européennes par rapport au dollar. Ils ont ainsi joué un rôle stabilisateur.

On est loin ici des « banquiers aveugles » dont parlait Keynes, et de la conception keynésienne de la spéculation financière. Loin aussi de toute idée de réforme, en liaison ou non avec l'instauration d'une nouvelle monnaie internationale. La conception de M. Friedman peut être illustrée par le mouvement de dérégulation monétaire et financière qui s'est massivement produit au cours des années 1980. Et aussi par le refus d'entreprendre une réforme globale[18], exprimé par les grandes puissances. Le « groupe des sept »[19] qui se réunit périodiquement, s'est contenté, en février 1987, de définir des fourchettes de variation du dollar par rapport aux autres devises. Depuis, le taux de change du dollar a souvent varié hors des limites ainsi fixées. Les Banques centrales concernées réagissent au coup par coup, en achetant ou en vendant des dollars. Le libre fonctionnement du marché des changes implique ces pratiques discrétionnaires d'intervention, ce qui sort du cadre friedmanien d'analyse. Elles font partie de la gestion des monnaies nationales, dans le contexte d'une vive concurrence entre nations capitalistes. La déréglementation monétaire exclut l'instauration de nouvelles règles du jeu, non les interventions étatiques. Quant aux plans concernant l'allègement de la dette du « Tiers-Monde », ils sont accompagnés de conditions drastiques visant à imposer à ces pays la discipline du marché international, qui joue en faveur des plus riches et des plus puissants. La discipline du marché suscite l'intervention autoritaire des États, pour pallier les désordres qu'elle engendre dans les pays qui s'y soumettent.

4) Les « expériences cruciales monétaristes »

Dans l'*Histoire monétaire des États-Unis*, écrite avec A.J. Schwartz[20],

---

18. La tentative de créer une monnaie européenne n'a qu'un caractère régional.
19. États-Unis, Japon, RFA, Royaume-Uni, France, auxquels en 1987 se sont joints le Canada et l'Italie.
20. *A monetary History of the United States (1867-1960)*, Princeton University Press, 1963.

M. Friedman analyse des « expériences cruciales » en matière de politique monétaire, en 1920, 1931, 1936-1937. Dans les trois cas, selon les auteurs, le Fed a pris des mesures discrétionnaires fâcheuses, sans y être contraint par des changements de l'économie réelle. Ainsi en 1931, le Fed élève son taux de ré-escompte, au moment où une vague de faillites atteint les banques. Cette action restrictive, menée à contre-temps, ne fait que prolonger les interventions de 1928-1929, qui furent à la fois trop souples pour briser la spéculation financière[21], et trop restrictives pour permettre la croissance économique. « Pourquoi la politique monétaire fut-elle aussi inepte ? » demandent M. Friedman et A.J. Schwartz. Parce que, depuis la mort du gouverneur de la Banque fédérale de New York, B. Strong, le Fed était mal dirigé, répondent-ils. Ainsi la politique monétaire sans règle est-elle soumise à la subjectivité des dirigeants, et peut-elle produire de la crise.

La politique de restriction monétaire menée par le Fed de 1979 à 1982 est souvent considérée comme une nouvelle « expérience cruciale », de caractère monétariste cette fois-ci, et qui aurait réussi à briser les anticipations inflationnistes, au prix élevé d'un fort chômage. Mais M. Friedman lui-même écrit en 1984[22] que sa propre conception n'a pas vraiment été appliquée par le Fed, qui s'y serait référé de façon purement formelle. D'après lui, les agents économiques ont cru, en octobre 1979, à un ralentissement durable de la croissance de la masse monétaire, mais ils ont ensuite constaté qu'en réalité l'agrégat de politique monétaire M n'a jamais eu depuis la Deuxième Guerre mondiale une croissance aussi forte et aussi volatile que pendant les années 1979-1982. La pratique du Fed n'a pas vraiment respecté les recommandations monétaristes. C'est pourquoi elle a eu sur l'inflation un effet beaucoup plus lent, et sur l'emploi un effet beaucoup plus fort que ce qui était prévu par le monétarisme. Selon M. Friedman, l'influence politique des idées monétaristes — indiscutable — n'a pas entraîné une véritable application de ces idées.

J. Tobin[23] fait remarquer qu'il y a une tension entre « le monétarisme idéologique », qui promet de nous sauver de l'inflation, et le « monétarisme théorique » selon lequel l'inflation n'a pas d'effet sur la performance « réelle » de l'économie. Même en admettant que le problème de fond posé par J. Tobin est résolu dans la perspective monétariste, la difficulté se trouve reportée au plan des institutions. Dans la plupart de ses écrits, M. Friedman préconise l'application d'une règle de l'émission monétaire permettant d'éviter l'inflation et la « récession » qui n'ont pas de causes « réelles ». Quand il constate que ce qui devait être une « expérience cruciale monétariste » n'est pas un succès, il est amené à développer sa critique de

---

21. Ici considérée comme « déséquilibrante ».
22. « Lessons from the 1979-1982 Monetary policy experiment », in *American Economic Review*, vol. 74, n° 2, 1984.
23. Dans « The monetarist counter-revolution to-day: an appraisal », in *Economic Journal*, 1981.

l'institution Banque centrale elle-même. Selon lui, celle-ci est indépendante de tout contrôle politique qui pourrait limiter l'arbitraire de ses décisions. Aussi propose-t-il des réformes de structure[24] qui enlèvent au Fed le pouvoir de créer de la monnaie, autrement dit qui lui enlève sa raison d'être — sans toutefois supprimer un stock constant de monnaie centrale. La création de monnaie privée, encouragée par la déréglementation financière, serait au centre du nouveau dispositif. L'échec de «l'expérience cruciale monétariste» » tel que M. Friedman le conçoit, conduit à la mise en cause de l'institution qui était le fer de lance de l'aménagement monétariste de la théorie quantitative.

III. *Rules versus discretion: «Politique monétaire et crédibilité politique»*[25]

Le message néo-libéral de H.C. Simons, reformulé par M. Friedman, est repris par les analyses de «la nouvelle école classique», qui introduit l'hypothèse des anticipations rationnelles des agents économiques. La politique économique, ici la politique monétaire, est soumise à une condition de «crédibilité».

M. Friedman avait voulu montrer qu'à long terme la politique monétaire ne peut affecter «l'économie réelle», et qu'à court terme, compte-tenu des «*anticipations adaptatives*», «*only unanticipated inflation matters*». Son analyse est modifiée par l'introduction des «anticipations rationnelles qui caractériseraient le comportement des agents économiques privés. Non seulement à long terme, mais à court terme, la politique monétaire ne peut affecter «l'économie réelle». Si elle est mise en œuvre de façon discrétionnaire, par un acteur politique («*a policy maker*») désireux d'agir sur un chômage jugé par lui trop élevé, elle risque d'être immédiatement déjouée par les anticipations rationnelles des agents possédant une information complète. Une offre discrétionnaire de monnaie, ici appréciée comme un «choc» inflationniste, suscite des anticipations d'inflation qui en annulent les bénéfices escomptés, c'est-à-dire la réduction du chômage — sauf dans le cas d'une politique d'inflation si élevée qu'elle a un effet de surprise[26]. On reste ici dans le cadre de l'analyse monétariste de la «courbe de Phillips»[27]. Si les «chocs» de la politique discrétionnaire qui altèrent «le

---

24. Cf. plus haut, note 13.
25. Cf. «Monetary Policy et Policy Credibility: Theories and Evidence», par K. BLACKBURN et M. CHRISTENSEN, in *Journal of Economic Literature*, mars 1989, qui sera largement utilisé ici.
26. Cf. R.J. BARRO, «Recents developments in the theory of Rules versus Discretion», in *The Economic Journal*, Supplement, Conference Papers, 1986. Barro parle d'une «*surprisingly high inflation*».
27. Cf. plus haut, note 16.

taux naturel» de chômage sont fréquents, l'inflation et la croissance monétaire seront « volatiles ».

Pour éviter de n'avoir que « les coûts » sans les « bénéfices » de l'inflation, l'acteur politique a intérêt à s'engager « ex ante » à suivre une politique de faible inflation. Si cet engagement est crédible — ce qui suppose l'instauration d'un mécanisme empêchant qu'il ne soit violé —, les agents privés anticipent une faible inflation. L'acteur politique qui comprend la situation s'engage à respecter un objectif de « taux de croissance constant » des prix, c'est-à-dire à ne pas agir de façon discrétionnaire. On verra plus loin une partie des difficultés que soulève cette idée.

Un tel schéma d'analyse est un exemple de l'orientation commune des économistes qui se réclament de « la nouvelle école classique ». Les modèles peuvent être différents selon les auteurs, ainsi que les recommandations de politique économique qui portent sur diverses sortes de compromis entre le pur « laissez-faire » et un interventionnisme étatique modéré. Ce qui importe ici n'est pas de présenter les vastes chantiers de « la nouvelle école classique » ni de tenir compte des différences entre les auteurs, mais de voir comment s'opère la jonction de la théorie et du courant néo-libéral en matière de politique économique.

Avant de poursuivre sur la politique monétaire, il faut dire un mot de la politique financière, et de la conception « ricardienne » du déficit budgétaire telle qu'elle est présentée dans le nouveau cadre théorique. L'idée centrale est que les dépenses de l'État sont financées par un prélèvement sur la richesse sociale, et n'engendrent elles-mêmes aucune richesse supplémentaire. Elle contredit l'hypothèse keynésienne de la stimulation d'une économie en « équilibre de sous-emploi » par les dépenses publiques. S'il y a un déficit budgétaire, dans l'optique de la nouvelle école classique qui se réfère à Ricardo, il est forcément financé par des impôts différés qui compenseront le montant des dépenses actuelles de l'État[28]. La dette publique d'aujourd'hui sera payée demain ; elle est donc neutralisée (sans effet sur l'économie réelle). Cela suppose que les agents économiques d'aujourd'hui prévoient les impôts à venir, et épargnent en conséquence. Dans le cas d'une famille type, les parents transfèrent leur épargne à leurs enfants (« *intergenerational transfers* »). Ainsi la « loi de Say » est-elle appliquée au déficit budgétaire de l'État[29]. Toute dépense engendre des recettes qui l'annulent. Le problème de l'articulation entre politique budgétaire et politique monétaire est ici mis entre parenthèses.

Une présentation de la politique monétaire et de la crédibilité politique est faite par K. Blackburn et M. Christensen[30], qui esquissent le cadre

---

28. R.J. BARRO, « The Ricardian Approach to Budget Deficits », in *The Journal of Economic perspectives*, printemps 1989.
29. Cf. B. Douglass BERNHEIM, « A neo-classical Perspective on Budget Deficits », même revue.
30. Voir note 25.

général où se situe l'action du *«policy maker»*. Celle-ci, tout en ayant un caractère particulier, n'est pas «exogène» en ce sens qu'elle dépend des comportements privés, et de l'information des agents économiques rationnels. La théorie des jeux est utilisée pour construire des modèles de comportements stratégiques, ceux d'un acteur politique central (le *policy maker*), et d'un secteur privé composé d'agents économiques rationnels, fondamentalement «atomistic» — ce qui veut dire principalement ici qu'ils ne sont pas organisés en syndicats, ou que les syndicats n'ont pas de pouvoir. Par hypothèse les entrepreneurs capitalistes n'en ont pas non plus, en ce sens qu'ils ne forment pas de groupes particuliers. Dans ce cadre, la portée du caractère discrétionnaire de la politique économique est forcément limitée par une contrainte de crédibilité, ou, quand le «jeu» se répète, par «un équilibre de réputation». L'acteur politique central doit tenir compte des conséquences futures de son action présente, sous peine d'être sanctionné par une réaction de défiance des agents privés à anticipations rationnelles. Cela implique notamment le respect d'une règle fondamentale du jeu : ne pas toucher à la propriété privée du capital.

On a vu au printemps de 1989 que le gouvernement démocrate chrétien de la RFA a tenté d'appliquer une des propositions fiscales de la Commission de Bruxelles, concernant l'imposition à la source des revenus du capital. La fuite des capitaux le contraignit à annuler les mesures prises. La recherche d'une plus grande équité fiscale ne peut entraver la libre propriété du capital. «Demandez des impôts aux riches, ils envoient leur argent aux Bahamas.»[31] Sur ce point, le «néo-libéralisme» de la «nouvelle école classique» n'innove pas.

Le cas, largement utilisé par de nombreux auteurs de cette école, du «choc» inflationniste suscité par la politique monétaire et neutralisé par les anticipations des agents rationnels, a été présenté plus haut. Cependant les difficultés ne manquent pas[32]. Une de celles-ci concerne le comportement de l'agent politique central. Celui-ci, même s'il est décidé à mener une politique discrétionnaire, peut avoir observé la confiance des agents privés en une politique de faible inflation, et appliquer temporairement cette politique. Du coup, lorsqu'il met en œuvre son véritable projet, il provoque une inflation qui est une surprise (non anticipée) et qui a des effets sur l'économie réelle. Après quoi les anticipations rationnelles jouent leur rôle, l'acteur politique est identifié pour ce qu'il est vraiment, et il cesse d'être crédible.

Cette analyse suppose qu'il y a un processus d'apprentissage dans un contexte d'information incomplète. «*There is a meaningful concept of reputation in the sense of the probability that people rationally attach at each*

---
31. Pierre URI, «Europe 1992 : revenus des capitaux ou fiscalité de l'épargne», *Libération*, 11 août 1989.
32. Elles sont largement exposées par K. Blackburn et M. Christensen, article cité.

point of the time to the policy maker's being of one type or another. »[33] Si l'information des agents privés était d'emblée parfaite, ces agents n'auraient rien à apprendre de la mise en œuvre d'une politique quelconque, et n'auraient aucune incitation à en choisir une. La notion de «réputation» perdrait sa signification.

Un des inconvénients d'une telle démarche est de reporter sur le bon fonctionnement des institutions la mise en œuvre d'une règle du jeu. On a vu plus haut que M. Friedman reprochait au Fed américain son indépendance par rapport aux politiques des gouvernements démocratiquement élus. Son prédécesseur, H.C. Simons, critiquait en 1936 le caractère «dictatorial, arbitraire», d'une autorité monétaire indépendante. L'analyse en termes d'anticipations rationnelles et de crédibilité du «*policy maker*» conduirait au contraire à faire de cette indépendance un principe, dont le respect permettrait à la Banque centrale d'échapper à «l'opportunisme» politique des gouvernements et de se soumettre à une règle de stabilité des prix. Il est d'ailleurs vraisemblable que les dirigeants de la Banque ont une préférence pour la stabilité monétaire[34]. Mais même en ce cas, des risques subsistent, qui seraient notamment les suivants[35] : que les préférences des dirigeants de la Banque se modifient ; que la Banque centrale, encouragée par le secret qui entoure ses opérations, cherche avant tout à assurer sa propre reproduction comme «institution bureaucratique». L'application d'une règle du jeu pourrait alors ne pas être respectée par la Banque centrale elle-même que son indépendance et le secret propre à ses activités mettraient néanmoins à l'abri d'une perte de crédibilité.

Le problème, insoluble dans le cadre où il est posé, serait alors celui du contrôle de la Banque centrale elle-même. Comment? Puisque par hypothèse elle doit être indépendante du gouvernement. Il faudrait pouvoir instaurer une autre institution, parfaitement transparente, qui surveillerait les opérations de la Banque. Mais comment faire, si c'est le gouvernement qui l'instaure? Toute institution centrale peut par hypothèse être soupçonnée. La fixation d'une règle de politique monétaire, l'indépendance de la Banque centrale, ne comportent pas les conditions de leur propre application dans le cadre de la «nouvelle école classique». Et l'empirisme règne quand il s'agit de classer les Banques centrales selon le degré de leur indépendance par rapport aux gouvernements, et de montrer que moins il y a indépendance, plus il y a inflation[36].

Sur la bonne marche des institutions, nécessaire dans le cadre de sa propre logique, la théorie en question n'a rien à apporter de plus que ce que proposait M. Friedman. Et l'on reste dans l'incertitude concernant les

---
33. R.J. Barro, article cité note 26.
34. K. Blackburn et M. Christensen, article cité, pp. 31-32.
35. *Id.*, p. 35.
36. *Id.*, p. 27, note 33.

pratiques effectives de la Banque centrale américaine. Que penser de l'intervention du Fed qui, lors du krach de Wall Street, en octobre 1987, a approvisionné en monnaie les débiteurs, que ceux-ci soient « illiquides » ou « insolvables »? La crise du marché boursier a acculé le Fed à intervenir de façon « discrétionnaire » — ce qui a d'ailleurs suscité une critique de caractère « libéral ». La Banque centrale devait-elle intervenir comme « prêteur en dernier ressort? Au risque d'empêcher le marché de faire son œuvre, c'est-à-dire d'éliminer les « insolvables »? Cette question, souvent posée par la pratique américaine de sauvetage des grandes banques, est sans réponse dans le cadre du néo-libéralisme de « la nouvelle école classique ». Celui-ci laisse un vide institutionnel que seul « l'opportunisme » politique peut combler.

Conclusion

Le néo-libéralisme contemporain part des mêmes principes que le libéralisme de L. Walras. L'interventionnisme keynésien, mis en cause par les nouvelles pratiques capitalistes et les politiques conservatrices, est aussi critiqué au plan théorique. Mais, de même que Walras en son temps devait se situer par rapport aux débuts du « *Welfare State* », la critique, après Keynes, et après les diverses expériences de planification, doit affronter le problème des institutions centrales, qui seraient capables de laisser faire les marchés, sans toutefois ne pas intervenir du tout. Or la recherche de « règles optimales » de politique économique ne débouche pas sur des propositions certaines.

« Les économistes libéraux sont sur la défensive », écrivait H.C. Simons en 1936. Aujourd'hui, confortés par la crise des pays de l'Est et par celle des politiques économiques capitalistes, ils occupent tout le terrain. Mais « demain est un autre jour ».

RÉFÉRENCES BIBLIOGRAPHIQUES[*]

A. BARRÈRE (éd.): *Keynes aujourd'hui: Théories et Politiques*, ouvrage collectif, Paris, Economica, 1986 (trad. anglaise, Londres, Macmillan).
R.J. BARRO: « Recent Developments in the Theory of Rules versus Discretion », *The Economic Journal*, Supplement, Conference Papers, 1986.
K. BLACKBURN et M. CHRISTENSEN: « Monetary Policy and Policy Credibi-

---

[*] Liste partielle des textes cités.

lity: Theories and Evidence», *Journal of Economic Literature*, mars 1989.

S. de BRUNHOFF: *L'heure du marché, critique du libéralisme*, Paris, PUF, 1986.

Milton FRIEDMAN: *The Case for Flexible Exchange Rates, Essays in Positive Economics*, Chicago University Press, 1953; *A Program for Monetary Stability*, Fordham University Press, 1960; «The Role of Monetary Policy», *American Economic Review*, vol. 50, n° 1, 1968; «Lessons from the 1979-1982 Monetary Policy Experiment», *American Economic Review*, vol. 74, n° 2, 1984.

J.M. KEYNES: *The End of Laissez-Faire* (1926), reprinted in Keynes, *Collected Writings*, vol. IX, London, Macmillan, 1972, trad. franç. Payot («*Essais sur la monnaie et l'économie*»), 1972; *The General Theory of Employment, Interest and Money*, 1936, reprinted in Keynes, *C.W.*, vol. VII (1973), trad. franç. Payot, 1953; *Proposals for an International Clearing Union* (1943, reprinted in Keynes, *C.W.*, vol. 27, 1980.

P. MAURISSON (éd.): *La théorie Générale de J.M. Keynes: Un cinquantenaire*, Actes de colloque, *Cahiers d'Économie Politique*, 1988.

Karl POLANYI:*The Great Transformation*, 1944, trad. franç. *La Grande Transformation*, Paris, Gallimard, 1983.

K. POLANYI-LEVITT et M. MENDELL: «The Origins of Market Fetishism», *Monthly Review*, juin 1989.

H.C. SIMONS: «Rules versus Authorities in Monetary Policies», *The Journal of Political Economy*, 44, 1936, reprinted in *Readings in Monetary Theory*, London, Allen and Unwin Ltd, 1952.

L. THUROW: *Dangerous Currents, the State of Economics*, New York, Pantheon Books, 1983.

LE NÉO-LIBÉRALISME DE HAYEK : UNE REPRÉSENTATION PROCÉDURALE DES RAPPORTS SOCIAUX

par Jacques Michel

L'œuvre de Friedrich A. Hayek se comprend à l'intérieur d'un vaste ensemble communément désigné sous le terme de néo-libéralisme, ensemble fort divers et qui envahit de multiples champs. D'origine économique, il essaime en effet dans les sciences sociales en passant par la philosophie et la théorie de l'État et du droit, et c'est d'ailleurs ce dernier point d'application qui a permis à une doctrine formulée aux alentours de la Seconde Guerre mondiale de connaître une assez large audience, spécialement en France avec la publication en 1982-1983 des trois volumes constituant *Droit, Législation et Liberté*[1].

En dépit de corrections ou d'atténuations apportées au modèle central, ce champ du néo-libéralisme, auquel Hayek semble apporter la validation morale qui lui manquait, présente une unité. Celle-ci tient au fait que cette doctrine se veut d'abord et essentiellement une posture épistémologique, un angle d'attaque assez bien qualifié par le terme d'*individualisme méthodologique* et qui consiste à considérer que les premiers éléments pertinents pour l'analyse des phénomènes sociaux sont les individus. Pour Hayek et ses émules, il convient *enfin* de reconnaître aux hommes la capacité d'adapter leurs comportements ou d'en inventer de nouveaux ; les individus, en effet, ne manifestent-ils pas tous les jours et dans diverses situations leur faculté à trouver les moyens les plus adéquats à la réalisation des objectifs qui sont les leurs. En bref, il s'agit tout simplement de convenir, sur la base de l'observation, du fait que les hommes exercent bel et bien leur raison dans le cadre des activités où il y va de leur intérêt.

---

1. F.A. HAYEK, *Droit, Législation et Liberté* (1973-1979), Paris, P.U.F., 1980, 1982, 1983, trad. Audouin (noté *D.L.L.*).

De manière plus précise, il s'agit de reconnaître que les progrès de l'individuation — progrès qui caractérisent les sociétés modernes — libèrent l'homme des déterminismes naturels et surtout l'arrachent ou l'émancipent des contraintes collectives qui sont la marque des sociétés anciennes voire archaïques. En d'autres termes, c'est en se particularisant, en devenant précisément un individu, que l'homme se produit lui-même comme être libre, responsable et comptable de son sort, accoutumé qu'il devient à exercer sa raison sans s'en remettre aux solutions toutes faites ou autoritaires des sociétés du passé. Pour le néo-libéralisme, le vecteur de ce progrès dans la liberté et la responsabilité personnelles, c'est l'intérêt, un intérêt particularisé, privatisé qui, condamnant pour ainsi dire les hommes à être libres, en fait les artisans d'un ordre social nouveau où ils trouvent le milieu conforme à la conception et à la réalisation de leurs désirs et de leurs besoins.

Ce mouvement animé par la privatisation de l'intérêt est, tel que nous le décrit le néo-libéralisme, productif de diversité et d'homogénéité tout à la fois. En effet, si l'intérêt individuel libéré trouve ainsi toujours plus d'occasions de se particulariser c'est-à-dire de s'investir dans des objets ou dans des projets qui demeurent de l'ordre de l'appréciation personnelle, il se trouve dans le même temps contraint d'améliorer les moyens de sa réalisation. Et les hommes qui se rencontrent sur les terrains de l'échange sont conduits à élaborer, à partir de leurs pratiques pourtant diverses, les règles communes par lesquelles, se reconnaissant mutuellement selon leur différence, ils produisent également leur identité.

Cette identité, cela est clair, est d'ordre juridique, comme égalisation des volontés maintenant la diversité des contenus de ces volontés. A ce niveau, la présentation néo-libérale n'ajoute que peu aux présentations classiques du droit moderne. Ce qui la rend cependant originale c'est la liaison avouée entre l'intérêt particulier et l'émergence de l'ordre juridique. Mais cette liaison est de nature toute particulière car dans la pensée de Hayek il s'agit d'une évolution et non pas d'une production. L'ordre juridique moderne égalitaire n'a pas à proprement parler d'auteur. Développant cette thèse, Hayek se détourne d'une représentation pragmatiste de la formation des règles de droit qui considérerait le système à partir des résultats particuliers qu'il est susceptible d'engendrer et qui, de ce fait l'apprécierait du point de vue de l'équité[2]. Mais il se démarque aussi de toute déduction transcendantale qui pourrait être récupérée dans une perspective volontariste, et si Kant se voit souvent cité, c'est dans la mesure où, selon Hayek, il en vient dans sa *Doctrine du Droit* à utiliser le principe de l'impératif catégorique comme un test négatif d'injustice et non plus

---

2. Cf. *D.L.L.*, T. 3., p. 162.

comme « une prémisse dont le système entier des règles morales pourrait être déduit »[3].

Un système moderne de droit défini comme corps de règles de *juste conduite* établissant de manière péremptoire « la liberté du contrat, l'inviolabilité de la propriété, et le devoir de dédommager autrui pour les torts qu'on lui inflige »[4] doit, pour être compris correctement, être distingué des règles qui contribuent à sa formation. En bref, le produit et son mode de production ne sont pas en relation de continuité.

S'agissant du mode de production du système juridique moderne, Hayek s'en remet de manière claire à une compréhension du comportement individuel et des rapports sociaux que l'on peut dire utilitariste mais il va veiller à ce que cette compréhension demeure dans son cadre strict de pertinence. C'est le paradigme de l'*homo oeconomicus* qui sert ici de modèle de compréhension et les thèses largement connues de Milton Friedman sont bien présentes dans cette école autrichienne à laquelle appartient Hayek. Il est d'ailleurs fort symtomatique de noter que le Traité d'économie de Ludwig von Mises auquel Hayek reconnaît beaucoup devoir a pour titre *L'action humaine*, intitulé qui suggère nettement que l'homme trouve sa vraie réalisation dans les activités marchandes. C'est dans leurs pratiques, essentiellement échangistes, que les hommes sont amenés à se reconnaître mutuellement comme des égaux au niveau de leurs volontés. L'intérêt est ici le maître, autrement dit le contenu de la volonté. Et l'identité entre les individus se réalise concrètement dans l'expérience intéressée de la différence. Dans cette perspective on peut alors admettre que l'accentuation des différences entre les hommes conduit à l'homogénéisation de leurs schèmes de raisonnement et à leur entente. C'est une autonomie de la volonté, entendue ici comme liberté et responsabilité personnelle dans le choix des objectifs, qui est au principe de la recherche par les individus de règles aptes à leur assurer le maximum de sécurité. A ce niveau de l'analyse l'individu engagé dans de multiples rapports avec ses semblables est bien l'élément à partir duquel le déclenchement de la production des règles juridiques doit être compris.

Mais le système juridique en sa globalité ne peut être saisi à partir d'une représentation aussi élémentariste. Le tout n'est pas la continuation causaliste des éléments qu'il comprend et dont il procède. S'inspirant de Hume et reprenant des thèses précises développées par l'École écossaise du xviiie siècle, particulièrement par Fergusson, Hayek dénonce les erreurs d'un rationalisme qu'il qualifie de *constructiviste* qui, s'originant chez Descartes, s'amplifierait avec Hobbes pour se conclure avec Rousseau. En opposition avec ces compréhensions, Hayek soutient que l'ordre social, apprécié selon son *évolution,* n'est ni naturel ni artificiel.

---

3. *D.L.L.*, T. 2, p. 51.
4. *Id.*, T. 1, p. 136.

Ce n'est pas un ordre naturel car les hommes sont bien au principe de l'évolution qui conduit à lui, et c'est bien l'exercice de leur raison qui les conduit à des comportements de type juridique contractualiste. Mais l'ordre social n'est pas davantage un ordre artificiel dans la mesure où il n'est pas l'aboutissement d'un dessein préalablement formé par quelque sujet[5]. Si les individus sont rationnels dans leurs activités mondaines il ne s'ensuit pas que le monde soit lui humainement rationnel. Si les individus, en effet, calculent et ordonnent leurs relations c'est dans le cadre de situations particulières dépendantes d'informations qui demeurent partielles et limitées. Ainsi l'ordre global ne se dégage que lentement et de manière complexe de la multitude des situations interactives. Ce qu'il advient au niveau de la structure sociale à partir de cette infinité de situations particulières ne peut être compris de manière causale et linéaire à partir de celles-ci. Ne pas l'admettre est la source de toutes les illusions subjectivistes. Telle est la position de Hayek qui conduit à considérer que si le droit, en sa forme centrale qui est le contrat, est bien saisissable par notre raison puisque ce sont bien les hommes qui l'élaborent lentement, par contre les conséquences sociales de ce droit ne sont point à la portée de l'intervention des hommes car elles ne ressortissent pas de leur volonté. Des sujets individuels à l'ordre social dans lequel ils évoluent, la liaison est complexe et un irréductible changement de *nature* se produit. Et si l'on veut suivre Hayek dans toutes les conséquences de sa pensée, il nous faut convenir que si une communauté humaine est possible pour des individus agissant rationnellement, c'est à condition de ne pas la vouloir et de la laisser en quelque sorte advenir selon sa nature propre, c'est-à-dire bien sûr à partir des actions individuelles mais aussi en rupture avec elles. Et pour cela il nous faut faire ce que seulement nous pouvons faire : maintenir et perfectionner les règles contractuelles de juste conduite qui, parce qu'elles sont celles des rapports entre individus libres, sont à la portée de notre compréhension.

Reprenant une expression de Popper, Hayek est amené à entreprendre la critique des rationalismes *naïfs*[6], propensions qu'ont les hommes à penser le collectif à l'aune de l'individuel et dont ils sont toujours les victimes. Accorder un sujet à l'histoire sociale est satisfaisant pour une raison qui ne connaît plus ses limites mais éloigne de la réalité ; Hayek voit dans cette tendance l'origine de toutes les velléités interventionnistes, forcément inefficaces et potentiellement totalitaires en dépit (ou en raison) de leurs bonnes intentions. *La route de la servitude* n'est jamais ouverte que par un usage illégitime de la raison[7]. Dans cette optique se trouvent

---
5. Cf. *D.L.L.*, T. 1, pp. 23-24.
6. *Id.*, T. 1, p. 37.
7. Tel est le titre d'un ouvrage de Hayek écrit en 1943 et dédié, ce qui est éclairant, « aux socialistes de tous les partis ». Trad. G. Blumberg, Paris, Médicis, 1946. Rééd. P.U.F., 1985.

refusées toutes les formes d'intervention économique et c'est bien sûr Marx qui se voit désigné comme étant le point culminant du rationalisme constructiviste, un Marx interprété entièrement au travers d'une lecture économiste et scientiste, la compréhension stalinienne de celui-ci recevant là un label libéral de juste interprétation. En fait, on peut se demander si ce n'est pas la notion même d'histoire qui se voit écartée, surtout sous la forme d'une histoire possible telle que le même Marx avait pu l'envisager. Aussi, avant de voir les implications proprement juridiques des thèses hayekiennes, il nous faut nous attarder sur ce point.

On ne peut, en effet, qu'être frappé par le vocabulaire évolutionniste et biologisant de Hayek qui, conscient d'ailleurs de son langage, prend soin d'entreprendre d'écarter certaines objections. S'agissant de l'idée d'évolution, Hayek nous dit s'inspirer de Menger et ne vouloir rendre compte que d'un processus de formations des structures complexes, s'opposant de ce fait à toute idée de «lois de l'évolution» au sens de stades ou d'étapes nécessaires rendant compte du passé et permettant de prévoir l'avenir (idée dont il taxe, pêle-mêle, Comte, Hegel et Marx). Soit, mais il demeure quand même quelque ambiguïté, ou, plus exactement, il convient de tirer la conséquence de l'affirmation précédente. Hayek nous présente la société moderne fondée sur l'échange comme un ordre «spontané» (i.e. ni naturel, ni artificiel). Dans un tel ordre, nous dit-il, la similitude des situations d'échange crée des régularités de comportements chez les individus. On peut considérer ces comportements comme des réponses à des circonstances qui ne sont connues dans leur intégralité par personne. «Pour qu'un certain ordre d'ensemble s'établisse, nous dit Hayek, il suffit que les *réponses* des individus aux événements de leur *milieu* soient semblables dans un certain nombre d'aspects abstraits» (c'est nous qui soulignons, J.M.)[8]. Nous verrons plus loin que ces *aspects abstraits* qui assurent la similitude, ce sont les règles formelles du droit, mais il apparaît dès maintenant que cette structure juridique devra se définir comme un facteur d'*adaptation à* un milieu et non point comme un instrument d'*adaptation du* milieu. Et l'exposé est cohérent dans la mesure où l'ordre spontané qui fait ici figure de milieu est considéré comme hors de prise directe pour une action humaine contrainte à s'adapter. C'est l'idée d'évolution qui assure cette représentation, et Hayek nous propose de jouer le jeu de cette quasi-nature qu'est l'ordre du marché; dans cette optique il ne semble guère y avoir de place pour une histoire, la vie des hommes peut tout au plus faire l'objet d'un récit. Hayek ne peut bien évidemment qu'être très hostile à un Marx dont le projet fut de s'opposer à ce qui est mécanisation de la vie. Car, dans cette opposition somme toute bien classique entre la nature et l'esprit, Hayek prend le parti de la nature en y incorporant la vie sociale de manière habile. Nature non-naturelle, mais nature quand même relativement à

---

8. *D.L.L.*, p. 52.

l'homme, le social n'est pas loin d'être une sur-nature bien plus lointaine des hommes que ce que l'on entend ordinairement par environnement. Et que propose Hayek pour cet environnement vis-à-vis duquel nous sommes sans prise directe? — Tout simplement de le continuer « en faisant respecter et en améliorant les règles qui conduisent à (sa) formation »[9]. Il nous faut veiller à demeurer les points d'origine d'un ordre qui n'est, en sa nature, point nôtre. Comme l'a écrit Georges Canguilhem du libéralisme en général, celui de Hayek est bien « une variété économique du naturisme », il ne peut concevoir que ce qu'il dénonce « sous le nom de rationalisation... comme mécanisation de la vie sociale, exprime peut-être, au contraire, le besoin obscurément ressenti par la société de devenir le sujet organique de besoins ressentis comme tels »[10].

Sur ce point, Hayek veille à ne pas utiliser le terme d'organisme pour désigner l'ordre spontané abstrait des structures sociales. Il lui préfère celui d'organisation, qu'il nous dit employer « dans un sens spécial »[11]. Cependant rien n'est parfaitement clair ici et l'on peut se demander si le sens spécial qu'Hayek dit octroyer au terme d'organisation ne désigne pas en réalité un organisme à partir de modèles biologiques modernes utilisant les théories de l'information.

Ce qu'Hayek veut éloigner de son propos, c'est l'image ancienne de l'organisme comme structure hiérarchisée de fonctions directement lisibles à partir de l'observation empirique, image qui, transférée dans le social, n'est pas effectivement sans conséquences inégalitaires. Sur ce point, Hayek a parfaitement raison. Mais l'opposition à une représentation ancienne de l'organisme est insuffisante pour démarquer son propos de tout voisinage biologisant. Si Hayek refuse le couple organisme/organisation, où les termes se soutiennent de leur opposition mutuelle, c'est parce qu'il refuse l'existence de quelque force organisatrice, qu'on la conçoive de manière vitaliste voire animiste comme force interne agissant de manière téléologique ou qu'on l'envisage de manière mécanique comme instance gouvernant de l'extérieur l'activité des parties. L'ordre social n'est pas le fruit d'un projet inconscient ou conscient, il n'a pas et ne peut avoir d'auteur et lui en accorder un n'est que céder à la propension de notre esprit de se représenter tout phénomène de manière subjectiviste.

Aussi — et c'est là qu'Hayek nous semble rencontrer une représentation biologique moderne — c'est d'une manière particulière qu'il conçoit la façon dont la satisfaction des besoins est régulée dans un ordre de marché. Les besoins, nous dit-il, ne sont pas directement visibles par ceux qui ont les moyens de les satisfaire; ils ne sont aperçus

---

9. *Id.*, p. 59.
10. G. CANGUILHEM, *Le normal et le pathologique*, Paris, P.U.F., 1966, p. 184.
11. *D.L.L.*, T. 1, p. 61.

que par le biais du gain possible par leur satisfaction[12]. Le système des prix, la concurrence, et pour un entrepreneur la comptabilisation de ses coûts, sont des faits qui traduisent l'existence même d'un dispositif de régulation. Autrement dit, le dispositif de régulation s'avère exister en ce qu'il provoque des réponses adaptées à la satisfaction de besoins. Nous nous trouvons bien là dans le cas d'un organisme social et non point dans la représentation d'une organisation où, comme l'écrit Canguilhem, « la régulation est (perçue) comme un besoin à la recherche de son organe et de ses normes d'exercice »[13]. Avec Hayek, la satisfaction des besoins requiert leur apparition sous la forme d'une offre de satisfaction ; l'offre se porte vers la demande et c'est seulement à ce moment-là que l'on peut parler de cette dernière de manière systématique. Comme dans un organisme il n'y a pas de problèmes, il n'y a que des solutions[14]. Contrairement à sa prétention, Hayek ne quitte pas ce terrain, il y demeure mais en le concevant de manière conforme aux représentations modernes de l'organisme ; si Hayek se plaît à répéter que le social n'est pas un organisme c'est sur la simple base que « dans un organisme la plupart des éléments individuels occupent une place fixe et... la gardent une fois pour toutes »[15]. Mais comme, ainsi que nous le verrons plus loin, le droit a pour effet d'assurer l'interchangeabilité des individus, cette affirmation de la mobilité des éléments n'est pas de nature à démarquer Hayek d'une référence à l'organisme, quelles que soient ses dénégations. Aussi lorsqu'il nous dit faire un usage *spécial* du terme d'organisation, il nous semble plutôt que c'est de la notion d'organisme qu'il fait un usage particulier. Mais cet usage particulier n'est pas sans effets puisqu'il permet de renvoyer le besoin dans l'invisibilité au profit de l'existence du système régulateur qui le manifeste sous la forme de son autre : l'offre de satisfaction.

C'est dans cette configuration que Hayek va pouvoir entreprendre la dénonciation de l'inversion des rapports entre l'offre et la demande que toutes les politiques interventionnistes opèrent par ignorance, selon lui, de la nature de l'ordre social fondé sur la liberté individuelle. Alors que dans un système interactionniste strict (celui prôné par Hayek), l'offre, sans créer la demande, la découvre et la matérialise, dans un système interventionniste c'est de manière quasi métaphysique et abstraite qu'une demande posée a priori contraint l'offre à exister. Telle nous semble être le cadre général de la pensée de Hayek qui prend dès lors une portée juridique et politique fort ample. C'est sur ces bases que le droit va être compris essentiellement comme droit privé formel tandis que le droit

---
12. *D.L.L.*, T. 2, p. 140.
13. Canguilhem, *o.c.*, p. 188.
14. *Id.*, p. 199 où l'auteur cite cette remarque de A. Lwoff.
15. *D.L.L.*, T. 1, p. 61.

public va se trouver marginalisé. C'est ce que nous montrerons tout d'abord avant d'envisager si, dans le fond, nous n'assistons pas là à une nouvelle version, peut-être plus sophistiquée que les précédentes, du mythe libéral.

I. *La réduction du droit au droit privé, le droit considéré comme forme*

Réflexion sur les phénomènes économiques, la pensée de Hayek se refuse à toute étroitesse technique. Parce que la vie sociale se démarque assez nettement des critères du comportement conscient, la culture amassée ne peut se réduire à une connaissance entièrement objectivable et par là modifiable au gré de la volonté d'un sujet, sujet qui est pourtant la représentation par laquelle aiment se penser les collectifs qu'ils soient nations, classes ou partis... Et c'est à bonne distance de cette dernière tentation que la pensée de Hayek est davantage une étude du droit que de l'économie car les règles juridiques apparaissent comme une sorte de sédimentation ordonnée de l'évolution des sociétés. Il convient donc pour l'auteur d'envisager les phénomènes juridiques selon le processus coutumier de leur production, ce qui va repousser le droit légiféré ou plus généralement étatique à la périphérie de l'espace juridique. En effet, il en est du droit comme des autres pratiques sociales : produit des actions individuelles, il aménage à ces dernières un milieu convenable à leur expansion libre mais ce milieu ne peut être modifié par la volonté des hommes qui ne doivent que le continuer et l'aménager avec précaution. Sur ces bases, Hayek va entreprendre une défense vigoureuse de la forme contractuelle moderne aboutissant à une promotion de l'individu peut-être jamais encore égalée ; et dans la logique de cette position il va dénoncer tout ce qui, par le biais de l'idée d'intérêt collectif ou général, s'est avéré être une subversion de la forme par le contenu, autrement dit une absorption de l'individu par le collectif.

Pour Hayek, le droit est essentiellement une forme, lentement dégagée par les pratiques humaines et stabilisée dans le contrat fondé sur la notion d'autonomie de la volonté. De manière très classique, il montre que c'est l'échange qui, rendant similaires les situations où les individus se rencontrent, a permis la fixation de règles abstraites et générales donnant aux contractants le maximum de liberté et de sécurité dans leurs transactions, le respect de ces règles s'avérant au fur et à mesure de l'extension des pratiques marchandes le meilleur moyen pour les individus d'atteindre leurs objectifs personnels sans que cela ne préjuge en rien de l'ordre social global issu de l'universalisation de ces pratiques. Quant à cet ordre global, il est un ordre *mûri* et non point fabriqué, un ordre témoignant du fait qu'il est le fruit d'une sélection, par essais et erreurs, des règles de conduite les mieux ajustées ou adaptées à la poursuite par les individus de leurs objectifs particuliers. En bref, si l'on veut dire que la vie sociale s'est donné des normes il faut préciser que c'est sur les lieux mêmes de ses activités vivantes qu'elle les a découvertes et adoptées. La thèse de Hayek est sur ce point largement connue pour emprunter à Karl Popper ses critères d'appréciation de la validité d'une règle afin de voir dans les règles de justice des dispositions sélectionnées par des *tests négatifs* éliminant de manière continue le faux ou l'injuste[16], et ne prétendant pas à quelque détermination du vrai ou du juste.

Animée par les intérêts individuels et régulée par l'adoption des règles formelles du contrat, la Grande Société de Hayek, sa Société Ouverte, apparaît comme un univers en extension pour une toujours plus efficace mise en œuvre de ces expérimentations tendant à l'amélioration par sélection. Ce sont les progrès de l'individuation, l'émancipation des hommes vis-à-vis des collectifs et des représentations qui leur sont liées, qui constituent ce vaste laboratoire de recherche de règles de conduite meilleures. Et le progrès, qui n'est là qu'une progression, est en fait comme donné par surcroît, il est l'effet positif mais non recherché de la mise en œuvre des intérêts particuliers.

Selon une telle configuration il est bien clair que la seule faute à ne pas commettre car elle est mortelle pour le processus décrit, c'est de s'imaginer qu'il existe d'autres acteurs rationnels que les individus. En effet, non seulement une telle idée va à l'encontre de ce qui est souhaitable du simple point de vue de l'élimination de l'injustice ou de l'erreur puisqu'elle appauvrit le social en réduisant les lieux d'expérimentation et de tests, mais également elle préjuge de manière illégitime de la nature de l'ordre de la société. Car il faut bien voir ici que toute représentation du collectif est en même temps une anticipation des désirs et des besoins de ses membres auxquels on retranche de fait leur capacité d'invention. Aussi le seul souci qu'il convient d'avoir c'est de veiller à l'entretien et au développement de l'individualité comme unique lieu de légitimité.

Quelle est donc, de ce point de vue, la définition du droit selon Hayek ? — De manière apparemment classique, l'auteur semble accepter que mérite d'être reconnu comme droit, tout intérêt particulier qui peut être pensé sans contradiction avec l'intérêt général. Mais — et c'est là que se noue sa thèse — de l'intérêt général, nous dit-il, personne ne peut décrire le contenu ; dans ces conditions, c'est à une définition négative que nous devons recourir et affirmer qu'est légitime juridiquement tout intérêt particulier qui s'exerce sans identification possible avec un intérêt collectif. En bref, un intérêt est valable à condition qu'il reste particulier et une activité privée ne peut trouver de fondement dans l'idée qu'elle remplit une fonction sociale, son seul fondement est qu'elle s'exerce. On pourrait presque dire ici que,

---

16. *Id.*, T. 2, p. 51.

pour Hayek, l'individu et ses intérêts sont des organes à la recherche de leur fonction et que c'est une erreur de s'imaginer qu'il existe des fonctions sociales à faire remplir par des organes déterminés. Une société ne poursuit pas de finalité et la notion d'intérêt collectif ou global est une erreur, y compris lorsqu'elle est avancée pour légitimer une activité particulière à la recherche de reconnaissance sociale et plus souvent d'aide matérielle. L'intérêt général vicie le jeu social, il n'est qu'une personnification illégitime d'une entité qui ne ressortit pas de la représentation subjective. Ainsi le rôle du droit va être de faire en sorte que le particulier reste particulier, que l'individu, seule authentique particularité, demeure le seul sujet juridique possible. Pour ce faire, les règles juridiques ne devront pas avoir affaire au contenu des transactions mais à leur seule forme, étant entendu que toute appréciation du fond ne peut que dégénérer vers des jugements de valeur toujours déterminés par quelque représentation de l'intérêt général[17]. Dans ces conditions le droit est essentiellement un ensemble de « règles de juste conduite », garantissant ce que Hayek appelle la loyauté des transactions, et dans lequel il est aisé de reconnaître les règles minimales de l'annulation des contrats privés. Le droit devient là le corps des principes assurant l'égalité des volontés et permettant ainsi le libre développement des particularités. Le droit empêche les conduites qui, à l'expérience, se sont révélées déloyales bien plus qu'il ne prescrit des comportements qui répondraient à quelque conception morale. Là encore, il s'agit d'éviter une quelconque appréciation du contenu des activités humaines, cette appréciation-là sera faite pratiquement par le jeu du marché qui retiendra ce qui mérite d'être retenu.

Que l'intérêt individuel soit le point central entraîne des conséquences par rapport à ce qu'il est convenu d'appeler les personnes morales. Sur ce terrain, Hayek sépare nettement, et selon une distinction qui semble bien classique, les groupements d'individus qui relèvent de l'idée associative et ceux qui tendent à la promotion d'un intérêt de groupe en tant que tel. Ici l'auteur reprend en l'épurant une analyse ancienne : l'association, regroupement d'individualités, est parfaitement localisable dans le droit privé, ce qui n'est guère le cas du syndicat qui potentiellement le déborde. Ce qui convient à Hayek dans l'association, c'est qu'elle procède d'un raisonnement analytique : c'est la partie qui nomme dans ses propres termes la totalité ; par contre, ce qui lui déplaît dans le syndicat c'est qu'il opère par voie synthétique : c'est le groupement qui définit les individus en leur ajoutant des qualités qu'ils ne possédaient pas avant d'en faire partie. Alors que l'association est pensée selon sa divisibilité élémentaire, le syndicat est une entité non divisible ; par ailleurs, tandis que la première est un produit aléatoire de l'activité de ses membres, le second se donne pour une réalité qui les précède. De l'association au syndicat, il y a toute la distance qui

---

17. Cf. *D.L.L.*, T. 1, pp. 123-127.

sépare le spontané de l'artificiel[18]. Pour l'auteur, la dénaturation des personnes qui s'opère quand on passe d'une forme à l'autre est une faute surtout liée aux pratiques gouvernementales intégrant les « partenaires sociaux » à l'élaboration des politiques sociales. Pour Hayek, qui reprend là certaines analyses de Mancur Olson, les gouvernements « en conférant... des privilèges uniques aux syndicats » ont avalisé la négation de l'individu au profit du collectif quitte à se retrouver démunis face à la force de ces organisations[19].

Sur cette question des groupes sociaux, il est d'ailleurs intéressant de noter que si les associations conservent quelque crédit auprès de Hayek c'est dans la mesure où elles ne dépassent pas les individus qui se regroupent en leur sein. Et l'auteur préconise que l'État s'abstienne de conférer à des organisations une reconnaissance d'intérêt public; il en est de même pour les associations que pour les individus : elles trouvent leur fonction dans l'ordre global dans la mesure où elles ne poursuivent que leurs objectifs particuliers[20]. Sur ce point, c'est l'individualisme méthodologique d'Olson qui sert de preuve à Hayek : en l'absence de caution étatique, seuls des groupes peu nombreux s'organisent spontanément et la plupart du temps de manière peu durable[21]. Encore une fois c'est lorsque l'État s'abstient que la Grande Société trouve des chances de se réaliser et l'individu des moyens de s'émanciper des phénomènes communautaires, résidus dommageables des morales du passé[22].

En bref, pour Hayek le droit privé contemporain d'un individu libéré des groupes est le siège des règles universelles parce que ne visant personne en particulier, visant seulement la particularité en sa généralité. Les hommes ne peuvent s'entendre, sauf à retourner vers une mentalité primitive, sur la définition du Bien, leurs opinions sur le bonheur ou sur la justice diffèrent à chaque fois; aussi il convient de s'entendre sur les moyens, ces règles auxquelles tout le monde peut acquiescer dans la mesure où elles n'ont été produites par personne. L'histoire du droit témoigne de ce dégagement de procédures générales et abstraites qui permettent aux individus de se rencontrer sans que l'un n'impose à l'autre sa volonté. Tel est l'ordre spontané du droit, individualiste et multilatéral où les volontés s'égalisent en maintenant la diversité des contenus. La structure formelle du contrat est adéquate à la recherche par un individu d'une demande susceptible de recevoir son offre, elle est ajustée à l'extension d'une société

---

18. Cf. notre article : « Pour une anthropologie juridique de la représentation », in *Procès*, n° 11/12, 1983, pp. 16-17.
19. Cf. *D.L.L.*, T. 3, p. 172.
20. *Id.*, T. 2, pp. 182-183.
21. *Id.*, T. 3, pp. 114-115.
22. Cf. *D.L.L.*, T. 2, pp. 160 et s. L'ouvrage de Mancur Olson auquel se réfère souvent Hayek est *Logique de l'action collective* (1966), Paris, P.U.F., 1978, trad. M. Levi, préface de Raymond Boudon.

marchande fondée sur la création et la découverte de nouvelles informations, elle est un dynamisme assuré par la statique d'une forme.

Dans l'optique évolutionniste qui est celle de Hayek, le juge et le législateur prennent une place particulière : ils veillent à la tranquillité de cette évolution. Le juge, de manière très classique, c'est le tiers extérieur et désintéressé, formulant et rendant péremptoires les règles qui permettent le déroulement pacifique des transactions ; il veille à la loyauté des volontés. Quant au législateur, sa fonction n'est guère différente de celle du juge, mais à un autre moment ; il sanctionne les règles de juste conduite qui sont susceptibles d'être appuyées par la force publique et aménage un cadre adéquat pour le fonctionnement correct d'un marché concurrentiel[23]. Membres du Parlement et juges n'ont à proprement parler rien à créer, il suffit qu'ils aient une capacité d'attention délicate au déroulement loyal des échanges[24]. Dans le prolongement de sa définition du droit, Hayek définit la place des institutions publiques comme étant celle des gardiens d'un ordre irréversible et où le droit civil est la matrice de droits particuliers. C'est par l'aménagement de ce droit commun de tous les biens et services disponibles que sera développée une plus grande disponibilité d'offres sociales se dirigeant naturellement vers les demandes. Le rôle tant de la législation que de la jurisprudence, c'est de rendre les rapports sociaux toujours plus disponibles pour leur insertion dans la forme du contrat. L'ensemble de la sphère juridique doit devenir un espace d'accueil et de protection des lois découvertes par les hommes au fur et à mesure de leurs rapports marchands. L'idée même de service public, lorsqu'elle apparaît ponctuellement dans le discours hayekien, semble conjoncturelle et provisoire et l'auteur reprend là l'idée fort banale des systèmes libéraux qui font de ces services des suppléants temporaires de l'initiative privée. Effectivement « loin de plaider pour un État minimal »[25], Hayek confie aux pouvoirs publics une mission assez énorme de dégagement d'espaces pour le marché, y compris lorsque certaines actions restent à sa charge. Il est bien clair que l'État de Hayek n'est pas un État inactif ou marginal car il faut comprendre sa fonction de « garant de la loi et de l'ordre » dans un sens actif : l'État est le garant du meilleur développement de cette loi et de cet ordre. Il n'est pas là pour corriger quelque défaut intrinsèque au marché, il semble avoir pour mission de libérer celui-ci des éléments qui le rendent défectueux et qui ne lui appartiennent pas en son principe. Sur ce plan l'État a effectivement une mission juridique qui consiste en une épuration du droit des dispositions qui gênent encore la réalisation de son essence privatiste et qui sont spécialement localisées dans le secteur du droit social. En fait dans le

---

23. Cf. *D.L.L.*, T. 3, pp. 136-137.
24. Cf. sur ces questions le livre de Philippe Nemo, *La société de droit selon Hayek*, Paris, P.U.F., 1988, pp. 154 et s. spécialement. Dire de cet ouvrage qu'il se range aux côtés de Hayek serait un euphémisme.
25. Cf. *D.L.L.*, T. 3, p. 49.

discours de Hayek, le terme de droit social semble être une monstruosité conceptuelle témoignant encore une fois de notre incompréhension de la nature de l'ordre social. Comme dans beaucoup de domaines, on n'a pas admis qu'il fallait seulement établir les règles du jeu entre les individus sans se mêler d'influencer le résultat. Et dans ce domaine la part de responsabilité de l'État est grande de n'avoir pas compris que son rôle n'est pas de corriger les effets du marché mais au contraire de faciliter son libre développement. Pour Hayek, l'histoire de l'État moderne qui tire ses origines des illusions du constructivisme rationaliste constitue un ensemble de preuves objectives de cette méconnaissance de la nature et du rôle du droit dans l'évolution sociale.

II. La source de l'erreur: le sens communautaire

Globalement l'erreur des hommes est de vouloir accorder du sens à ce qu'ils croient être une histoire alors qu'il ne s'agit que d'un processus d'évolution dont on ne peut que constater la direction. Et nombreux ont été les penseurs prestigieux qui ont cédé à cette naïveté rationaliste.

Bien entendu Hayek rejette Hegel, chez qui il lit une dévalorisation de la société civile et de même Marx, pour qui la société est non seulement dévalorisée mais condamnée. Avec ces deux penseurs-là, nous sommes pour lui au cœur des origines du totalitarisme car ils se trouvent à la pointe extrême du rationalisme constructiviste mais, en fait, ils appartiennent par de nombreux aspects à une immense famille dont font partie Spinoza, Hobbes et Rousseau d'une part, Saint-Simon et Comte d'autre part. Ce vaste ensemble des rationalistes/historicistes porte la responsabilité d'avoir contrarié l'émergence d'une vraie société libérale en entretenant l'illusion d'une histoire décidée. Pour Hayek, même un Locke, rangé pourtant parmi ceux qui surent se prémunir contre les excès du volontarisme législatif, a cédé parfois aux exigences intellectuelles de son temps, et sur des points qui ne sont pas de détail: ne donne-t-il pas au gouvernement des pouvoirs de validation a priori des lois alors que c'est aux juges qu'il revient d'apprécier cela concrètement[26]. Pour Hayek, les libéraux sont trop souvent tombés dans le jeu des étatistes et des adversaires du marché en voulant être à leur hauteur sur des questions de justice sociale: ils ont cédé à la tentation de création de règles nouvelles ou ont maintenu certaines idées morales non pertinentes. Dans cet égarement l'accentuation du thème du contrat social chez Rousseau a été fort dommageable. Interprétant l'auteur du *Discours sur l'origine de l'inégalité* de manière à la fois banale et contestable, Hayek en fait un «disciple de Descartes», un constructiviste partisan de la *tabula*

---
26. Cf. *id.*, T. 1, p. 141.

rasa en matière de législation[27]. Comme souvent, Hayek interprète la pensée d'un auteur en suivant ses commentaires politiques et Rousseau se voit contraint de s'intégrer à la grande famille des responsables de l'étatisme. Il est à cet égard parfaitement vrai que, via Sieyès, la pensée de Rousseau a été assez simplifiée et falsifiée mais Hayek ne pose aucune question quant à ces transformations du discours rousseauiste comme si, pour lui, les pratiques politiques révélaient la vérité des doctrines dont elles se réclament. Dès lors, Rousseau devient l'inventeur d'un système qui octroie au Législatif une volonté rationnelle et subjective créant de toutes pièces un ensemble juridique qui absorbe la société dans l'État.

C'est la faute à Rousseau! C'est la faute à son sentimentalisme et à son communautarisme! La faute à la croyance en une société juste. Aussi ne commettons plus ces fautes à la Rousseau. N'imaginons plus la totalité faite à l'image d'un sujet. Jouons enfin ce jeu d'adultes *évolués* et responsables. Autrement dit, soyons juridiques et modernes.

Selon Hayek, une certaine compréhension de la démocratie a permis à des intérêts, collectifs mais cependant particuliers, de se faire passer pour l'intérêt général. Souvent par l'utilisation de procédures du droit politique, les intérêts d'un groupe ou d'une coalition ont réussi à l'emporter sous le couvert de l'intérêt de tous. Il s'agit pour Hayek de dénoncer cette utilisation privative d'une procédure parlementaire à portée universelle qui fait du droit une structure de commandement et donc transforme le *Nomos*, fruit de la sagesse des pratiques en *Thésis*, disposition volontariste; de cette manière, des règles abstraites de justice se sont muées en règles de gouvernement. Tel est pour Hayek le résultat auquel sont parvenues les démocraties libérales qui, avec le « mythe de la justice sociale... produit par (une) machinerie démocratique particulière... pousse les élus à inventer une justification morale pour les avantages qu'ils confèrent à des intérêts particuliers »[28]. Ici, Hayek n'est guère original dans la découverte du fonctionnement des systèmes politiques modernes mais ce qui lui est plus particulier, ce sont les solutions qu'il imagine pour remédier au mal dont souffrent les démocraties.

Dans son « modèle de Constitution » qu'il élabore, certes à titre de principe régulateur des réformes nécessaires et non point en tant que projet destiné à être copié à la lettre, Hayek s'ingénie à trouver des dispositifs parlementaires qui permettraient à la démocratie représentative de ne pas déborder le caractère strictement individualiste du droit. Nous n'entrerons pas dans le détail de cette construction, nous n'en retiendrons que le principe: il s'agit d'installer une assemblée (dite législative), élue certes mais composée de personnes ni trop jeunes ni trop vieilles, « ayant fait leurs preuves dans la vie », et dont la fonction est d'être la gardienne du *Nomos*,

---

27. *Id.*, p. 12.
28. *Id.*, T. 3, p. 11.

c'est-à-dire de cet ordre général et abstrait des règles formelles du droit. Le rôle des *nomothètes*, ainsi que l'auteur les nomme, est tout simplement de borner l'action d'une autre assemblée dite gouvernementale, élue et représentative des intérêts des citoyens et comme telle forcément portée à faire de son pouvoir un instrument de changement du droit. Les nomothètes, indépendants financièrement et politiquement, pourraient faire en sorte que le fond ne l'emporte pas sur la forme; en cas de ligite entre les deux assemblées, il reviendrait à la Cour constitutionnelle, où des juges professionnels trouveraient leur place, de trancher. Ainsi pourrait-il être enfin envisagé de réaliser le but de l'État de Droit: veiller à ce qu'aucun groupe ne puisse imposer sa volonté particulière, ne puisse obliger à des comportements qui ne s'inscriraient pas dans des règles générales de juste conduite[29].

L'édifice construit par Hayek n'a, selon nous, qu'un seul but essentiel conserver et développer un ordre social fondé sur l'idée d'égalité des volontés quels que soient les moyens dont disposent ces volontés pour réaliser leurs objectifs. Comme le dit Hayek lui-même, les principes juridiques sont des principes abstraits, ils doivent ignorer le contenu sauf à faire violence aux individus et à leur liberté. L'obstacle à la réalisation de ce programme juridique, ce sont les inévitables organisations des intérêts regroupés qui obligent tout législateur démocratique à s'intéresser au fond des choses. Aussi comme il n'est guère possible de nier les transcriptions politiques de ces organisations sociales, le seul moyen est d'instituer des organismes chargés d'annuler au nom du droit ce qui risquerait de remettre en cause les principes juridiques. Dans la *société de Droit* de Hayek (pour reprendre le titre du livre de Philippe Nemo), le droit doit demeurer une faculté, une possibilité; le droit c'est le droit *de* et non point le droit *à*. Trop de gens pour Hayek n'ont pas compris cette élémentaire distinction; la sagesse n'enseigne-t-elle pourtant pas que tout vient à point qui sait attendre. A condition cependant de n'attendre rien de personne si ce n'est de soi-même dans le cadre d'une société qui a des raisons qui ne sont pas les nôtres et dont on peut seulement exiger la garantie de l'égalité juridique.

Aussi n'est-il pas aisé de tirer Hayek hors du camp du conservatisme au prétexte que son système du marché assure les meilleures chances à chacun d'améliorer sa condition. Pour cela il faudrait admettre que le fond et la forme sont des choses séparées et que l'inscription de tout bien dans la forme de la marchandise n'affecte en rien la position de son possesseur. Que Hayek ait vu en Hegel l'un de ses plus farouches adversaires est ici symptomatique; les *Principes de la philosophie du droit* ne montrent-ils pas ce qu'il y aurait d'irrationnel à appliquer, par le biais de la forme juridique, les principes de l'économie politique à l'activité laborieuse de l'homme. Et sur ce terrain il est aussi bien douteux qu'Hayek puisse trouver même dans

---

29. *Id.*, p. 114.

la pensée d'un Locke des arguments à l'appui de ses thèses. Quant à Marx, qu'en dire sinon qu'on trouve dans la pensée de Hayek une illustration particulièrement claire de son jugement sur le droit en tant que forme abstraite qui permet à une irrationalité de s'exposer sous les dehors de la raison[30]. De ce point de vue, on peut rendre hommage à Hayek de décrire avec une parfaite exactitude la fonction de transformation assurée par le système juridique.

Mais il y a plus frappant encore dans la doctrine hayekienne. Celle-ci prétend s'opposer à la rationalité unilatérale des constructivistes; or il n'est pas du tout certain que l'auteur ne plaide pas pour une rationalisation infiniment plus discrète mais non moins efficace des comportements. En réalité, Hayek nous engage peut-être davantage vers ce que Foucault aurait nommé une disciplinarisation. Là encore il a le grand mérite de nous faire voir (sans vraiment pourtant le dire) que le droit n'est pas une simple technique (un simple moyen découvert empiriquement) mais un type de rationalité: voir le monde sous une forme juridicisée, c'est déjà le transformer. Hayek compte sur l'inscription des schèmes juridiques de compréhension du monde et d'autrui dans le psychisme des hommes et il considère comme un bien la progression d'une tendance à la juridicisation: le droit comme coutume ou comme habitude, comme seconde nature.

Les règles de conduite (schèmes, ainsi que Philippe Nemo les nomme à juste titre) «comme un marteau ou un couteau... ont reçu leur forme non en vue d'un objectif spécialement visé, mais parce que cette forme plutôt que toute autre les rend utilisables avec succès dans nombre de situations très variées»[31]. Joli langage! Les règles sont «un équipement pour certains hasards inconnus». L'équipement psycho-juridique permet de faire face à toutes les situations, cela, prétend Hayek, en favorisant la liberté. En réalité le droit ou plus exactement la rationalité juridique est un jugement prononcé par provision sur les choses (des biens) et sur autrui qui devient pour l'individu une occasion, comme disait Marx, de percevoir son propre intérêt «posé sous une forme universelle, réfléchie»[32]. Hayek a bien raison, la pensée civilisée n'est plus une pensée sauvage, elle ne fait plus dans le détail et dans les différences, ses classements sont si simples qu'il est permis de croire qu'ils peuvent fonctionner comme des *a priori*, des accoutumances. Et il est pour le moins surprenant que Hayek, qui parfois veut s'appuyer sur les anthropologues, nous présente cette mentalité moderne comme une progression; qu'elle soit en rupture avec ce qu'il nomme une pensée «tribale», il n'est guère coûteux de le lui accorder, mais dans quel sens la rupture fonctionne-t-elle? — Quelles que soient la diversification et

---
30. Cf. Marx, *Le Capital*, Paris, Éd. sociales, L. 1, T. 2, p. 211. Cf. également G. Duménil, *Le concept de loi économique dans Le Capital*, Paris, Maspéro, 1978, p. 269, et notre travail: *Marx et la société juridique*, Paris, Publisud, 1983, p. 202.
31. *D.L.L.*, T. 2, p. 24.
32. Marx, *Grundrisse*, Paris, Éd. sociales, 1980, T. 1, p. 185.

la mobilité sociales permises par le marché au niveau des situations personnelles, on a plutôt le sentiment qu'au niveau de l'intellect, Hayek nous invite à une standardisation monotone et figée dans laquelle une vieille ethnologie voyait les caractéristiques des sociétés primitives.

Mais là n'est pas le lieu de débattre des allusions anthropologiques de Hayek. Ce qu'il convient de remarquer simplement c'est qu'il n'est pas à l'abri des reproches qu'il formule vis-à-vis de ses adversaires. Hayek accorde bel et bien une transcendance au social, mais il s'imagine s'écarter de toute subjectivisation de celui-ci en le pensant comme un effet non recherché de répétitions individuelles. Nous retrouvons là la conséquence immanquable de ses emprunts aux modèles biologiques précédemment évoqués : une psychologie sociale. Nous l'avons dit, la société selon Hayek est conçue comme un organisme, certes particulier, mais un organisme tout de même. A tout le moins les efforts d'organisation qu'il propose tendent à l'accomplir comme une sorte d'habitat naturel des individus. Il faut pour cela que ceux-ci intègrent psychologiquement les normes sociales, présentées ici sous la forme de schèmes juridiques généraux. L'idéal est une intégration sans restes, sans résidus et Hayek voit dans les groupes l'obstacle majeur à cette intégration. N'y a-t-il pas dans cette chimère d'une organisation modelée sur l'organisme le rêve d'un retour « non pas même aux sociétés archaïques mais aux sociétés animales » ainsi que le dit Georges Canguilhem[33].

Hayek s'est défendu contre les accusations d'économisme qu'il considère comme des incompréhensions de ses thèses[34]. Le système du marché, et le droit qui l'accompagne, ne seraient que des moyens permettant la meilleure satisfaction des désirs et des exigences intellectuelles des hommes. Mais ceci est bien difficile à admettre : la situation contractuelle est une simple convention de procédure, elle n'est porteuse d'aucune signification par elle-même et les individus ont à trouver par eux-mêmes (parce qu'il est pour eux-mêmes) ce sens qu'ils ne peuvent manquer d'exiger. D'ailleurs Hayek ne refoule-t-il pas à la périphérie du juridique tout ce qui relève du lien social authentique, du besoin de communauté et qui s'origine non point dans la raison mais dans les affects ou le sentiment. De ce point de vue, Hayek n'est effectivement point un rationaliste puisqu'il pose lui-même cette raison juridique pratique à bonne distance de toute pratique d'une raison.

Loin de la raison, loin des sentiments, la société de droit de Hayek est bien loin des hommes. L'individu ne progresse pas par véritable socialisation mais par intégration. En fait, Hayek nous décrit parfaitement la

---

33. G. Canguilhem, *o.c.*, p. 190.
34. Cf. *D.L.L.*, T. 2, pp. 135-137 où Hayek précise que les buts ne sont jamais des buts économiques. « Le marché est la seule procédure connue qui permette (la sélection d'un projet) *sans un accord préalable* sur l'importance... des fins poursuivies » (p. 137, souligné par nous).

science économique par le biais de son versant exécutif qu'est le droit. La science économique n'est pas une science humaine, Hayek a raison. La science économique est une étude des activités des hommes en tant que non-humains et cette science se produit elle-même par la réalisation de son objet. Dans le fond il y a entre Marx et Hayek des points de concordance dans les analyses mais pour des positions diamétralement opposées : pour celui-ci, il s'agit de se soumettre et de participer à un processus d'évolution impersonnelle, pour celui-là il convient de revendiquer un droit à l'histoire.

Il n'y a aucune contradiction à dire d'une part, que Hayek voit la société à la lumière de l'organisme et d'autre part, qu'il ne nous parle jamais de la vie des hommes. Hayek ne nous entretient que de produits et jamais de production, il nous éloigne des sentiments considérés comme dangereux, il opte pour un langage sans restes et sans ambiguïtés qui pourrait recouvrir tout objet et tout individu de manière complète. Ce mode de désignation des hommes et des choses qu'il qualifie lui-même d'abstraction, il le trouve dans le droit privé considéré selon sa forme contractuelle. De quelle liberté nous parle donc Hayek? « Il faut tenir les sujets épars; c'est la première maxime de la politique moderne », disait Rousseau. Hayek l'a bien compris, qui veut leur faire parler le langage universel du droit (la langue d'avant Babel). Mais lisons jusqu'au bout l'*Essai sur l'origine des langues*: « Je dis, écrit Rousseau, que toute langue avec laquelle on ne peut se faire entendre du peuple assemblé est une langue servile; il est impossible qu'un peuple demeure libre et qu'il parle cette langue-là[35]. » Mais il est vrai que Rousseau se posait, lui, la question de la signification.

---

35. ROUSSEAU, *Essai sur l'origine des langues*, Paris, Aubier-Montaigne, 1974, introd. et notes par A. Kremer-Marietti, pp. 174 et 175.

L'IMPENSABLE DU LIBÉRALISME

par André Tosel

1

Sommes-nous retournés aux années 1830 ? Cette question n'est pas aussi anachronique qu'il pourrait le sembler. Pour la grande majorité de l'intelligentsia française, philosophes, économistes, politologues, etc., la cause semble être entendue. La crise du marxisme et l'effondrement du communisme réel mettent à l'ordre du jour le retour aux esprits animaux de la modernité capitaliste ; exaltation du marché, du profit à tout va, affirmation de la solidarité intouchable de la démocratie représentative et du système de la libre entreprise rationalisée constituent les éléments du sens commun dominant balayant ainsi tout l'histoire du mouvement ouvrier. Le néolibéralisme a accompagné ce qui a été la guerre de mouvement irrésistible de la restructuration capitaliste de ces dernières années. La seule question qui semble encore se poser serait de trancher entre une version *hard* et une version *soft* de ce néolibéralisme, selon qu'il convient de donner plus ou moins aux droits-créances ou de préserver les droits constitutifs de la propriété [1].

En philosophie s'impose un énième retour à Kant, mais au Kant du seul droit privé amputé de sa dimension éthico-politique, à un Kant projeté sur B. Constant ou sur Guizot [2]. La séparation entre société civile et État est érigée en dogme, la puissance publique étant invitée à servir la société civile identifiée aux intérêts privés dominants. En économie, Adam Smith fait son grand

---

1. La distinction entre droits créances simplement régulateurs et droits-libertés constitutifs est au cœur de l'ouvrage de L. FERRY et A. RENAUT, *Philosophique politique, 3, Des droits de l'homme à l'idée républicaine*, P.U.F., Paris, 1985. Cet ouvrage contient par ailleurs une pertinente critique de Hayek.
2. Voir la préface de M. GAUCHET au recueil d'écrits politiques de B. Constant intitulé *B. Constant, De la liberté chez les Modernes*, Pluriel, Livre de Poche, Librairie générale française, Paris, 1980, pp. 11 sq.

retour, mais diminué de sa lucide vision des contradictions, et se voit assimiler à Bastiat et ses harmonies naturelles. Mais ce retour ne peut pas être considéré comme le fin mot de l'histoire : tout comme le premier libéralisme a dû butter sur ce que l'on nommait alors la question sociale, sur l'indigeste objectivité des contradictions de ladite société civile, il est à prévoir sans risque que le néolibéralisme va devoir se confronter, mais à un niveau mondial cette fois, aux contradictions produites par son apparent triomphe.

2

Il faut en effet prendre la mesure de la mesquinerie et des limites du premier libéralisme, celui de B. Constant, W. von Humboldt, Guizot. Si ce libéralisme a eu l'incontestable mérite d'unir à sa thèse économique posant l'ordre spontané du marché et de la libre entreprise une thèse politique enracinant le pouvoir dans la libre volonté des individus associés dans le nouvel État de droit, il a eu beaucoup de peine à maintenir ce lien et a souvent été tenté de sacrifier son âme politique à son instinct économique. La langue italienne dispose d'une utile distinction pour penser la différence entre libéralisme économique et libéralisme politique : elle qualifie le premier de *liberismo*, libérisme, et le second de *liberalismo* ou libéralisme proprement dit. B. Croce a donné à cette distinction une clarté exemplaire[3].

Certes, à première vue, libérisme et libéralisme semblent unis comme les doigts de la main. Pas d'économie de marché sans État de droit, ni d'État de droit sans économie de marché. Pas de liberté politique sans liberté économique et réciproquement. L'État de droit est un État minimum à qui échappe la domination sur les sphères extrapolitiques de l'économie et de la vie intellectuelle et morale. Il dispose du monopole de la violence légitime qui définit la sphère proprement politique et en use pour libérer l'ordre naturel du marché et de l'entreprise de la tutelle des puissances (corporations, féodalité foncière) qui monopolisaient les activités économiques et pour libérer de même l'essor de la civilisation intellectuelle et morale (libre exercice de la pensée dans la philosophie et les sciences, libre pratique de la religion devenue affaire privée, droit à déterminer par soi les formes concrètes du bonheur) en brisant le monopole des instances prétendant détenir le pouvoir spirituel (églises confessionnelles, et toutes les orthodoxies).

L'État de droit ne put se constituer qu'en abattant l'instance des instances qui concentrait en elle le triple monopole du pouvoir politique, économique, idéologique, l'État despotique-paternaliste, avec sa prétention à procurer à ses sujets traités comme des enfants mineurs le bonheur matériel et le salut spirituel, l'État que la tradition allemande d'Ancien Régime nomme *Wohlfarstaat*, l'État du bien-être domestique fondé sur la

---

3. B. Croce, *Elementi di politica*, in *Id, Etica e Politica*, Laterza, Bari, 1973, pp. 263-268.

reconnaissance d'une confession religieuse dominante. La fonction historique décisive de l'État de droit a été d'user de la redéfinition du monopole du pouvoir politique pour libérer les sphères hors politique de tout monopole économique et idéologique et leur permettre sous la protection étatique mais hors de sa sphère de développer leurs libres activités. La fin de l'État de droit est de mettre un terme au monopole exercé par l'État père et patron, despotique et paternaliste qui s'arroge le droit exorbitant de définir à la place des francs sujets et des hommes libres leur bonheur matériel et spirituel[4].

Un tel État est à la fois le garant de la libre entreprise qui ne peut se constituer sans son intervention, et l'introducteur de la laïcité en ce qu'il refoule dans le «privé» les églises en rivalité pour imposer leur conception du monde et du salut. Sa constitution a pour effet de produire la ligne de démarcation du public et du privé au sens moderne et de fixer l'articulation de la société et de l'État lui-même, d'assurer la coordination du non-État et de l'État. L'État de droit libéral se présente comme celui qui a consenti à user de son seul monopole politique de la violence légitime pour permettre la promotion des droits de l'homme, cet homme qui est tout à la fois le libre propriétaire et entrepreneur, le libre penseur à la recherche de la vérité théorique et pratique. Il a à cette fin abandonné le monopole du pouvoir économique et le monopole du pouvoir idéologique de l'État chrétien. L'exercice même de son pouvoir politique, le seul dont il garde le monopole est limité par la reconnaissance de ces droits de l'homme et par l'objectivité des contraintes juridiques et institutionnelles qui définissent sa rationalité et sa légalité.

Ainsi la conception négative de cet État, devenu instrument de la réalisation des fins individuelles, se réciproque-t-elle dans la conception positive de la double sphère du non-État, de la société où les individus sont supposés nouer librement des rapports les uns avec les autres pour développer leur propriété et leurs capacités productives, pour former leur propre personnalité morale et intellectuelle. Mais la belle harmonie de cette épure a révélé ses impensés et ses limites dans le cours même de son histoire[5].

3

Si cet État a en effet cessé d'être le bras séculier d'une Église, il s'est vite manifesté comme le séculier du système de la libre entreprise et de la nouvelle classe dominante, la bourgeoisie marchande, industrielle et finan-

---

4. Voir le bel ouvrage de N. Bobbio, *Stato, governo, società. Per una teoria generale della politica*, Einaudi, Torino, 1985.
5. Je me permets de renvoyer à A. Tosel, «Les sophismes du néolibéralisme» in *M. Marxisme. Mouvement. Culture*, Paris, n° 12, 1987, pp. 44 sq., et à *Id.*, «L'État de droit. Figures et problèmes. Les avatars de la maîtrise» in *Actuel Marx*, P.U.F., Paris, n° 5, 1989, pp. 34 sq.

cière. Si pendant un temps la revendication de l'économie de libre entreprise a pu cheminer de concert avec la revendication des droits de l'homme et du citoyen contre le despotisme politique et confessionnel, il est vite apparu que cette convergence n'était ni assurée ni automatique. Le libérisme a constamment entravé et contrôlé le libéralisme. Originairement, et on l'oublie trop souvent, l'État de droit n'a pas été l'État de tous les hommes, abstraction faite de la couleur de leur peau, de leur sexe, de leur nationalité, de leur condition sociale. Il a été l'État des seuls propriétaires, mâles et blancs. Il a fallu la lutte réellement titanesque et douloureuse des exclus de la citoyenneté, pauvres et dépossédés, femmes et colonisés, pour que cet État limité s'élargisse d'abord en État démocratique de droit, puis en État social-démocratique de droit. Cet élargissement n'a pas été spontanément concédé par l'État libéral de droit et sa classe dirigeante qui redoutaient de perdre le contrôle de la propriété de leur libre entreprise et, qui monopolisaient en fait le pouvoir économique et politique. Il a été arraché de haute lutte. Et cette lutte a été menée par ceux-là mêmes que la tradition libérale considérait en fait comme des mineurs, voire des esclaves, par les plébéiens d'abord démocrates et républicains, ensuite socialistes et communistes. Ceux-là qu'aujourd'hui encore le plus grand théoricien du néolibéralisme rejette avec mépris comme les adeptes d'une conception «tribale» de la justice sociale [6].

Il serait facile de rappeler quelle a été en fait l'attitude des libéraux classiques, aujourd'hui érigés en modèles contre les horreurs de l'étatisme social. On verra que le libéralisme a été constamment placé en liberté surveillée pour la plus grande prospérité du libérisme.

Ainsi le grand Locke, le théoricien de la révolte légitime contre le despotisme, l'inventeur des institutions libérales parlementaires, le soutien de la séparation des pouvoirs sous le primat du législatif, n'hésite-t-il pas à justifier la condition de l'esclavage dans les colonies de la métropole; l'esclave est subsumé encore sous la catégorie de marchandise, cette catégorie décisive de la nouvelle économie [7]. Il faudra attendre la Révolution française ou plutôt ce maudit jacobin de Robespierre pour procéder à

---

6. F.A. HAYEK, *Droit, législation et liberté*, P.U.F., Paris, 3 vol., 1980, 1981, 1983, trad. franç. R. Audoin. Voir *vol. 3, L'ordre politique d'un peuple libre*, 1983, pp. 197 sq.

7. LOCKE, *Histoire de la navigation*. «Les marchandises qui proviennent de ces pays sont l'or, l'ivoire et les esclaves.» Texte cité par D. Losurdo in «Marx, la tradition libérale et le concept universel d'homme» in *Actuel Marx*, n° 5 *op. cit.*, p. 23. Losurdo cite aussi SIEYÈS, *Écrits politiques (Dire sur la question du véto royal*, p. 75), édition R. Zapperi, Paris, 1985. «Parmi les malheureux voués aux travaux pénibles, producteurs des jouissances d'autrui, et recevant à peine de quoi sustenter leurs corps souffrants et pleins de besoins, dans cette foule immense d'instruments bipèdes, sans liberté, sans moralité, sans intellectualité, ne possédant que des mains peu gagnantes et d'une âme absorbée, ne leur servant qu'à souffrir... est-ce là ce que vous appelez des hommes? On les dit policés! Y en a-t-il un seul qui fût capable d'entrer en société?» De manière générale voir le très important ouvrage de D. LOSURDO, *Hegel, Marx et la tradizione liberale. Libertà, uguaglianza, Stato.*, Editori Riuniti, Roma, 1988.

la critique impitoyable de l'institution de l'esclavage et suivre la grande tradition de Rousseau[8].

Ainsi le maître incontesté des néolibéraux contemporains, E. Burke, cet adversaire acharné de la même Révolution française, ne craint-il pas de reprendre la classification de l'esclavagiste romain Varron qui distinguait entre l'*instrumentum mutum*, l'instrument technique muet comme la charrue, l'*instrumentum semi vocale*, l'instrument de production animal comme le bœuf, et l'*instrumentum vocale*, l'instrument de production parlant qu'est l'esclave, capable de travailler comme une bête de somme tout en communicant avec le maître par la parole articulée[9]. Ainsi, tout comme Locke et Kant, le chef de file du libéralisme français, B. Constant, devenu la coqueluche des libéraux et même des socio-libéraux de chez nous, exclut-il de la citoyenneté les non-propriétaires en assimilant prolétaires et enfants mineurs. « Ceux que l'indigence retient dans une éternelle dépendance et condamne à des travaux journaliers ne sont ni plus éclairés que des enfants sur les affaires publiques ni plus intéressés que des étrangers à une prospérité nationale, dont ils ne connaissent pas les éléments, et dont ils ne partagent qu'indirectement les avantages. »[10]. Le travailleur salarié n'est qu'une partie passive de la « famille » de son maître, assujetti à sa discipline, soumis à la « patria potestas », et donc à la fois privé de droits politiques et de droits civils complets. Une fois encore, ce furent les démocrates plébéiens comme Robespierre qui repoussèrent ces discriminations censitaires du suffrage électoral et établirent l'universalité de la catégorie d'homme et de citoyen. Le libéralisme classique ne rompt pas de lui-même avec les catégories et les pratiques de la servitude ; ce fut la pression des masses plébéiennes et ouvrières qui contraignirent ce libéralisme à aller jusqu'au bout de la logique de l'universel et à relâcher la police de la propriété privée. Ce n'est pas Marx qui a élaboré la doctrine de l'État comme comité des intérêts des propriétaires ; ce sont les libéraux qui ont défendu jusqu'à l'extrême limite l'État réduit à la fonction de pur instru-

---

8. M. Robespierre, *Discours sur le gouvernement représentatif du 10 mai 1793* in *Id., Textes choisis II* (par J. Poperen), Éditions Sociales, Paris, 1973, pp. 141 sq. Rousseau avait disqualifié l'esclavage de manière inoubliable dans le chapitre IV du livre I du *Contrat Social*.
9. R. Burke, *Thoughts and details on scarcity, 1795*, in *Id., Works of the Right Honourable Edmund Burke*, London, vol. II, 1826, p. 38, cité par D. Losurdo en son article d'*Actuel Marx* cité note 7.
10. B. Constant, *Principes de politique* in *Id., De la liberté chez les Modernes, Écrits politiques*, Éditions M. Gauchet, *op. cit.*, p. 316. Ce texte poursuit ainsi : « Je ne veux faire aucun tort à la classe laborieuse. Cette classe n'a pas moins de patriotisme que les autres classes. Elle est prête souvent aux sacrifices les plus héroïques, et son dévouement est d'autant plus admirable qu'il n'est récompensé ni par la fortune, ni par la gloire. Mais autre est, je le pense, le patriotisme qui donne le courage de mourir pour son pays, autre est celui qui rend capable de bien connaître ses intérêts. Il faut donc une condition de plus que la naissance et l'âge prescrit par la loi. Cette condition, c'est le loisir indispensable à l'acquisition des lumières, à la rectitude du jugement. La propriété seule assure ce loisir : la propriété seule rend les hommes capables de l'exercice des droits politiques. » Comme pour Aristote le travail forcé de la majorité donne à la minorité l'« *otium* » libérant la possibilité de l'existence politique.

ment de protection de la propriété privée. Marx, dans la *Question juive*, sur ce point s'est borné à retourner le libéralisme sur lui-même.

Le libéralisme identifie la société et le corps social à la seule dimension de la propriété privée qui est ainsi son sacré. Cette logique explique pourquoi, lorsqu'il s'agit de contenir les revendications des masses, il n'hésite pas à retrouver l'organicisme scolastique ou aristotélicien: les non propriétaires ne sont pas de vrais individus, ils ne sont que des parties de ce tout hiérarchisé qu'est la propriété, cette «famille» élargie du maître qui demeure pour eux leur *padre patrone*. Le paradoxe est alors que ce sont les penseurs supposés être les défenseurs de l'organicisme étatique, Rousseau, Robespierre et les jacobins, Hegel, Marx qui ont le mieux défendu les individus appartenant aux classes dépossédées et le pluralisme. Au contraire, en assimilant les non propriétaires à des enfants mineurs ou à des résidents étrangers, le libéralisme classique a recouru à un étrange organicisme, à un nouveau despotisme éloigné de la démocratie. La propriété est redevenue une grande famille. Ce sont les luttes du courant démocratico-plébéien, et elles seules, soutenues par une idée forte de la communauté politique et par une référence explicite à la *polis*, qui ont contraint les libéraux à sortir de l'identification entre l'individu et le propriétaire. Ce sont ces luttes qui ont montré que les travailleurs non possédants qui étaient la condition de l'*otium* des propriétaires-citoyens gardaient quelque chose de l'esclave. Le passage à l'État social démocratique de droit a été imposé par le républicanisme et le mouvement ouvrier socialiste. Le concept d'homme universel, désolidarisé de la figure du propriétaire, n'est pas l'enfant du libéralisme, mais de son adversaire historique moderne.

4

Plus profondément le libéralisme ne peut penser radicalement la question sociale parce que la théorie du conflit qu'il développe demeure toujours subordonnée à un harmonicisme téléologique qui garantit que les misères d'aujourd'hui sont contingentes et transitoires et laisseront place au bonheur de demain. La logique de la «main invisible» qui gouverne le cours antinomique de l'insociable sociabilité humaine assure la *happy end*. D'ailleurs cette misère n'est pas assignée à l'objectivité des contradictions propres aux rapports sociaux liés à l'économie de libre entreprise et de profit. Elle est imputée exclusivement à la liberté et à la responsabilité de l'individu.

Les individus affligés de la misère moderne du chômage ne sont pas les victimes des crises de surproduction, ils sont eux-mêmes responsables de leur échec social. Ils n'ont droit qu'à une assistance minimale dont la modicité même les stimulera à faire effort pour remédier à leur condition et permettra de préserver la paix sociale si elle est assortie des mesures de surveillance et de répression convenables. Le libéralisme nie en fait le droit des droits de l'homme moderne, le droit à la vie, le droit à la subsistance par un travail universalisé à tous. Là encore ce furent les jacobins qui formulèrent ce droit, ce fut Hegel qui théorisa la priorité de droit réellement substantiel contre l'abstraction devenue fanatique et terroriste de la propriété privée[11].

Le droit de résistance n'est pas reconnu aux « nécessiteux » que la société produit par son mécanisme d'accumulation, qu'elle traite en marâtre dans la mesure même où elle leur dénie la qualité d'homme au travail en les transformant eu gueux privés de dignité professionnelle et de subsistance. Le libéralisme ne reconnaît ce droit, lorsqu'il le reconnaît avec Locke et B. Constant, qu'aux seuls gouvernés subissant de la part du gouvernement despotique une atteinte à leur liberté de posséder et d'entreprendre. Le droit de résistance n'est justifié que lorsque il s'agit de limiter les abus d'un pouvoir politique despotique à l'encontre de la liberté des propriétaires. Cette limitation joue *a fortiori* contre les masses qui portent atteinte à la même propriété par leurs revendications excessives du droit à la vie. Le pire des attentats contre la liberté n'est pas la menace portée contre la vie, mais celui qui agresse la vie en tant qu'elle est déterminée comme propriété et subordonnée à cette dernière. Là encore seule la tradition plébéienne avec Babeuf, la tradition socialisante avec Hegel et Saint-Simon, la communiste avec Marx ont thématisé le droit du besoin extrême, le droit à la vie comme base du droit de résistance et à la limite du droit de révolution. Là est le vrai droit réel, constitutif, et il n'a rien à voir avec un droit créance seulement régulateur. Pour le libéralisme, tenté structurellement de se définir en libérisme, seul est constitutif le droit de propriété, le droit à la vie n'étant en fait que régulateur, exigible dans les limites de tolérance de la propriété. Seule la tradition plébéienne élargit le droit de résistance politique au despotisme en droit du besoin extrême autorisé à violer le droit de la propriété privée devenue despote moderne.

Le libéralisme est ainsi conduit par sa propre pente à s'identifier au seul libérisme et à nier en fait l'unité et l'universalité de la catégorie d'homme et de genre qu'il croyait avoir assurées. Il ne peut ni penser ni supporter l'objectivité des contradictions capitalistes et il fuit dans l'espoir

---

11. Cette thèse est développée par Hegel explicitement dans les leçons orales de la Philosophie du droit autour de l'idée de *Notrecht*, du droit de la nécessité. Voir l'édition italienne de D. LOSURDO, *Hegel, le filosofie del diritto. Diritto, proprietà, questione sociale.*, Leonardo, Milano, 1989. Mais le texte de la *Philosophie du droit* publié par Hegel lui-même ne maintient aucune ambiguïté. Voir le § 127 et sa remarque. 3 « La particularité des intérêts de la volonté naturelle, ramassée en totalité simple, constitue l'existence empirique personnelle comme vie. En cas de danger suprême et dans les conflits qui surgissent à propos de la propriété juridique d'autrui, cette existence personnelle a un droit de détresse à faire valoir ; il ne s'agit pas d'équité mais de droit. En effet, d'un côté, il y a violation infinie de l'existence empirique, donc absence totale de droit, tandis que, de l'autre, il n'y a que violation d'une existence empirique limitée et singulière de la liberté. Ainsi se trouvent reconnus à la fois le droit comme tel et la capacité juridique de celui qui n'est lésé que dans sa propriété. » (*Principes de la philosophie*), Vrin, Paris, trad. R. Derathé, 1975.

imaginaire que le mécanisme qui produit le mal produira de lui-même le salut. Il nie les droits matériels à la vie, au travail qui naissent de ces contradictions, et en attendant le salut automatiquement garanti il préfère culpabiliser ses victimes en les renvoyant à leur seule responsabilité. Il est devenu courant aujourd'hui, après les dictatures communistes, de rappeler que les libertés formelles sont bien réelles. Mais il ne faut pas oublier que le contenu de la liberté, sa substance, est la vie, celle que l'on gagne par son travail. La distinction entre libertés formelles et liberté substantielle est imposée par la dialectique de la société et de l'État libéral. Le libéralisme ne veut pas voir que cette distinction est produite par le mouvement autocritique de la société civile libérale. L'autodéveloppement de la liberté abstraite de la propriété produit son contraire, la privation de liberté réelle pour les non propriétaires tout comme il engendre la revendication de cette liberté, non comme créance à tirer sur un produit à venir, mais comme droit actuel de vivre dans et de son travail.

5

L'État social de droit contemporain est le résultat de cette dialectique, fruit d'un compromis entre libéralisme et courant plébéien et socialiste. Il a impliqué une privatisation de l'espace privé tout en élargissant la participation politique (suffrage universel et représentation par des partis de masse). Il a de même assuré une relative intervention des forces populaires dans la répartition du produit total dans le respect des procédures démocratiques et de la laïcité. Or, c'est cet État que le néolibéralisme attaque et tente de démanteler. Hayek, Nozick, les anarcho-capitalistes le prennent pour cible et le dénoncent comme une forme moderne de l'État despotique.

Cette offensive générale est la dernière étape d'une guerre théorique et pratique de mouvement qui a commencé par le combat mené contre l'État communiste issu de la Révolution d'octobre au nom du libéralisme politique. Il a été en définitive relativement facile pour le libéralisme de faire apparaître dans l'État communiste une instance monstrueuse constituée par le triple monopole du pouvoir politique, économique, idéologique. L'État-Parti est le plus terrible des despotes, car il détient seul le monopole de la violence légitime et le conforte du monopole du pouvoir économique par le mécanisme de la planification centrale et le légitime par le monopole du pouvoir idéologique avec le marxisme-léninisme promu au rang de dogme. Face à ce despote, il est justifié de faire valoir le respect des droits de l'homme et du citoyen, le pluralisme politique et syndical, les garanties des procédures démocratiques.

Mais ce ne fut là qu'une première étape. Le combat du libéralisme politique pour faire admettre que les règles du jeu démocratique ne sont pas simple couverture des possédants mais sont dotées d'une valeur universelle n'était qu'un combat d'avant-garde. Pour le libéralisme l'essentiel était la bataille pour relancer la dynamique de l'accumulation et de la propriété privée, pour vaincre irréversiblement, ce compromis imposé mais jamais véritablement accepté. L'essentiel était de libérer le libérisme trop longtemps limité et délégitimé. Ainsi Hayek veut-il aller au fond des choses et désigne-t-il l'État de droit social et démocratique comme l'ultime et décisif ennemi. Il voit en lui une version faible d'État despotique toujours susceptible de dégénérer en la forme forte du totalitarisme.

Hayek ne recule pas devant cet énorme sophisme historique qui est l'identification du *Welfare State* à l'État despotique. Il ne veut pas voir que seul cet État a conservé le monopole de la violence légitime tout en maintenant la démonopolisation idéologique et en tentant de limiter le nouveau monopole économique, celui qu'exerce la propriété moderne par la garantie de nouveaux droits sociaux. Il ne peut accepter que le *Welfare State* ait rendu possible pour un plus grand nombre d'individus l'accès à la liberté de penser, de s'éduquer, de se soigner, de s'associer, créant ainsi la possibilité, bien timide d'ailleurs, d'intervenir sur la distribution des richesses. Tout ceci est encore trop et représente une base pour relancer une attaque sur les mécanismes libéraux de la production. Le *Welfare State* de toute manière devient trop coûteux pour la propriété privée : il généralise la demande sociale, accrédite l'idée de justice sociale, renforce les interventions bureaucratiques qui paralysent la libre initiative par une surcharge d'assistance sociale. Il épuise la partie dynamique de la société civile sous la pression des faibles et des incompétents, il multiplie les corporatismes et finit par rendre ingouvernable la démocratie elle-même[12].

6

Le thème des corporatismes mérite attention car c'est celui qui fonde l'identification de l'État social de droit à l'État despotique d'Ancien Régime. En fait, il est vrai que l'élargissement de la sphère politique et l'apparition de droits sociaux ont multiplié la demande. Mais ce phénomène n'obéit pas tant à la logique archaïque de la corporation qu'à la logique du marché tant vantée par le noélibéralisme comme ordre naturel spontané de régulation non constructiviste. La sphère politique du *Welfare State* doit être comprise comme extension de la logique du marché dans la mesure où elle suppose la constitution d'un rapport d'échange généralisé entre gouvernés et gouvernants. L'impuissance du mouvement ouvrier à inventer un autre mode de production que celui fondé sur le rapport capitaliste l'a conduit à se soumettre à cette extension qui signifie détermination de la sphère politique en marché politique. Lorsqu'ils cessent de se

---

12. F.A. HAYEK, *Droit, législation, liberté*, P.U.F., Paris, Éd. cit., *vol. 2, Le mirage de la justice sociale*, 1981, pp. 75-120.

considérer comme citoyens producteurs porteurs de la possibilité d'un mode de production alternatif à celui fondé sur la soumission réelle du travail, ces mêmes citoyens n'ont pour ressource et compensation que de se constituer en citoyens électeurs et clients.

La sphère politique d'abord socialisée subit désormais un procès contraire de privatisation. La participation des masses au pouvoir politique ne repose pas sur le vieux présupposé du libéralisme selon lequel les individus investis du droit de choisir leurs représentants choisissent les meilleurs dans l'abstrait. Une fois brouillées les appartenances de classes et perdue la perspective d'une transformation du moteur de la production, les individus choisissent des représentants susceptibles de défendre le mieux leurs intérêts économico-corporatifs. S'opère une marchandisation des rapports électoraux. Le vote est alors un vote d'échange par lequel le consensus est donné contre une prestation en retour. L'espace public de la démocratie de masse qui a accepté le compromis structural avec l'économie libérale est devenu un marché constitué en principe d'autant d'accords bilatéraux qu'il y a d'électeurs. Pourquoi le néolibéralisme dénonce-t-il comme corporatisme despotique ce que sa foi dans le marché devrait le conduire à reconnaître comme confirmation de ses thèses?

Le néolibéralisme ne regrette pas la privatisation de l'espace public, il s'en réjouirait plutôt. Mais il redoute que ce marché ne se subordonne pas au marché économique et qu'il se retourne contre la liberté de manœuvre du système d'entreprises. Le marché politique est suspect de porter atteinte à la bonne spontanéité du marché économique, de faire droit à la multiplicité de demandes qui exigent des contre-prestations aux prestations en vote et en consensus, de dérégler par ses surcharges et ses contraintes artificielles l'ordre naturel de la production. Le marché politique est une menace car il peut être pénétré par ceux qui ne possèdent rien ou par ceux qui demandent au gouvernement supposé être le représentant du peuple du travail, de la protection sociale, des écoles, des hôpitaux. Pire, le marché politique peut être le lieu où les acteurs ne se contentent plus d'échanger le consensus contre la seule garantie des libertés fondamentales et de la propriété acquise, mais où ils exigent que soit négociée une clause impliquant la redistribution égale de la richesse sociale pour corriger substantiellement les inégalités et que soit même réenvisagée la modalité de l'organisation de la production. Le néolibéralisme retrouve ainsi la logique originaire du libérisme qui a accompagné son émergence en refusant comme corporatisme archaïque la superposition du petit marché politique au grand marché économique et en se prémunissant de manière préventive du risque majeur de toute correction des mécanismes économiques en un sens égalitaire.

En ce sens le néolibéralisme contemporain est prêt pour sauver son esprit animal libériste à sacrifier son âme libérale. Il entend limiter au maximum le marché politique pour le soumettre radicalement au marché économique; il devient *stricto sensu* réactif, réactionnaire, quand il tente de détruire l'État social de droit et son encombrant et coûteux marché politique et de liquider les formes démocratiques qui gênent l'ordre naturel du grand marché. Il faut impérativement subordonner la démocratie aux conditions du capitalisme mondialisé en obtenant la révision en baisse maximale de l'État social démocratique de droit, en obtenant le consensus de masse et en exploitant à cette fin les insuffisances et les dysfonctions bureaucratiques de cet État. Du côté des gouvernés, il faut obtenir qu'ils acceptent de réduire la surcharge des demandes incompatibles avec les formes et le mode d'accumulation concurrentielle. Du côté des gouvernants, il faut les amener à renoncer aux promesses jugées impossibles à satisfaire et à redéfinir la politique comme système de règles d'organisation assurant les conditions d'une dépendance diminuée des demandes [13].

On comprend pourquoi la délégitimation radicale de l'idée de justice sociale comme non-sens conceptuel est le cœur de l'entreprise de Hayek qui dénonce là le ressentiment des faibles, des vaincus et retrouve le pire de Nietzsche, le critique ultra libéral de la démocratie du troupeau. Mais en fait où est le ressentiment? N'est-il pas du côté de Hayek, pénétré d'une soif de revanche féroce contre tous ceux qui ont osé relever la tête et remettre un tant soit peu en question la logique libériste? Ne s'agit-il pas non seulement d'effacer 1917 mais aussi de remonter en deçà de 1789, et de réduire la modernité au seul développement d'une société civile violemment réduite au système de libre entreprise et du grand marché? Ne s'agit-il pas d'une annulation de toute l'histoire moderne naturalisée comme un mécanisme naturel et téléologique à la fois? Le néolibéralisme est un idéalisme du grand marché qui se réalise dans l'empirisme grossier et cruel de la guerre économique mondiale immanente au système de l'entreprise capitaliste [14].

7

Les thèses du néolibéralisme se fondent sur une épistémologie forte du marché défini comme ordre naturel de l'inévitable concurrence entre individus. Cet ordre fonctionne sans pouvoir être l'objet d'une volonté *a priori*, sans jamais pouvoir devenir prévisible et constructible par la démiurgie meurtrière d'une planification déraisonnable. Il obéit à une

---

13. On doit cette analyse à N. Bobbio, *Il futuro della democrazia. Una difesa delle regole del gioco*, Einaudi, Torino, 1984. Il est incompréhensible que l'œuvre de Noberto Bobbio, un des plus grands philosophes politiques de notre temps ne soit pas disponible en français. Bobbio, socialiste libéral pour qui la tradition marxiste n'est pas qu'abomination maintient une position quasi tragique sur les apories de sa propre tradition. Loin de l'idéaliser il en pense les contradictions à la différence des apologistes vulgaires dont le nom est légion.

14. F.A. Hayek ne cite pas souvent Nietzsche qui n'est pas un libéral en politique mais qui fait néanmoins l'apologie indirecte du libérisme dans la mesure où il accepte sa base économique.

régulation quasi cybernétique *ex parte post*; la concurrence est la seule méthode de découverte et l'expérimentation: comme telle elle remplace toute théorie, ou plutôt la seule théorie possible ne peut être que sa réflexion, et non pas sa critique. Le réel de la concurrence est son concept, et ce concept, tel l'Esprit absolu de Hegel, est le réel. La concurrence est la science immanente de l'ordre naturel humain. Elle est le « processus dans lequel les gens acquièrent et communiquent de la connaissance » en s'annonçant la réalité économique dans une succession irréversible et immaîtrisable et en se posant à chaque fois un problème fini d'optimum qui se définit ainsi : « accepter comme l'optimum réalisable les résultats de la situation d'ensemble dont les données ont le plus de chance de conduire à la découverte du plus grand nombre possible d'occasions favorables »[15]. Dotée d'une rationalité intrinsèque qui est aussi finalité interne, la concurrence est le medium de l'histoire et sa fin véritable; hors d'elle il ne saurait qu'y avoir régression.

Le néolibéralisme apparaît ainsi comme une philosophie dogmatique de l'histoire à intention normative et orthopédique puisqu'il se donne pour tâche de rappeler à l'ordre, à l'ordre naturel, toutes les déviances qui perturbent la concurrence en prétendant l'organiser et la diriger *a priori* et lui substituer un ordre construit artificiel au nom d'un idéal insensé de maîtrise. On a donc une reprise épistémologique de la vieille théorie de la ruse de la nature et de son finalisme optimiste contre toute intention de contrôler la production: Hayek substitue l'ordre naturel, *taxis,* avec sa structure de régulation en *feed-back*, à la démesure artificieuse d'une volonté productrice d'artifices destructeurs, *nomos*. On mesure ainsi que le libérisme n'hésite pas à recourir au *topos* de la volonté de domination, cher à la critique de la modernité comme oubli de l'être, pour dénoncer le contractualisme du libéralisme. Heidegger au secours du marché devenu étrangement forme authentique de la présence même de l'être et exigeant une respectueuse reconnaissance. Hayek ou le sacre de l'ordre naturel comme vérité ontologique...

Cette combinaison d'hyper-rationalisme — le marché comme réalisation du concept — et d'irrationalisme — le marché comme sacré — conduit à la cécité devant les irrationalités effectives de l'ordre économique, au refus total d'admettre la réalité d'une « question sociale » pourtant élargie aujourd'hui en question cosmopolitique planétaire. « Dans la grande société, nous contribuons tous en fait, non seulement à la satisfaction de besoins que nous ignorons, mais parfois même à la réussite de desseins que nous désapprouverions si nous en avions connaissance... En cattalaxie, les hommes tout en poursuivant leurs intérêts propres — totalement égoïstes ou hautement altruistes — vont promouvoir les entreprises de beaucoup

---

15. F.A. Hayek, *Droit, législation, liberté, op. cit., vol. 3*, p. 81.

d'hommes dont la plupart leur resteront toujours inconnues »[16]. Hayek ne doute pas un seul instant qu'*in fine* ces entreprises constitueront des résultats d'ensemble favorables. Les contradictions du social ne sont que des apparences de l'ordre naturel de la grande société.

Cette thèse commande dès lors la reformulation de l'État de droit loin du constructivisme dangereux et présomptueux de l'État social de droit. Le nouvel État propre à la grande société a pour fonction de traiter comme simples problèmes d'ordre public les revendications enracinées dans les contradictions superficielles du social. L'espace public est réduit à l'action combinée de la charité et de la police. La *polis* est police. S'il est absurde de parler de question sociale et de justice, si les rapports du marché ne sont responsables de rien, au-delà du bien et du mal, comme la volonté de puissance nietzschéenne, l'État se doit de servir ces rapports et d'éliminer tous les restes d'éthico-politique présents dans le libéralisme classique. L'État ne peut être conçu comme communauté éthico-politique et nulle instance ne peut occuper la place irréversiblement vide de cette communauté, cette idole tribale. L'État s'absolutise comme appareil juridique répressif, violence légitime organisée pour le seul maintien des rapports de propriété existants. L'exigence de justice sociale repose sur l'illusion de la communauté et sur l'ignorance de la grande société seule patrie de l'homme néolibéral. Le ressentiment est le fond de revendication de la justice. Hayek rejoint explicitement Nietzsche pour proclamer l'innocence de la vie, c'est-à-dire du marché et de la grande société. Les vaincus sont renvoyés à leur faiblesse et à leur responsabilité individuelle. Ils sont seuls responsables de leur situation faute d'avoir compris que n'étant pas « résultat d'une volonté consciente », l'ordre naturel économique « ne possède ni intelligence, ni vertu, ni justice, ni aucun attribut de valeurs humaines ». Une fois encore l'objectivité des contradictions nées de l'autodéveloppement de l'ordre capitaliste est déniée, dissoute dans la seule responsabilité des vaincus du grand jeu économique. La psychologie des vaincus devient principe d'explication.

8

Il faut interroger cette homologie finale entre marché-grande société et jeu qu'affirme le néolibéralisme. Elle repose sur deux postulats parfaitement discutables et injustifiés.

a) Premier postulat: les agents sociaux sont des joueurs définis par une équivalence formelle. Ceci revient à refuser de prendre en compte leur détermination concrète qui fait que certains d'entre eux sont déjà mieux pourvus et organisés que d'autres. Hayek estime que la préorganisation des

---

16. F.A. HAYEK, *Droit, législation, liberté, op. cit.*, vol. 2, pp. 132-3. Voir tout le chapitre 10 « L'ordre du marché ou cattalaxie ».

travailleurs en syndicats est attentatoire à la libre manifestation de l'ordre, et que les entreprises seules le respectent. Ce faisant, il ignore la préorganisation des entreprises et leur position de force initiale. « L'intérêt qui est commun à tous les membres de la société n'est pas la somme des intérêts communs aux membres des groupes de producteurs existants, il réside seulement dans l'adaptation permanente aux changements de circonstance, et cette adaptation heurtera toujours les intérêts de tel ou tel groupe. L'intérêt des producteurs organisés est ainsi opposé au seul intérêt permanent à tous les membres individuels de la société qui est de bénéficier d'une adaptation continuelle à des évolutions imprévisibles, adaptation indispensable même pour maintenir la production à son niveau existant »[17].

Comment peut-on à la fois disqualifier les organisations syndicales de producteurs sans dénoncer les monopoles et en même temps considérer comme individus équivalents ces monopoles et les membres individuels de la société ? Le marché est pensé dans sa structure formelle et ses mécanismes formels, abstraction faite de sa structure historique concrète. Ainsi est introduite une distorsion qui rend impensables les contradictions nées de ce mécanisme.

b) Deuxième postulat : ces joueurs équivalents sont susceptibles à n'importe quel moment, de n'importe quelle partie, d'inverser par leurs aptitudes et informations la situation qui leur est faite. Les gagnants s'exposent au risque de devenir des perdants et les perdants ont toujours une chance de devenir des gagnants. « Un jeu pratiqué selon des règles ne peut jamais traiter justement les joueurs. »[18]

Formule littéralement renversante en ce que tout jeu est juste selon ses propres règles et peut donner de nouvelles chances à chacun lors de la partie successive. La vie sociale n'est pas un jeu en ce que l'on ne peut en segmenter les parties. La grande société obéit à la règle de la cumulativité des gains et des pertes. Le marché produit des perdants et des gagnants structurels. Hayek reconnaît contradictoirement cette contrainte lorsqu'il propose de donner aux vaincus, chômeurs, pauvres, aux exclus de la société à n vitesses un revenu minimum garanti, celui-là même que les socio-libéraux s'imaginent avoir inventé et qu'ils créditent de vertus imaginaires.

Si l'État libériste s'interdit d'intervenir pour corriger l'ordre spontané du marché, s'il doit respecter le mécanisme selon lequel se produit « l'accroissement des chances pour tous les participants de satisfaire leurs besoins », il doit néanmoins « assurer à tous une protection contre le dénuement extrême sous la forme d'un revenu minimum garanti, au niveau

---

17. F.A. Hayek, *Droit, législation, liberté, op. cit.*, vol. *3*, p. 111.
18. F.A. Hayek, *Droit, législation, liberté, op. cit.*, vol. *3*, p. 169.

de ressources au-dessous duquel personne ne peut tomber »[19]. Ce revenu n'a pas pour fonction de permettre à ses destinataires de reprendre la partie interrompue, il est une mesure de charité destinée à préserver la paix sociale, analogue aux «*workhouses*» de l'Angleterre de la révolution industrielle. Il officialise une expulsion hors du marché. Hayek n'entretient aucune équivoque et se défend de contribuer à la justice sociale. Il précise : «Un tel minimum de ressources doit être fourni hors marché à tous ceux qui pour une raison quelconque sont incapables de gagner sur le marché de quoi subsister.» Le revenu minimum garanti du néolibéralisme est une indemnité de mise au rebut de la partie de l'humanité expulsée du marché.

Autant dire que l'humanité néolibérale se réduit à la seule partie de l'humanité active sur le marché. Une fois encore le concept universel d'homme est brisé puisqu'est ainsi consacrée la division du genre. Le perdant déqualifié et affamé est la figure moderne du mineur, de l'étranger non résident. L'homme est toujours le propriétaire, et le propriétaire éminent celui qui l'emporte dans la compétition. Aumône et police renouent leur séculaire et indécent concubinage. Rien de nouveau sous le soleil du dieu argent.

9

Il n'est pas étonnant alors que le dernier mot du néolibéralisme soit dit dans le registre de la sociobiologie et du darwinisme social le plus agressif. L'État libéral se révèle être un État d'exception qui sanctionne la domination des forces capitalistes toujours secrètement impérialistes. A la limite l'humanité se concentre dans les seules classes, nations, peuples, capables de dominer le marché et d'y gagner. Les peuples du Tiers monde et leurs millions de misérables sont comme les perdants des métropoles du centre de l'économie-monde responsables de leur mise hors jeu et hors marché. Pour eux, il n'est même pas question d'envisager un revenu minimum garanti internationalement. L'assistance à ce niveau mondial serait trop dangereuse pour la *taxis* de la grande société. Il vaut mieux compter sur le dressage par le marché lui-même, c'est-à-dire sur la famine et la sélection naturelle par la faim et la mortalité infantile. Malthus est de retour. «Contre la surpopulation, il n'y a qu'un frein, que se maintiennent et s'accroissent seulement les peuples qui sont capables de se nourrir seuls »[20].

Il faut être reconnaissant à Hayek de son extraordinaire cohérence et de son franc cynisme, il nous permet de mieux comprendre la réalité d'un libéralisme qui, parvenu au stade de l'économie-monde, se dépouille de son

---

19. F.A. HAYEK, *Droit, législation, liberté, op. cit., vol. 3*, pp. 169-70. Mais il faut ajouter immédiatement : «Personne n'a rien à réclamer du pouvoir — pas plus le riche que le pauvre — au-delà de la protection assurée contre toute violence d'autrui et de l'assurance d'un certain plancher minimum si les choses vont tout à fait très mal.»
20. F.A. HAYEK, Déclaration faite à la *Wirstschaftwoche* du 06.03.1981.

âme libérale, celle qui lui avait jadis permis de mener le combat pour la liberté de penser, de croire, de s'associer volontairement, et montre le visage sans fard du libérisme. Libérisme qui, pour le peuple vaincu du centre capitaliste, n'est pas seulement celui du revenu minimum, mais celui de la diminution drastique de souveraineté : Hayek nie concrètement l'universalité du concept d'homme en niant simultanément l'universalité du concept de citoyen. Le meilleur moyen pour l'État néolibéral d'assurer le bon fonctionnement du marché est en définitive de limiter radicalement la souveraineté populaire en confiant le pouvoir législatif à une assemblée élue pour quinze ans et ouverte aux seuls citoyens âgés de quarante-cinq ans. L'humanité politiquement active se réduit à une élite fortunée et gérontocratique, immunisée de la contestation populaire[21].

10

Quelle issue face à cette guerre théorique de mouvement qui a emporté les convictions socialistes et qui a bénéficié de la trop longue incapacité du communisme historique à inventer les formes d'un communisme démocratique ? Ou plutôt quelle voie immédiate pour éviter le pire qui peut être sûr ? Certains esprits envisagent de recourir à une transformation du marché politique moderne qui accompagne le marché économique en lieu d'un nouveau contrat. Les critiques justifiées de Hegel et Marx à l'individualisme méthodologico-théorique n'excluent pas en principe la prise en compte de l'individualisme pratique, éthico-politique. Pourquoi le marché politique ne pourrait-il pas avoir pour objet le marché économique auquel il était jusqu'ici structurellement subordonné ? L'individualisme pratique se résume dans la thèse selon laquelle la source de tout pouvoir réside dans les individus librement associés en tant qu'individus. Chacun doit pouvoir compter pour un.

Rien ne semble pouvoir empêcher le contractualisme politique usé jusqu'ici comme fondement de la souveraineté politique d'être utilisé comme moyen de définir de manière permanente les tâches de l'État et de réintervenir sur les règles du marché économique. Le contrat du marché économique comme le contrat de souveraineté politique sont une forme typique d'accord bilatéral entre deux parties formellement égales. Le nouveau contrat du marché politique serait un accord multilatéral, un acte collectif où se forme et re, réforme l'accord de tous ceux qui sont des sujets-citoyens. Il n'y a en effet rien d'absurde à hériter de l'idée d'une refondation des rapports entre les pouvoirs pluriels, diffus et partiels pour parvenir à un accord, un pacte global et non partiel redéfinissant les organes de décision et même les mécanismes de la production. La clause d'une redistribution permanente de la richesse peut être incluse dans ce pacte pour réellement

---

21. F.A. Hayek, *Droit, législation, liberté, op. cit.*, vol. 3, p. 134.

corriger les inégalités produites par le marché économique, comme à plus long terme peut être incluse la clause d'une révision des mécanismes de l'accumulation. La contractualisation pourrait avoir pour objet un nouveau principe de justice sociale comme le propose le théoricien américain John Rawls. A l'horizon se profilerait la perspective de réunir le meilleur de la tradition du libéralisme et de la tradition socialiste.[22]

Une telle hypothèse ne peut pas être *a priori* écartée surtout dans une période de misère théorique. L'échec définitif du marxisme-léninisme, l'affirmation par Gorbatchev de la nécessité de construire un État socialiste de droit sont autant de symptômes indiquant l'urgence d'une réflexion fondamentale. Cette hypothèse doit faire une double preuve toutefois. Tout d'abord elle doit affronter le test de la capacité du marché politique à redéfinir les mécanismes de production qui définissent la forme actuelle du marché économique au lieu de se soumettre à ses instances qui reposent toujours sur la soumission réelle du travail sous le capital. Ensuite elle ne doit pas interdire *a priori* la possibilité de réformer le marché politique lui-même et donc se prémunir de toute fétichisation des règles du jeu politique. Le socialisme libéral ne peut être quitte avec le meilleur de la tradition communiste, celle qui cherche une nouvelle forme d'unité entre économie et politique et ouvre la perspective d'une appropriation sociale de la politique et de l'économie. De ce point de vue les suggestions d'Antonio Gramsci ne sont pas obsolètes. Laissons-lui le soin de conclure provisoirement notre réflexion. «La problématique du mouvement pour le libre échange se base sur une erreur théorique dont il n'est pas difficile d'identifier l'origine pratique: sur la distinction entre société politique et société civile, qui de distinction méthodique devient organique et est présentée comme telle. On affirme ainsi que l'activité économique est propre à la société civile et que l'État ne doit pas intervenir dans sa réglementation. Mais comme dans la réalité effective société civile et État s'identifient, il faut établir que le libérisme est «une réglementation» de caractère étatique, introduit et maintenu par la voie législative et coercitive: c'est un fait de volonté consciente de ses fins et non pas l'expression spontanée du fait économique». Le risque du socialisme libéral est de demeurer subalterne au libérisme et de sacrifier à la théorie des deux marchés la possibilité de construire une autre configuration des rapports entre société civile et société politique, c'est-à-dire de renoncer à l'hégémonie des masses subalternes comme alternative[23].

---

22. C'est la suggestion faite par N. Bobbio dans *Il futuro della democrazia, op. cit.*, pp. 145 sq. et dans un autre sens par Jacques Bidet, «La forme contrat, du libéralisme au socialisme», in *Actuel Marx*, n° 5, *op. cit.*, pp. 107-127.
La discussion devrait avoir pour objet le livre de John Rawls, *Théorie de la justice*, trad. franç. Éditions du Seuil, Paris, 1987.
23. A. Gramsci, *Quaderni del carcere*, Edizione V. Gerratana, Einaudi, Torino, 1974, Q. 13, p. 1590.

L'ÉCONOMIE PUBLIQUE FONDÉE SUR LA LIBERTÉ

par Serge-Christophe Kolm

> *Mon cher Hayek,*
> *... Vous admettez ici et là que la question est de savoir où tracer la ligne. Vous êtes d'accord sur le fait que la ligne doit être tracée quelque part, et que l'extrême logique n'est pas possible. Mais vous ne nous donnez aucune sorte d'indication sur l'endroit où la tracer. Ce qui revient à se dérober à la question pratique...*
> *Vôtre, Keynes*[1].

I. La nécessité de reconsidérer l'éthique de l'économie politique

1. L'éthique économique

Les impôts, les dépenses publiques et les réglementations publiques rendent effectifs ou définissent des droits et influencent le bien-être, et ils sont choisis en application de certaines idées concernant ces objectifs, et la justice. Par conséquent, la question de ce qu'ils doivent être est essentiellement un exercice d'éthique appliquée. Les possibilités économiques pour la société et la vie politique d'une part, et la praticabilité des diverses options de l'autre créent des contraintes dans le choix et les moyens pratiques de la réalisation. L'expertise économique dans ce domaine doit être basée sur la théorie éthique, de même que sur l'économie politique au *sens strict* et sur la connaissance des possibilités politiques et administratives.

Quoi qu'il en soit, jusqu'à une période récente, l'éthique en économie

---

[1]. Lettre datée de juin 1944, à propos du livre de Hayek, *Le chemin de la servitude*.

politique de même qu'en philosophie sociale et politique, était globalement inadéquate pour guider ce choix, pour différentes raisons. Cet article présente le principe de la solution qui a été proposée sous le nom de « Contrat Social Libéral » et il souligne les conséquences de son application dans le choix du système de revenu public. Bien que la plupart des normes morales aient eu quelque influence sur des actions publiques, trois familles de critères moraux ont eu une importance particulière dans la conception des systèmes fiscaux et régulatoires: ceux basés respectivement sur la liberté et les droits[2], sur l'égalité et l'équité, et sur l'utilité, le bien-être ou le bonheur. Chacune de ces catégories a plusieurs variantes, et les trois ont, entre elles, un réseau compliqué de relations de divers types, dont la présentation dépasserait l'objet du présent essai. Nous étudierons ci-dessous le bien-être et nous aborderons brièvement, dans la dernière partie, les doctrines égalitaires.

A ce jour, la morale des analyses économiques est essentiellement « welfariste » (c'est-à-dire basée sur des concepts de bien-être), bien que quelques économistes socialement et politiquement influents défendent fermement une position libérale (c'est-à-dire basée sur des concepts de liberté). Cette partie montrera que la première thèse ne peut être soutenue, tandis que les applications actuellement admises de la seconde sont inacceptables ou incohérentes.

Le lecteur économiste doit être averti (et, je le propose, devrait accepter) que, bien que le sujet de cet article soit économique (impôts, dépenses publiques, etc.), la méthode d'analyse est philosophique, du moins initialement. Ceci est inévitable si nous voulons ne pas retomber dans les erreurs d'éthique qui ont gâché l'économie politique et qui ont entravé de façon substantielle son applicabilité pratique, comme il est, me semble-t-il, prouvé dans les pages suivantes[3].

2. Les sophismes et l'impossibilité du « Welfarisme »

Le « Welfarisme » est une famille de concepts éthiques basés sur le bien-être individuel. Comme le rappellera leur brève évocation, ces

---

2. Dans cet essai, nous utilisons le terme de liberté dans son sens le plus commun, c'est-à-dire « liberté négative », ainsi nommée par les philosophes, en excluant à la fois la « liberté positive » dans le sens habituel de restriction de la même liberté chez une autre personne (les transferts obligatoires justifiés par la liberté seront étudiés en détail), et la « liberté spirituelle » du choix des propres désirs et de l'état d'esprit de chacun.

3. Attendu que les outils conceptuels développés par l'économie politique pour analyser les problèmes économiques ont été appliqués à un certain nombre d'autres domaines (politique, moral, etc.), il est maintenant urgent d'apporter une réciprocité en appliquant aux questions économiques des méthodes de pensée et des concepts utilisés par ailleurs (en philosophie, psychologie, sociologie, etc. Seules les mathématiques ont jusqu'à présent été exploitées de façon efficace par les économistes). Toutes les questions importantes de l'économie politique mettent en évidence des illustrations de cette assertion. Nous espérons que cet article en fournira un exemple en prouvant qu'il est indispensable de raisonner sur le mode de la philosophie sociale en économie politique normative et publique.

concepts sont plus ou moins théoriques, ou simplifiés pour leur application pratique, et plus ou moins complets ou partiels dans plusieurs aspects différents. Ils sont tous affligés de certains des cinq défauts qui suivent, et d'un sixième, commun à tous, que nous mentionnerons plus tard :

(1) L'allocation que le critère attribue à une personne dépend des caractéristiques des préférences d'autres personnes d'une manière qui est insidieuse et est de fait rejetée par chacun;

(2) le traitement des opinions des individus sur l'éthique sociale est incohérent;

(3) une insistance hors de propos sur la recherche d'un outil pour un choix plus puissant que nécessaire est interprétée comme une contradiction entre les différentes propriétés positives du choix (l'exemple le plus célèbre est la « fonction de bien-être social » à la lumière de la théorie du « choix social » — cf. ci-après);

(4) la solution n'a pas l'unicité requise pour des applications pratiques;

(5) les préférences individuelles sont violées (ne sont pas respectées) au sens communément reçu dans ces discussions.

(i) La maximisation d'une fonction de bien-être social, qui est une fonction croissante des fonctions d'utilités individuelles $W(u^1, u^2,..., u^n)$, manifeste les trois premiers défauts[4], ce qui la rend inacceptable dans les domaines social, moral et logique[5]. Elle fait dépendre l'allocation « optimale » attribuée à un individu de nombreux aspects des préférences des autres, dont on pense généralement qu'ils ne devraient pas avoir cet effet.

Les gens ne sont pas d'accord sur le fait que ce qui est alloué à une personne (à eux en particulier) doit dépendre ainsi des goûts (et d'autres caractéristiques personnelles) des autres, c'est-à-dire, des expériences passées des autres personnes, d'une éducation spécifique, de la perméabilité à l'imitation ou à la mode, de l'imprégnation passée de la publicité, des hasards de la vie, du manque de volonté et de diverses

---

4. Il n'est d'aucune importance que le terme de « fonction de bien-être social » soit ou non appliqué à la fonction de l'état social et soit ou non fonction des utilités individuelles, qu'il soit en outre admis ou non qu'il renvoie à la forme mentionnée, et aussi que tout ceci soit ou non exprimé sous forme d'ordres.

5. Pour une analyse plus détaillée, voir Kolm, 1980 (ainsi que 1984a, 1986a). Un certain nombre de remarques préliminaires sont également utiles, notamment celles de Bergson (1966, compilation d'articles déjà publiés), Arrow, Brandt, Samuelson, Ladd, Walsh (in Hook, 1967), ou dans les critiques philosophiques classiques de l'utilitarisme anciennes ou modernes, trop nombreuses pour être énumérées ici, mais dont on trouve un brillant exemple dans Rawls (1971 et 1982) (Cf. le débat dans *C.S.L.*, chap. 26, 27, 28).

idiosyncrasies[6]. Les préférences des autres sont considérées comme pertinentes en ce qui concerne ce qu'une personne reçoit de façon justifiée seulement dans deux cas: premièrement, quand ils agissent par transferts volontaires, soit par les demandes et les offres qu'ils induisent, soit par leur incitation à donner, deuxièmement, quand ces préférences décrivent une misère profonde ou des besoins de base ou bien encore d'autres situations quasi pathologiques (ces cas incitent également à donner). Or, et précisément à cause des fonctions de bien-être social de ce type de « respect des préférences » de tous les individus, chacune des caractéristiques des goûts des individus ne peut manquer d'influencer l'allocation « optimale » attribuée aux autres. Par ailleurs, en éthique sociale, les opinions des individus ne peuvent pas en général être séparées des autres aspects de leurs préférences, et par conséquent elles doivent être également décrites par le u^i's, mais elles pèsent sur (ou sont influencées par[7]) la fonction de bien-être social et la manière dont elle est dérivée de l'ensemble des préférences des individus, et elles sont influencées par (ou pèsent sur) les préférences des autres; c'est-à-dire une structure qui contredit celle supposée. Finalement, la question de la définition de l'optimum qui est posée est *de choisir une alternative parmi l'ensemble d'alternatives possibles*, ce n'est pas de pouvoir classer toutes les alternatives ou même toutes les alternatives possibles, ni même de pouvoir dire laquelle est la meilleure parmi toutes les paires d'alternatives possibles; et, depuis qu'il n'y a plus qu'un seul monde, cet ensemble d'alternatives possibles *est donné*, il n'y en a pas plusieurs pour cette question; de même, si les préférences des individus sont utilisées comme un élément pour aider à faire ce choix, elles sont *données*, il n'y a pas plusieurs « profils de préférences »[8]; par

---

6. Par exemple, cette éthique alloue moins à quelqu'un du fait de quelques particularités psychiques d'autres individus qui sont jugées non pertinentes à cet égard: en fonction de cela, il se peut qu'une personne reçoive plus aux dépens des autres s'il est cupide, s'il consomme beaucoup, s'il se laisse aller à des dépenses onéreuses, si son enfance gâtée lui a donné de mauvaises mais de coûteuses habitudes, etc. Aujourd'hui, les gens ne ressentent pas cela comme étant juste, ils ne comprennent pas que ce qu'une personne reçoit doit tellement dépendre des goûts des autres (ou, à cet égard, des capacités et quelque don naturel). Ils pensent qu'il est injuste de faire payer quelqu'un de cette façon pour les goûts des autres parce qu'il n'est pas responsable de ces goûts, ni de l'histoire passée de leurs possesseurs, ni de leur chance ou de leur malchance. Ils jugent également que les individus sont au moins en partie responsables de leurs propres goûts (et aussi des aspects de leurs capacités à gagner de l'argent qui dépendent de leur volonté). Les transferts ne sont pas considérés comme porteurs de la même obligation morale quand ils satisfont des besoins profonds ou bien des goûts de luxe. Aucune préférence ne peut *légitimement* être prise en considération pour définir l'optimum, et même si certains éléments de sa structure peuvent l'être, celle-ci dans son ensemble ne le peut pas.

7. Le paradoxe du « dictateur démocrate » en est un exemple, qui veut ce que requiert la juste fonction de bien-être social parce qu'il est un démocrate, et est aussi techniquement un « dictateur » (Kolm, 1980, 1984a, 1986a). Mais qui définit les « bonnes propriétés » d'une fonction de bien-être social (notamment, comme fonction du choix d'ordre des individus)?

8. Les préférences présentes (et passées) sont données. Les préférences futures peuvent être affectées par divers moyens, et une éthique « welfariste » peut soutenir qu'elles peuvent être affectées autant que le justifient les coûts de l'éducation, de la propagande, de la limitation et de l'orientation de la publicité, etc., dans le but d'améliorer des « bien-être » subjectifs. Ce qui est donné dans notre argument est le moyen par lequel les préférences dépendent de ces actions pour être déterminées.

conséquent, la question classique du « choix social » pour régir tous les états (ou même un sous-ensemble d'entre eux) ou pour être capable de définir l'Optimum parmi l'ensemble hypothétique complet des alternatives possibles (ou même parmi plusieurs de ces ensembles), et pour tous ces ensembles imaginables de préférences individuelles (ou seulement plusieurs d'entre eux), cette question n'est pas nécessaire pour répondre à la vraie question bien qu'elle serait suffisante, et ce que prouve une réponse d'« impossibilité » est que la « fonction de bien-être social » est une mauvaise approche de la définition de l'optimum[9]. La question de la bonne configuration d'un outil qui est erronée pour plusieurs raisons (chacune suffisante) n'a aucun sens et donc aucune réponse et aucune pertinence[10].

(ii) L'optimalité de Pareto ne donnant généralement pas une solution unique ainsi qu'il est requis pour une décision, le problème de la distribution reste irrésolu. C'est pourquoi les avis des économistes sur « l'efficacité » sont si souvent écartés par les hommes pratiques qui devraient les appliquer (et qui généralement pensent en termes de droits). Et l'ensemble des allocations attribuées à une personne dans tous les états optimaux de Pareto dépend également des préférences des autres dans un sens qui le rend soumis aux objections correspondantes qui viennent d'être présentées. Ce n'est que quand le libre-échange légitime sans coûts de transaction, d'information, de contrainte, etc., aboutit à l'optimalité de Pareto que cette propriété peut être justifiée par la théorie présentée ci-dessous[11].

(iii) Des objectifs plus « pratiques », qu'il s'agisse de promouvoir des excédents plus importants ou le P.N.B. ou la croissance ou une certaine qualité d'environnement sont *a priori* insatisfaisants dans leur traitement improvisé des préférences individuelles comme de l'aspect distributionnel.

(iv) D'autres idées appartenant à la famille « welfariste » présentent certains de ces défauts. Par exemple, la non-envie ou la non-jalousie fait dépendre l'allocation d'une personne des préférences des autres[12] et ne définit pas uniquement le résultat. Plusieurs schémas de « compensation » pratiques, soit fictifs soit réels, ne donnent aucune indication sur la manière d'allouer l'excédent au-delà des strictes compensations et ils sont souvent

---

9. La généralisation comme méthode en éthique est non seulement acceptable mais même nécessairement toujours présente pour qu'un problème éthique existe (c'est dans la nature d'une loi, d'une « maxime » ou d'un principe). Mais toute généralisation n'est pas juste.

10. Bien sûr, une fois que l'optimum a été défini d'une autre façon, il existe toujours des fonctions qui prennent leur maximum pour cet état, mais elles ne sont que trivialement des fonctions de bien-être social sans importance, et elles peuvent même ne pas avoir la structure appropriée.

11. Le fait que Pareto propose ensemble « l'optimalité de Pareto » pour des raisons « welfaristes » et les fonctions de bien-être social du « type Bergson » (les utilités comme fonctions des ophélimités) et du « type Arrow », est donc un autre exemple de sa célèbre propension à faire des erreurs au niveau éthique (voir son « élitisme » et sa relation au fascisme).

12. Et même, si c'est réellement le cas, de l'envie immorale ou de la jalousie ou de la convoitise.

faibles en ce qui concerne le traitement complet des préférences et de l'équilibre général. Plusieurs schémas de compensation manquent de justifications quant à la définition, à la cause, au moyen et au montant de cette compensation (et quand ils spécifient ce qu'ils compensent, soit ils ne tiennent aucun compte des préférences individuelles, soit ils les font influencer les allocations d'autres personnes).

Dans le cadre «welfariste», les défauts 1 et 5 sont tels que quand l'un est résolu, l'autre surgit. Un tel dilemme n'existe pas dans l'éthique libérale proposée ci-dessous. Outre ces cinq défauts, tous les critères «welfaristes» en ont un sixième:

(6) Tandis que le «welfarisme» utilise souvent des éléments non-appropriés (ou en fait une utilisation hors de propos), comme nous l'avons vu, il oublie toujours, par ailleurs, certains facteurs que tout le monde considère comme pertinents, comme par exemple des droits de types divers. Ce que les droits doivent contenir ne peut être déduit des goûts pour les droits (ce qui nous renvoie au sophisme «welfariste»), mais doit être inféré des raisons pour les droits. En particulier, le «welfarisme» oublie que le sentiment le plus répandu sur l'éthique sociale n'est pas «cela doit devenir mien parce que j'en ai besoin ou parce que vous en avez déjà tant», mais, au contraire, «cela est à moi parce que je l'ai acheté avec de l'argent légitimement gagné par mon travail ou parce que l'on me l'a donné». En d'autres termes, cela est basé sur la liberté de garder, d'utiliser sa propre force de travail, d'échanger, de donner ou de recevoir sans intervention: c'est le «libéralisme»[13].

3. *Les inconsistances des libéralismes primitifs*

Ce libéralisme est lui-même compris sous différents angles. Si l'économie politique «welfariste» a des problèmes conceptuels, un essai pour faire naître une conception juste du financement public et des actions publiques des conceptions libérales n'aurait pas, jusqu'à il y a peu, rencontré de moindres obstacles.

La théorie éthique dans son ensemble a souffert d'un défaut majeur qui a empêché son utilisation pour la détermination d'un financement public et des actions gouvernementales justes et correctes: le plus commun des sentiments éthiques — la prévalence de la liberté — était conçu comme impliquant un «gouvernement minimal» réduit à la police (et à l'armée),

---

13. En dehors du «pur welfarisme» on peut en proposer d'autres, impurs, en combinant des critères de différentes natures. Mais alors, on doit justifier la combinaison spécifique choisie à partir de quelque critère plus ténébreux ou plus général, et tant que cela n'est pas fait, de telles solutions sont purement ad hoc, injustifiées et non fondées, c'est-à-dire que ces positions sont soumises exactement à la même critique que celle qui est dirigée contre les libéralismes mous dans le chapitre suivant. Le vrai libéralisme (incluant les Contrats Sociaux Libéraux) justifie, par ailleurs, différentes combinaisons si c'est ce que les gens veulent légitimement (voir ci-dessous).

c'est-à-dire (mise à part l'armée) pratiquement sans aucun budget public! Telle était, par exemple, l'idée développée de Locke jusqu'à Smith et Nozick. Il est peu probable que le fait de réduire le secteur public à une fraction infime limitée à la police soit une suggestion sérieuse. De plus, on montrera ci-après que c'est une déduction erronée. Cette erreur peut être considérée comme surprenante, puisque les hommes ont eu beaucoup de temps et de stimulant pour envisager les conséquences de ce principe moral qui a été important de tous temps et a occupé la scène principale de l'éthique sociale en Occident depuis deux siècles[14].

Bien sûr, des théoriciens du principe de liberté plus pratiques et plus raisonnables, comme, par exemple, Friedman et Hayek, reconnaissent une plus grande capacité d'action au gouvernement pour des raisons de biens publics, d'externalités, et de diminution de la pauvreté, le tout appliqué plus ou moins restrictivement. Quoi qu'il en soit, leur reconnaissance d'un champ d'action accru du gouvernement est sans aucune justification fondée, ils n'ont aucune théorie capable de soutenir cette amélioration[15].

Dans la logique de ces auteurs, il y a deux voies possibles pour faire entrer le gouvernement dans un système libéral basé sur la liberté. La première est de faire appel à un autre but, qui pourrait être seulement le

---

14. D'autres surprises existent dans la «sociologie de la science» de cette théorie éthique. Par exemple, la pensée socialiste construisait sa «théorie de l'exploitation» de base en opposition à ce libéralisme, mais elle la fondait sur le même droit de chacun aux fruits de son travail basé sur le même principe de liberté (la différence réside dans la façon de juger du marché pour la location de la force de travail). Une autre surprise est que cette théorie libérale socialement centrale n'a même jamais reçu les prémisses d'une présentation précise avant l'ouvrage de Robert Nozick, *Anarchie, État et Utopie*, publié en 1974. Même si ce livre manque beaucoup de précisions et, par-dessus tout, conclut que le principe de liberté implique «l'État minimum». *C.S.L.* présente les bases complètes et les plus fondamentales de cette éthique avant d'introduire l'étape manquante, suivante et finale, celle de la théorie libérale, les «contrats sociaux libéraux».

15. Ces deux économistes paradigmatiques sont tout à fait imprécis, ambigus, et ambivalents quant au champ exact laissé à l'action du gouvernement. Ils protestent fermement tous les deux contre l'intervention gouvernementale et puis ils admettent qu'elle est parfois nécessaire, sans spécifier exactement son ampleur ni son domaine et sans donner aucun principe qui en déterminerait le champ d'action. Hayek ne veut même pas que le gouvernement fournisse la monnaie, mais il pense que le gouvernement devrait gérer les grands travaux, les biens publics et les «effets de voisinage». Friedman préfère le contrôle privé des ressources naturelles, mais il préconise une mainmise ferme et solide sur la production de monnaie (même au point de rendre publique toute la monnaie — et donc la plupart des affaires bancaires commerciales — par une nécessité de réserve de 100 %); bien qu'il suggère que la redistribution soit laissée à la charité publique, il propose néanmoins un revenu minimum garanti, impliqué par l'impôt négatif sur le revenu; il préconise même une provision quantitative gouvernementale d'un bien de consommation spécifique, l'éducation, à travers un système de distribution de monnaie à usage spécifique qu'il appelle coupons (ceux-ci, proches des bons de type communiste, fournissent une allocation quantitative libre pour un type de consommation spécifique en fonction des besoins estimés par le gouvernement, quand il ne s'agit pas des besoins du gouvernement, et tout cela viole la liberté de chacun de choisir de dépenser son argent pour autre chose que l'éducation des rejetons de son voisin).

bien-être[16]. Mais cela est en contradiction avec la revendication énergique de ces auteurs qui font de la liberté, comme nous l'entendons ici, leur seul idéal. En outre, ils ne présentent aucun principe indiquant pourquoi, comment et jusqu'où le « welfare » devrait remplacer la liberté. En particulier, ils ne proposent aucune raison pour limiter son extension. Si une certaine redistribution est allouée pour des considérations de bien-être, pourquoi ne pas aller plus loin ? Une fois donné un champ d'action au welfare, pourquoi ne pas aller jusqu'au « Welfare State », que ces auteurs condamnent fermement ? Une telle éthique de la liberté, rehaussée de *welfare*, est *had hoc* et trahit les exigences de la liberté.

La seconde approche possible est de retenir comme seul critère la liberté, mais alors il n'y a aucun motif pour que le rôle du gouvernement s'étende au-delà des pouvoirs de police. Permettre une plus grande action gouvernementale est alors une proposition non fondée qui plane dans les airs. De la façon dont ces auteurs la présentent, elle trahit leur propre principe éthique et, bien plus, elle est illogique et irrationnelle. En outre, si l'on accepte un gouvernement sans dire pourquoi, on ne peut rationnellement s'opposer à l'extension indéfinie de son rôle.

Par conséquent, soit le système éthique de ces penseurs est incohérent ou inachevé, et il n'est pas ce qu'ils en disent, soit leurs conclusions pratiques sont injustifiées, non fondées, arbitraires, et violent manifestement leur principe moral. Soit l'éthique est *ad hoc* et trahit ses conclusions, soit les conclusions sont *ad hoc* et trahissent l'éthique. Dans tous les cas, ce n'est pas scientifique, c'est le contraire même des désirs généraux de ces auteurs.

A partir de la discussion ci-dessus, il est clair que les approches du secteur public fondées sur la prévalence de la liberté sont soit rationnelles et déraisonnables (« l'État minimum »), soit plus raisonnables mais irrationnelles et contradictoires. Une troisième position qui a été préconisée est celle du secteur public réduit à zéro (« libertarisme »). Elle n'est ni raisonnable, ni rationnelle[17]. Le but du présent essai est de remplir ce vide en tirant les implications logiques complètes du principe de liberté en ce qui concerne les actions du secteur public, avec une application spéciale au budget public et à l'imposition particulière. Le fait de reconsidérer la question montre que les dérivations premières du principe de liberté omettaient l'élément crucial que nous appelions le *Contrat Social Libéral* (C.S.L.). Le C.S.L. montre que la liberté suppose une contrainte publique,

---

16. Ces théoriciens dénient énergiquement toute valeur aux concepts de « justice sociale » ou « d'égalité » (bien que leurs pensées peuvent être considérées comme un concept particulier de la justice sociale et peuvent même être définies comme égalitaristes dans un certain sens, ainsi que les remarques du chapitre 5 le suggèrent).

17. Le profit privé qui régirait seul la police violerait les droits plus qu'il ne les protégerait. Les concurrents s'engageraient dans des guerres à travers des rackets de protection. Un groupe armé entièrement privé est un gang et non une force de police.

en particulier au niveau de l'imposition et d'autres actions publiques. Attendu que, pour le vieux libéralisme tronqué et incomplet, liberté signifiait liberté à l'égard du gouvernement, pour le libéralisme complet, contractualiste, elle signifie liberté grâce à l'action publique si nécessaire. Le C.S.L. mène à la théorie libérale complète de l'État et de l'action publique. De cela, nous pouvons tirer la structure et les différents niveaux du système fiscal que la liberté requiert: bien que les conclusions coïncident parfois avec les préceptes du budget public classique, comme le principe de l'impôt sur les bénéfices, le C.S.L. leur donne une entière justification et un sens précis, et il propose de nombreuses autres règles de budget et d'actions publiques. Le label « libéral » au sens de « basé sur la liberté », se réfère ici au sens donné en Europe continentale et autrefois en Amérique au niveau du principe moral de base, mais peut-être quelques lecteurs considéreront que les conclusions pratiques poussent son sens dans la direction qu'il a dans l'Amérique moderne.

Il faut également souligner que l'éthique exposée dans cet article ne décrit pas nécessairement les préférences éthiques de l'auteur (qui sont un sujet privé), et que cet article ne préconise aucune éthique puisque ce n'est ni un prêche, ni un sermon, ni un plaidoyer, mais une analyse (éthique et économique) dont le seul but est de dévoiler les implications logiques des concepts moraux considérés. En terminologie classique, cette étude est une méta-éthique appliquée (ou, comme diraient certains, une éthique par opposition à la morale)[18]. Mais c'est un exercice indispensable à tout jugement global d'une position morale. En particulier, personne ne peut adhérer au libéralisme ou le rejeter sans connaître le principe du C.S.L. et ses différentes conséquences (par exemple, en ce qui concerne la redistribution du revenu).

II. La théorie pleinement libérale

1. Les droits et la légitimité basés sur la liberté

Les prémisses de la théorie libérale sont classiques[19].
La liberté, en éthique sociale, prend la forme de droits. La propriété

---

18. Si cette position inspire un jugement éthique, c'est uniquement parce que la seule chose qui soit pire que de faire de l'éthique sans méta-éthique, c'est de faire de l'éthique sans le savoir (comme c'est le cas avec tant de «welfaristes» parétiens, c'est-à-dire, qui travaillent avec l'optimalité de Pareto). Et même cela est en fait un conseil de prudence et le signe d'une nécessité de rationalité. Le fait d'adopter ou de condamner une position morale spécifique ou générale sans une analyse suffisante et une compréhension claire de ses nécessités préalables, de ses sens et de ses vraies conséquences est manifestement une des principales causes des naufrages du genre humain.

19. Une présentation approximative de ces prémisses peut être trouvée chez Nozik, et une présentation précise et axiomatique dans le *C.S.L.*

d'un bien est un ensemble de droits quant à la jouissance de celui-ci. La liberté individuelle est le droit fondamental à disposer de soi, c'est la propriété de soi-même par chacun (ou, au moins, l'usufruit). A partir de cela, cette théorie éthique conclut au droit éthique de chacun au produit de son travail. Exproprier par la force une part des fruits du travail, c'est confisquer, aliéner et violer la liberté en volant le temps, l'énergie et les ressources humaines individuelles qui entrent dans sa production. Le concept de liberté personnelle implique également le droit d'une personne à abandonner un droit, à s'engager à ne pas user de ce droit dans le futur. Il implique également le droit de céder volontairement à une autre personne un droit détenu légitimement, ou de lui rendre un service. Cela implique aussi, bien sûr, le droit du bénéficiaire de recevoir le droit ou le service. De ces droits, il résulte le droit de libre-échange[20]. Un libre-échange peut être un accord volontaire entre un nombre de personnes supérieur à deux. Enfin, il faut définir des droits concernant les ressources naturelles; cette question sera discutée ci-dessous.

Nous utilisons l'adjectif «légitime» pour «libéralement légitime», c'est-à-dire légitime dans le sens défini par cette théorie. Par définition, l'ensemble légitime des droits à un moment donné est la transformation autonome de l'ensemble légitime des droits à l'instant d'avant. C'est-à-dire, c'est sa transformation par des actions humaines légitimes, ajoutées aux effets naturels de l'écoulement du temps, une action humaine légitime étant une action qui respecte tous les droits légitimes. En considérant l'écoulement du temps passé, nous avons donc défini théoriquement l'ensemble légitime (libéralement parlant) des droits à chaque instant. La légitimité présente est l'aboutissement du déroulement légitime de l'histoire. Les effets des actions passées illégitimes doivent être réparés ou compensés, et cela peut, de par soi, engendrer des actions publiques importantes dans le domaine de l'imposition, de la redistribution, de l'éducation, etc. Quoiqu'il en soit, des règlements de limitation dans le temps doivent exister (ils doivent être définis par un contrat général ou un Contrat Social Libéral — voir ci-après).

Maintenant, la théorie va franchir un nouveau pas, essentiel celui-là.

2. La définition et la structure du Contrat Social Libéral

En pratique, des accords volontaires légitimes peuvent ne pas se conclure à cause de difficultés bien connues, quoique souvent insaisissables.

---

20. C'est également une conséquence d'un principe de non-pertinence de la motivation pour juger les actions: si une personne peut transférer ou abandonner un droit, ou aider quelqu'un, elle peut en particulier le faire *parce que et si* l'autre remplit sa part respective de l'échange.

Les difficultés résultent des «coûts de transaction», des besoins informationnels de l'échange, des coûts de marchandage, des problèmes de transmission des demandes et des offres, de méconnaissance des autres parties, des difficultés de garantie de l'exécution des contrats et de leur rédaction explicite et détaillée, des problèmes concernant l'exclusion d'autres parties des bénéfices des biens publics et des externalités positives et la prévention des externalités négatives et enfin des questions liées aux relations entre des personnes qui ne sont pas contemporaines.

Cette longue liste de facteurs qui gênent la formation de contrats volontaires légitimes engendre un processus politique et une philosophie politique. Le processus politique est un processus social qui tente de réaliser ce que le libre-échange direct est incapable de faire[21]. La philosophie politique, ou l'éthique sociale, est le guide éthique de l'action gouvernementale, ce qui nous intéresse ici. La philosophie politique qui procède du principe de liberté se définit ainsi: *tout accord libre et légitime* qui aurait été ratifié doit être réalisé. C'est le devoir éthique des services publics, du secteur public, du gouvernement, de l'État. Un tel accord implicite est appelé un Contrat Social Libéral. *Le* Contrat Social Libéral est le nom donné à l'ensemble des contrats individuels et au principe lui-même. Ainsi donc, un Contrat Social Libéral (C.S.L.) est un accord légitime potentiel, putatif, implicite et tacite. Par définition, il respecte tous les droits légitimes, et l'action publique correspondante réalise un désir collectif, commun et unanime des participants potentiels (de plus amples précisions seront données plus loin). Sa réalisation permet aux participants potentiels de faire un tel usage de leurs propres capacités et de leurs droits légitimes, comme s'il s'agissait de supprimer une contrainte due à ce qui empêche l'existence d'un accord direct réel. Il est donc capacitant et permet d'accroître la liberté.

Cependant, la réalisation d'un C.S.L. passe par la contrainte et la coercition (par exemple, l'imposition, la régulation). Mais il légitime cette contrainte en faisant appel à la liberté d'échange des participants dans l'accord implicite. Le C.S.L. fait découler la coercition de la liberté, il légitimise la coercition publique par la liberté privée. Il contraint moralement le secteur public à contraindre physiquement les citoyens afin qu'ils fassent ce qu'ils veulent et peuvent faire librement, mais qu'ils ne feraient pas librement — chez Rousseau, le peuple doit être contraint à être libre. Ce paradoxe apparent n'est pas un mystère. Tout contrat peut être pensé comme étant constitué de deux parties: un accord volontaire, et sa réalisation par laquelle chaque partie est liée, obligée, contrainte d'accomplir sa part de ce qui est convenu. Mais, dans un C.S.L., et parce que c'est

---

21. En particulier, des personnes agissant en tant qu'intermédiaires ou entrepreneurs politiques peuvent procurer un profit à toutes les personnes concernées (y compris eux-mêmes).

un accord implicite, la part volontaire n'est pas explicitement évidente, et donc seule la part d'obligation et de contrainte apparaît en réalité. La coercition publique exécute cette contrainte, comme elle le fait pour des contrats privés. La coercition publique libéralement juste ne *protège* pas seulement la liberté, mais l'*accroît* et *rend effectifs* certains des choix libres, en contraignant non seulement les personnes qui interfèrent avec la liberté des autres, mais aussi parfois la personne qui fait le choix librement elle-même.

Dans cette théorie libérale, le secteur public, le gouvernement, n'a pas de droits, il a seulement des devoirs. Seules les personnes civiles ont des droits. Le devoir du gouvernement est de protéger les droits et de réparer les effets, et de réaliser le C.S.L. Dans cette fonction contractualiste, le gouvernement est un substitut de marché. Philosophiquement parlant, les C.S.L. sont des marchés nouménaux dont le phénomène est le gouvernement libéral[22].

Avant d'aborder les applications spécifiques du C.S.L., quelques remarques vont venir clarifier certaines questions importantes.

3. *La logique de la solution C.S.L.*

Le libre-échange ou l'accord volontaire se réalise entre un certain nombre de personnes, comme nous l'avons déjà dit, et concerne tous les aspects, du transfert ou de l'abandon de droits légitimement détenus

---

22. Certaines personnes — peut-être les théoriciens du « Choix Public » — peuvent suggérer que les membres du gouvernement ne sont pas guidés par le devoir éthique mais par leur propre intérêt personnel. La vérité dans ce cas est un peu plus subtile, les deux propositions ne sont pas contradictoires. L'intérêt d'un fonctionnaire, d'un politicien ou d'un homme d'État peut être de montrer qu'il agit dans le sens éthiquement juste. Ceci est spécialement vrai dans le cas de la réalisation du sentiment éthique le plus largement répandu et le plus fermement défendu dans nos sociétés: cela rapporterait des voix et donc l'approbation des supérieurs. Par ailleurs, les administrations et les hommes au pouvoir sont souvent avides d'informations sur ce qu'ils doivent faire. En fait, dans le domaine public ou étatique, personne ne peut se débarrasser de l'éthique, ne serait-ce que pour la raison logique que cette institution commande les forces armées — armée et police —: si les gouvernants n'étaient guidés que par des motivations purement non éthiques, les actions du gouvernement ne seraient qu'un énorme racket (cela arrive parfois dans certains endroits). En réalité, les philosophes du Choix Public font face à ce problème non pas en oubliant l'éthique, mais en l'incluant dans la Constitution, ce qui laisse complètement en suspens les questions sur qui choisit cette éthique et pourquoi, et pourquoi les gouvernements y demeurent fidèles, et sur ce qu'elle doit être (nous pouvons avoir une Constitution d'une ligne, astreignante pour les gouvernements, et ainsi rédigée: réalisez le Contrat Social Libéral). Finalement, personne ne peut dénier l'importance des normes éthiques dans le fonctionnement de la société. En particulier, la peur de la police ne peut être suffisante pour garantir à elle seule que le peuple va respecter la vie, les droits et la propriété des autres, et donc le fonctionnement d'un système de marché (et sans concepts de devoir, il devrait toujours y avoir, derrière chaque policier, un homme plus fort et mieux armé...). Et si le devoir de respecter les droits des autres quand l'intérêt pur d'une personne serait de les violer est essentiel au niveau du secteur privé, le devoir de les rendre effectifs — quand ce n'est pas contre son propre intérêt — peut certainement être une des motivations d'une partie du secteur public et politique.

jusqu'à l'accomplissement de services respectant les droits. Une propriété est un ensemble spécial de droits qui peuvent être transférés et l'argent est un bien particulier que chacun peut posséder et transférer. Les difficultés d'un accord libre, direct et explicite ont tendance à s'accroître rapidement en même temps que le nombre de participants.

Un échange ou un accord a un résultat *déterminé*. C'est ce qui définit, selon la théorie, le nouvel état de choses légitime. Afin d'atteindre ce résultat déterminé, les participants utilisent des moyens tels que l'information et les menaces (au moins celle de pas accepter l'accord), qui doivent être elles-mêmes légitimes[23].

L'accord volontaire se conclut entre un certain nombre de personnes, mais pas, en général, entre toutes les personnes. En raison de la définition de « libre » et de « volontaire », tous les « participants » veulent sa réalisation, c'est-à-dire qu'ils préfèrent unanimement l'accord à son absence. Au contraire, les « non-participants » à un accord particulier peuvent ne pas l'apprécier (ou bien l'apprécier ou être indifférents): tout ce que requiert la théorie libérale les concernant, pour que cet accord soit légitime, c'est que leurs droits légitimes ne soient pas violés. Quoi qu'il en soit, les personnes qui ne sont pas partie prenante dans cet accord mais qui sont concernées par son résultat aimeraient normalement l'influencer, en particulier ils aimeraient le faire dans un cadre légitime (de respect des droits) en offrant ou en acceptant de donner aux parties originaires du contrat quelque chose qu'elles accepteraient en échange pour modifier son résultat. Même quand cela est fait, ces nouvelles parties (« secondaires ») de l'accord global peuvent avoir préféré qu'il n'y ait pas d'accord du tout. Ce que les parties originaires (ou « primaires ») feraient d'elles-mêmes agit comme une menace sur les parties secondaires, leur conférant une crédibilité maximale. Ce nouvel accord, plus général, peut aussi concerner (positivement ou négativement) encore d'autres personnes qui ne seraient pas concernées par l'accord conclu seulement entre les parties primaires, et ces personnes acceptent ou veulent généralement offrir quelque chose pour modifier le résultat qui aurait résulté de l'accord entre les deux premiers groupes, un état de choses qui représente une menace de crédibilité maximale envers ces parties « tertiaires ». Et le processus peut se poursuivre de façon récurrente par l'addition successive de nouveaux groupes. Un C.S.L. qui devrait réaliser cet accord devrait considérer tous ces effets puisque l'ignorance des personnes et les coûts de transaction ne sont pas, *a priori* et par définition,

---

23. *C.S.L.*, chap. 6. Comme exemple des analyses complexes que requiert la question de la légitimité des messages, nous pouvons faire remarquer qu'une menace n'est pas légitime s'il s'agit d'une menace efficace d'accomplir un acte illégitime. « Efficace » signifie qui a un effet, ce qui implique une certaine crédibilité; la crédibilité exige que l'acte soit possible, et, si celui qui menace est rationnel, que l'exécution de la menace soit avantageuse pour lui à long terme. Un acte illégitime est un acte qui viole les droits légitimes.

des raisons valables pour s'abstenir de le faire. Mais, dans ce cas, il est utile de déterminer globalement l'équilibre résultant.

Cet équilibre ou solution qui définit un C.S.L. doit en particulier être caractérisé par le respect de la préférence des personnes pour celui-ci à son absence, par l'extension pertinente du concept de « noyau », et par l'optimalité de Pareto. La réalisation d'un C.S.L. est un ensemble de mesures, qui peuvent inclure des transferts financiers, tels que des impôts ou divers transferts compensatoires. Il existe un ensemble de personnes qui sont *concernées*, par l'intermédiaire d'une influence ou d'une chaîne d'influences, qu'elles soient directes ou plus ou moins indirectes, et quelle que soit la nature de ces influences (par exemple, des externalités ou des échanges ou des actions publiques légitimes). Le C.S.L. respecte tous les droits (libéralement) légitimes. Une situation où le C.S.L. serait absent est définie ; les droits légitimes y sont également respectés, mais pas les désirs d'actions légitimes qui engendrent ce C.S.L. ; ce n'est pas nécessairement le « statu quo » au sens d'état identique à celui qui existait dans la période précédente, puisque les effets de l'écoulement du temps interviennent (de même que les effets d'autres actions légitimes et les subrogations du C.S.L.). Ainsi donc, ce C.S.L. est nécessairement préféré à son absence par quelques personnes (au moins une), mais pas nécessairement par toutes les personnes (quoique celles qui préfèrent son absence voient leurs droits légitimes respectés). Les membres de cet accord implicite du C.S.L. sont *a priori* toutes les personnes concernées (*a priori*, si quelqu'un est concerné, il veut entrer dans l'accord de façon à marchander pour un meilleur résultat en offrant quelque chose aux autres).

Le résultat du C.S.L. doit être inclus dans le *noyau du C.S.L.*, c'est-à-dire qu'hypothétiquement, il ne doit pas être possible à une quelconque coalition de personnes concernées de quitter l'accord général et de réaliser quelque chose qui soit préféré au résultat du C.S.L. par tous ses membres (avec une indifférence possible pour certains, mais pas tous), étant donné que, premièrement le reste des personnes concernées réagit à cette absence d'accord général et à cette sécession de manière à ce que les conséquences de cette réaction affectent les sécessionistes, et deuxièmement, l'allocation « bloquante » dans la coalition bloquante ne doit pas être elle-même sous-bloquée par une sous-coalition viable interne (« viable » signifie qu'elle n'est pas elle-même sous-sous-bloquée de la même façon, etc.). La différence avec le concept habituel de noyau, c'est que ce dernier suppose qu'il n'y a aucune influence entre la coalition bloquante et les autres personnes, alors qu'il y a, dans les applications les plus importantes, de telles influences, de part et d'autre, dues aux échanges et aux marchés, à d'autres sortes d'externalités, aux véritables biens publics, au système légal et politique, etc., et à toute une série d'effets semblables. Quand les non-sécessionistes réagissent, ils prennent en compte l'effet de leurs actions sur les sécessionistes, à la fois par intérêt direct et au regard de l'effet de menace sur des accords futurs. Puisqu'ils sont habituellement eux-mêmes touchés par les choix des sécessionistes (hormis même le fait de faire sécession), un jeu coopératif se développe entre les sécessionistes et le reste des personnes. Nous analysons ces questions en détail dans d'autres travaux[24]. En conclusion générale, il ressort que, avec l'ensemble cohérent des concepts, le sous-blocage reste non-pertinent pour définir le noyau, même avec ces interdépendances. Une conséquence de ce fait est que, en considérant la coalition constituée par toutes les personnes concernées, les résultats du noyau ne sont pas empêchés de devenir des optimum de Pareto par le sous-blocage des «allocations» qui sont Pareto-préférées aux non sous-bloquées[25]. Par ailleurs, on peut dire que la «rationalité individuelle» existe dans le sens où la situation d'un individu ne serait pas pire que s'il constituait une coalition d'une personne, étant donnée la réaction des autres, mais cela n'est pas garanti dans la mesure où cette personne préfère l'accord à son absence (et aux réactions spécifiques des autres face à son refus).

Nous rappelons que, parmi les contraintes hypothétiquement omises de façon à éfinir le C.S.L., se trouvent les coûts et les obstacles à l'obtention de bénéfices des biens publics ou des externalités positives, ou à la possibilité de créer des déséconomies externes. Dans un autre ouvrage, nous étudions en plus les effets à travers le système de marché[26]. Il faut noter également que, dans le cas général, les personnes non concernées par le C.S.L. peuvent l'être par les effets des scissions et des coalitions hypothétiquement étudiées. (Par exemple de tels groupes peuvent avoir recours à eux pour les échanges.)

Nous voyons donc que la théorie du C.S.L. donne un sens éthique et une valeur aux propriétés de libre marchandage et de libre-échange qui, autrement, ne sont que descriptives. C'est par exemple, pour les raisons que nous venons de voir, le cas du noyau du C.S.L., qui se résume finalement à la notion classique du noyau (quand les coalitions sont indépendantes). Mais la théorie libérale s'intéresse essentiellement à la caractérisation complète du résultat, incluant son aspect distributionnel essentiel.

Les C.S.L. entrent dans le concept de processus légitime, qui donne la définition historique complète de la légitimité. Si certains n'ont pas été réalisés dans le passé et s'il n'y a pas prescription à cet égard, les effets de cette absence doivent être réparés ou compensés.

---

24. Voir Kolm, 1987 b, et les références données ici.
25. C'est une propriété essentielle dans le sens du «Théorème de Coase» (c'est-à-dire que le libre échange sans les coûts de transaction est optimal au sens de Pareto).
26. Kolm, 1987 b, et les références données ici.

4. La position scientifique, sociale et historique de la théorie du C.S.L.

Les analyses économiques, les analyses en termes de théorie des jeux, les analyses politiques et philosophiques contiennent une grande quantité de matériaux utiles à la détermination de ce qui doit être fait en pratique à partir des indications des C.S.L.[27]. Nous donnerons plus loin quelques exemples d'économie politique pour montrer comment la théorie du C.S.L. s'applique à l'imposition, aux dépenses publiques et à l'emprunt public. L'application de la théorie de marchandage dans la détermination de celle du C.S.L. est grandement facilitée par le fait que, selon la vraie définition de cette théorie libérale complète, il existe un point de départ légitime qui est l'état de la société antérieurement à cet accord, si cet état est libéralement correct; et le non-accord est une menace légitime[28]. L'information première sur les préférences procède de l'observation d'attitudes en y incluant des variables similaires (comme il est souvent fait dans de nombreuses études d'« analyses coût-bénéfice »); elle procède aussi d'enquêtes et de sondages et, également, ceci étant très important, de l'observation de ce que révèle le processus politique.

Le rôle du gouvernement, dans cette éthique, est de rendre effectif le C.S.L., d'exécuter ses exigences. Le gouvernement utilise la coercition et le blâme pour mener sa tâche à bien, et il y est contraint par le processus politique. Celui-ci agit à la fois par son influence directe et grâce à l'information qu'il révèle sur les préférences des citoyens. Ces effets permettent de montrer différents aspects de ce que doit être le processus politique, comme certains types d'élections, de référendums, de subrogations, etc. (constitution)[29]. Comme exemple, relevons simplement ici le plus simple de ces cas: un référendum spécifique sur une décision concernant un bien public est libéralement utile si la répartition de son financement est incluse dans la même décision et si une large majorité est requise, puisque, si ce test fait échouer la proposition, on est loin de la solution unanimement approuvée exigée par le C.S.L.[30].

---

27. *C.S.L.*, chap. 15, 16, 17, 18, 19. Donner des références complètes ici serait beaucoup trop long.

28. Les déterminations des C.S.L. nécessitent souvent de considérer le marchandage entre plus de deux personnes. Alors, les solutions classiques du marchandage entre deux personnes doivent être généralisées à n personnes. Ceci est très facile pour des solutions comme celles proposées par Nash ou utilisant des « points d'utopie » (« Raiffa continu », Kalai-Smorodinski, Kalai-Rosenthal), et un peu plus compliqué pour d'autres. L'influence du point de « statu quo » sur diverses solutions de marchandage (entre deux personnes) a été étudiée de façon systématique par H. Peters (1986).

29. *C.S.L.*, chap. 17.

30. La proposition de Wicksell, de choisir le budget public par un vote quasi unanime au parlement, est motivée par l'idéal de l'échange collectif libre et unanime, mais elle est libéralement inacceptable, premièrement parce qu'une exigence d'unanimité donne un droit de veto à chaque personne sur des dépenses ou des actions publiques spécifiques qui ne la concernent pas directement, et deuxièmement parce que ce choix concerne les représentants politiques plutôt que les citoyens eux-mêmes.

On demande souvent pourquoi le nom de Contrat Social Libéral est utilisé. Nous avons défini « libéral » (basé sur la liberté). Quant à « Contrat Social », ce nom a été utilisé de nombreuses fois, et celui-ci a quelque chose de commun avec les autres, mais présente également des différences substantielles. L'histoire de la philosophie politique nous permet de définir un Contrat Social comme une théorie en éthique sociale qui fait découler ce que le gouvernement doit être de la liberté des citoyens à travers des échanges implicites volontaires les impliquant. Le C.S.L. appartient à cette catégorie. Cependant, ce contrat n'existe ni entre des ancêtres mythiques comme c'est le cas dans de nombreux Contrats Sociaux du XVIe siècle au XVIIIe siècle, ni entre des spectres voilés indifférenciés comme chez Rawls : il se réalise entre des personnes réellement existantes[31] (mais il diffère aussi complètement de ces Contrats Sociaux à « acceptation tacite » qui, de Platon à James Buchanan, ont légitimé le gouvernement existant par le fait que les citoyens n'émigrent pas — l'argument du Criton — ou ne se rebellent pas). Pour cette raison, l'ancêtre du C.S.L. est le Contrat Social de Kant et même celui de Rousseau (mais il considère non une incertaine « volonté générale » mais des accords légitimes libres et unanimes, et il pense qu'aucun scrutin n'a de valeur éthique originale, etc.). D'autre part, chaque C.S.L. ne se conclut pas généralement entre tous les citoyens unanimes, mais seulement entre un sous-ensemble d'entre eux. En outre, la partie classique des Contrats Sociaux consacrée au « Pacte du Gouvernement » (entre la masse des citoyens et le gouvernement) n'est pas pertinente ici, puisque le C.S.L. instruit directement les représentants officiels et les fonctionnaires de ce qu'ils doivent faire[32].

La famille intellectuelle de la théorie libérale complète (« complète » signifie incluant le C.S.L.) est certainement évidente pour le lecteur. Cette théorie est la résultante de deux tendances chacune étant soumise à une transformation particulière. L'une est l'éthique libérale classique du libre-échange, prise dans sa version basée sur les droits plutôt que sur celle basée sur le bien-être, et par conséquent accentuant la dimension temps, et étendue aux accords entre un nombre n de personnes. La seconde est la théorie d'économie politique publique, où les « échecs de marché » sont étendus aux échecs de tout accord libre légitime et, plus important encore, deviennent un échec de la liberté plutôt qu'un échec de la maximisation du bien-être. John Locke en est un ancêtre puisqu'il établit un gouvernement

---

31. Des personnes existantes peuvent subir l'influence d'actes passés illégitimes, et elles peuvent même leur devoir leur existence. Ces actes peuvent cependant avoir été compensés, et ils peuvent ne pas être pertinents pour des raisons de prescriptions. Mais un statut de limitation doit probablement être étendu à tous ces effets, afin que ces actes puissent affecter la légitimité des droits, mais pas la légitimité de leurs détenteurs. Notons également ici que les personnes putativement contractantes peuvent ne pas vivre à la même époque, comme nous l'expliquerons dans le paragraphe III-11.

32. Pour une analyse analytique et comparative complète des Contrats Sociaux, voir *C.S.L.*, chap. 23.

par un Contrat Social entre des propriétaires légitimes, mais il manque le point crucial en restreignant son rôle à la protection de cette propriété. Il donne la priorité à l'économie sur la politique, mais n'envisage pas les échecs de marché. Un gouvernement de C.S.L. est aussi super-Hayekien, puisqu'il réalise ce que la « spontanéité » aurait dû réaliser si elle n'en avait pas été empêchée par quelques contraintes malencontreuses.

Finalement, nous remarquons que la question des prescriptions pour la réparation de violations de droits passées fait la différence entre les libéraux (qui, antérieurement au C.S.L., n'étaient que des défenseurs du libre-marché). Ils n'en font pas mention habituellement parce que les différentes écoles choisissent des solutions extrémistes qui évacuent le problème. Par exemple, pour Nozick, le délai de prescription est défini; alors que pour les libéraux qui veulent une réparation non officielle des illégitimités passées, il est égal à zéro. Bien que ce point de vue soit commun, il ne peut être poussé à l'extrême puisqu'il implique qu'il ne devrait y avoir aucune restitution de ce qui a été volé.

De toute évidence, la discussion précédente montre que le gouvernement libéral n'est pas ce qu'il passe pour être. La théorie libérale ne justifie pas nécessairement des croyances telles que le gouvernement zéro, l'imposition zéro, le gouvernement minimum, l'imposition minimum, la restriction à la police ou à l'armée, ou la simplicité du système d'imposition comme le critère exclusif; de plus, une progressivité lente de l'imposition ne peut pas être envisagée comme une caractéristique *a priori* mais devrait en définitive être prouvée.

III. Le système fiscal libéral; l'imposition optimale basée sur la liberté

A la fois comme exemple de ce que signifie la théorie du C.S.L., et pour l'intérêt du sujet lui-même, nous allons maintenant présenter les principes de l'application de cette éthique à la détermination du système fiscal. Nous étudierons dans cette partie les raisons libérales spécifiques de l'imposition et leurs conséquences et, dans la partie suivante, nous ferons une synthèse des résultats et de la théorie afin d'esquisser les caractéristiques générales du système fiscal libéral. Cette conclusion permettra de faire une comparaison de ce système avec les autres, qui peuvent être sans fondement mais influents. Ce faisant, nous examinerons également les dépenses et les emprunts publics, puisque c'est dans la nature même du système basé sur la liberté que les impôts ne puissent être déterminés indépendamment de l'utilisation de leur produit.

1. *Structure*

La théorie libérale implique que certaines sommes doivent être prélevées aux individus. Ce sont les impôts. Ceux-ci répondent à des raisons spécifiques qui appartiennent à un nombre limité de catégories. Il y a notamment les prélèvements pour les biens publics — parmi lesquels se trouvent les «dons collectifs» très importants qui seront définis et analysés par la suite —, les prélèvements pour les externalités et les «assurances implicites». Toutes ces catégories résultent des C.S.L. Au contraire, ce n'est pas le cas pour les compensations payées par les bénéficiaires actuels des actes illégitimes passés. Et il faut également examiner les cas d'impôts sur l'héritage et sur les ressources naturelles.

La présentation pratique des impôts aux contribuables et la structure financière du secteur public peuvent prendre un certain nombre de formes. Les impôts peuvent être soumis et collectés séparément, ou être plus ou moins regroupés (par exemple, les impôts de même base — comme le revenu — peuvent être simplement additionnés). Une caractéristique importante de ce système fiscal est que, puisque chaque élément de l'imposition est justifié par la dépense correspondante, on peut le présenter ainsi aux contribuables et il peut être désigné pour cet usage particulier dans l'utilisation financière ou institutionnelle du secteur public (par exemple, en rendant possibles des actions publiques autonomes)[33].

Certaines questions importantes peuvent être posées en ce qui concerne le système fiscal. Par exemple, qu'en-est-il finalement du problème de la progressivité? (Nous verrons que ce système présente de nombreuses raisons pour une certaine progressivité, contrairement au préjugé libéral courant.) De même, qu'en-est-il de la caractérisation conceptuelle? En particulier, à quels impôts correspondent les transferts de revenu obligatoires entre les citoyens? Devons-nous nous soucier des effets difficilement perceptibles de l'imposition — directe ou indirecte — sur son «incidence»? (La réponse est: beaucoup moins que dans les concepts «welfaristes»). Tous les impôts libéraux «distortionnels» créent-ils un «excédent de charge»? (Par nature et par définition, ils sont au contraire «correctifs» des distorsions dues à d'autres causes.) Quels impôts sont contractuels dans le sens où ils résultent d'un C.S.L. (implicite) et lesquels ne le sont pas?

---

33. Il existe de bonnes raisons à une présentation non agrégée du montant de l'impôt. En ce qui concerne les citoyens, cela en augmenterait la clarté et la compréhension, faciliterait le contrôle démocratique direct des actions du secteur public, et, de ce fait, encouragerait l'adhésion volontaire au système. Cela inciterait également le gouvernement à faire preuve d'honnêteté et aiderait à mettre en évidence les préférences des contribuables par l'intermédiaire de ses différents canaux (sondages, élections, référendums, actions civiques, etc.), etc. Et la caractérisation pratique de ces impôts quant à l'utilisation de leur produit en fonction de leur raison d'être peut aider à l'obtention de finances publiques claires et efficaces et d'un secteur public décentralisé de façon optimale.

2. L'imposition des bénéfices au niveau des biens publics

Quand des difficultés d'exclusion et d'accord collectif concourent à faire entrer la prestation d'un bien public dans le secteur public, la condition d'unanimité du C.S.L. exige que ce que chaque personne paie pour cela soit proportionné au bénéfice qu'elle en retire, tandis que la somme de tous les versements ne doit pas être inférieure aux coûts payés par les producteurs du bien. Plus exactement, le C.S.L. prend en compte hypothétiquement les difficultés d'exclusion des bénéfices d'un bien public ; si une personne essaie de se retirer de l'accord général pour ne contribuer en rien aux coûts (un « cavalier seul »), les autres ont intérêt à la menacer, de façon crédible, de l'exclure des bénéfices qu'ils retireraient de ce bien (ce noyau du C.S.L. est « individuellement rationnel » pour ces participants)[34]. Ainsi donc, l'ancien principe de « l'imposition du bénéfice » en finance publique, qui a d'abord été une proposition ad hoc à la recherche d'un fondement, se trouve ici, à l'intérieur d'une théorie d'ensemble articulée. En particulier, le « welfarisme », qui était l'éthique dominante en théorie précise de finance publique, ne pouvait trouver de raison à l'imposition du bénéfice (excepté peut-être dans l'efficacité des questions de révélation des préférences, ce qui est à la fois une raison faible et imprécise, et une raison basée sur la praticabilité plutôt que sur des idées morales, attendu que la proposition de ce principe est motivée par des sentiments sur la justice). Bien entendu, le bénéfice est en fait la limite maximum de l'impôt, et selon le principe du C.S.L., l'excédent produit par la création d'un bien public (les gains retirés de l'échange putatif) doit être alloué aux bénéficiaires et aux producteurs du bien et divisé entre eux[35].

3. Les dons collectifs

Les effets redistributifs des finances publiques et en particulier les transferts sociaux directs, sont un aspect essentiel des finances publiques modernes et une raison première de l'imposition. Les vues libérales considèrent que ces transferts doivent être essentiellement volontaires (excepté en ce qui concerne les réparations des effets passés et externes). Mais un don d'une personne à une autre personne, en dehors de la famille, reste obligatoirement très limité dans nos sociétés, principalement à cause d'un altruisme restreint. Quoi qu'il en soit, plusieurs personnes, toutes

---

34. L'on suppose que ce qu'un individu pourrait produire lui-même au niveau de ce bien est relativement trop faible pour donner un sens à une menace de cet individu d'exclure les autres des bénéfices de cette production s'ils en recevaient. La raison de la « rationalité individuelle » dans ce cas est que la pire des menaces réalisable par le reste des individus est uniquement l'exclusion du « sécessionniste » du bénéfice du bien public qu'ils produisent.

35. Voir annexe.

concernées par le bien-être d'une autre, peuvent conjuguer leurs efforts dans un « don collectif », dans lequel chacun ne contribue que pour une fraction. L'altruisme exigé est moins important et donc plus ordinaire. La situation du receveur et les dons sont des biens publics pour les donateurs[36].

L'exclusion du bénéfice de ce bien est impossible, puisque ce bénéfice est la connaissance de la situation du receveur, et sans cette connaissance, il n'y a aucune volonté de donner. Ainsi donc, le secteur public doit exécuter par la force les transferts exigés sauf s'il s'agit de dons collectifs spontanés — par conséquent de plusieurs donateurs —, ou de dons collectifs séquentiels aux résultats très imparfaits. Trois autres facteurs renforcent cette conclusion : les coûts de transaction sont élevés dans le cas d'un accord entre de nombreux codonateurs ; obtenir des informations sur qui a besoin d'être aidé peut être coûteux et un contrat privé pour « codonner » peut ne pas être exécutoire selon les lois actuelles (ni le receveur ni le codonateur ne peuvent se plaindre si le don n'est pas réalisé).

Des donateurs donnant aux mêmes personnes peuvent également être intéressés par leurs propres dons (et par ceux des autres) pour des raisons différentes (éthiques ou non-éthiques), par exemple les règles de donation, ostentation, éthique kantienne, l'idée d'en « faire sa part », ou l'assurance implicite étudiée plus loin. La structure est alors différente — dans un sens, il n'y a pas véritablement de don *collectif* —; la contrainte publique est également parfois indispensable (cette contrainte peut être nécessaire même si elle n'est pas efficace, quand l'empressement des individus à donner est encouragé par le don d'autres personnes ; une telle situation peut exister pour différentes raisons comme le sentiment d'équité, le don par imitation ou la valeur reconnue au don en général, etc.).

En somme, les situations sociales qui nécessiteraient un don collectif sont extrêmement importantes et omniprésentes. Le C.S.L. justifie donc que les individus soient obligés de donner, ce qu'ils voudraient faire et pourraient faire mais qu'ils ne feraient pas d'eux-mêmes. De plus, ils se plaignent d'être forcés et fraudent s'ils le peuvent. Il ne s'agit que de la logique habituelle des individus, amplifiée par le fait que l'acte de donner est par définition le moins contraint qui soit.

4. *Externalités*

Une externalité implique qu'un échange ou un accord souhaité par tous les participants n'aboutit pas (pour des raisons d'exclusion ou d'information). Si cet échange et ses conséquences ne violent aucun autre droit légitime, le C.S.L. exige qu'un service public accomplisse ce qui aurait dû être fait. Les versements en argent nécessités apparaissent comme des impôts.

---

36. Voir Kolm, 1966 et les analyses postérieures, 1984 et 1987c.

Ces versements sont des transferts et, donc, ces impôts sont désignés pour cela. Ils jouent un double rôle : ils rendent effectifs les droits, réparent les torts et rémunèrent les services, et ce sont des instruments contractuels (et contractualistes[37]) qui permettent de rendre efficace une situation qui autrement aurait été inefficace. Leur utilisation et leur fonction s'opposent à l'impôt « welfariste » qui « internalise » une externalité, puisque dans cette théorie, l'impôt (ou la subvention) ne s'applique qu'au créateur de l'externalité dans l'intention de l'amener à agir en accord avec l'optimalité de Pareto (efficacement), et l'usage de l'argent de cet impôt (ou l'origine des fonds utilisés pour subventionner) reste indéterminé à ce niveau. Cet impôt « welfariste » (ou subvention), visant exclusivement à assurer un niveau d'externalité *efficace* et exclusivement justifié par la difficulté de connaître les utilités et le montant des frais du créateur de l'externalité, s'oppose à la plupart des pratiques réelles où les contraintes régulatoires sur les quantités et les qualités essentiellement spécifiées par des considérations de droits sont l'outil-étalon appliqué aux externalités. La nouvelle théorie libérale définit des droits dans ces cas (qui souvent englobent l'allocation d'une ressource naturelle environnementale) d'un point de vue éthique, et fait en sorte que le C.S.L. impose une médiation publique afin de rendre effectifs les échanges qui autrement auraient été empêchés (avec l'efficacité conséquente). Ainsi donc, l'éthique libérale crée le cas optimal du traitement de l'impôt-subvention (avec compensation) des externalités et fournit la règle pour le caractériser.

Ces impôts-subventions-compensations concernent les créateurs et les receveurs de l'effet externe, qui peut être positif ou négatif, et leur fondement dépend de trois niveaux de l'effet : ce qui se produit (e signifiant « existe » ou « efficace »), ce qui se produirait sans intervention (s signifiant « spontané »), et la situation des droits (r signifiant soit le droit du créateur de créer cet effet, soit le droit du receveur d'exiger qu'il ait ce niveau). Puisque $e \geq s$ dans une externalité positive et que $e \leq s$ dans une externalité négative (mettant en évidence des menaces provisoires), il existe six sortes de situations. Dans le cas d'une externalité positive, si $s < e < r$, le créateur paie sur la base de r-e ; si $s < r < e$, le receveur paie sur la base de e-r ; si $r < s < e$, le receveur paie au moins e-s et au plus e-r (menace légitime) en fonction du marché. Dans le cas d'une externalité négative, si $r < e < s$, le créateur paie sur la base de e-r ; si $e < r < s$, le receveur paie sur la base de r-e ; et si $e < s < r$, le receveur paie au moins s-e et au plus r-e (menace légitime) en fonction du marché. Dans chaque cas, l'impôt est un impôt de bénéfice parce que son niveau se situe entre les coûts et les valeurs pour les parties, et son produit est transféré à l'autre partie.

---

37. « Contractuel » se réfère à un contrat, « contractualiste » à un Contrat Social.

5. Compensation

Une compensation est exigée pour les effets de ces actes passés illégitimes qui ne sont pas effacés par prescription. La compensation prend la forme de transferts aux victimes payés par des impôts dûs par les bénéficiaires. Ce peut être des cas précis examinés par un tribunal ou bien des plans de compensations globales pour des groupes d'individus « victimes de l'histoire ». Quand les actes en question ont transformé les individus eux-mêmes, une éducation subventionnée peut être exigée plutôt que des transferts d'argent (qui peuvent être utilisés à d'autres fins)[38].

6. L'héritage

Selon les principes libéraux, les dons sont légitimes et ne doivent pas être imposés. Les deux sortes de dons fondamentalement importantes dans nos sociétés sont les dons internes à la famille et les legs (qui sont aussi le plus souvent des transferts intra-familiaux). Cela semble impliquer que l'héritage ne devrait pas être imposé. Mais le legs (à la mort d'une personne) est-il réellement un don? Est-ce réellement un transfert volontaire d'une personne à une autre personne ou n'est-ce pas plutôt un transfert d'une entité décédée, une non-personne, à une autre personne? Quand le transfert se produit, il n'est pas volontaire puisque le propriétaire initial n'existe plus. S'il n'était pas mort, il n'aurait certainement rien donné à ce moment-là. Ce qui rend effectif le transfert n'est pas l'acte volontaire de donner, mais le fait généralement involontaire de mourir. La personne décédée ne fait pas de sacrifice par ce transfert, comme c'est le cas pour des dons entre et de la part de personnes vivantes. Il peut avoir fait des sacrifices de son vivant dans l'intérêt de ses héritiers. Mais pourquoi ne pas leur avoir tout donné avant sa mort? Et qu'en-est-il de la mort subite d'une personne qui a accumulé pour sa propre consommation future et qui ne se préoccupait absolument pas de ses héritiers? Et si une personne s'est souciée de ses héritiers, elle ne fait rien de plus avant le moment où ils vont recevoir l'héritage! Ce sont donc de bonnes raisons pour considérer une *part* d'un héritage comme un don du ciel (qui a rappelé le donateur), c'est-à-dire comme une ressource naturelle (voir ci-après). Par conséquent, l'allocation de cette part dépend des principes qui régissent l'allocation de nouvelles ressources naturelles. Un droit de première occupation peut décider de conserver une propriété au sein de la famille. En outre, il existe des raisons de considérer les « personnes » ad hoc non seulement comme des individus, mais aussi, en partie, comme des familles. Quoiqu'il en soit, d'autres choses peuvent être faites avec les ressources naturelles, et cela peut fonder une

---

38. Pour une analyse complète de la question de la compensation — rectification, cf. *C.S.L.*, chap. 11 et 1984b.

imposition sur l'héritage. Pour conclure, le legs n'est pas toujours un « don comme les autre » et son traitement fiscal libéral, la structure de cet impôt, etc., variera selon les cas[39].

7. Ressources naturelles

Définir l'allocation juste des ressources naturelles a toujours été la principale difficulté de l'éthique libérale, en particulier l'allocation non satisfaite par des prescriptions de délai arbitrairement court. Mais la théorie complète contractualiste ajoute à la théorie précédente, tronquée, le recours à des accords unanimes avec versements indirects, si nécessaires, implicites dans les C.S.L. (l'allocation des droits aux ressources naturelles est analogue à celle des excédents — les bénéfices d'un marché — résultant d'un échange). Rappelons également que, parmi ces ressources premières, les ressources naturelles (non humaines) produisent actuellement beaucoup moins de valeur que le travail[40]. Cela limite l'importance des difficultés soulevées par la définition de l'allocation juste, mais pas au point de les négliger. Plusieurs critères peuvent être utilisés, plus ou moins en association, soit en tant que droits de base, primaires, soit en tant que résultat de ces accords unanimes ou des C.S.L. : la première occupation usant de moyens légitimes et convenablement définis ; la capacité maximale d'utiliser — ce qui peut être garanti par la vente ou la revente sur le marché ; nécessité — un concept translibéral s'il est pris comme droit primaire (excepté en ce qui concerne le nécessaire à la survie et l'information minimale permettant l'usage des droits de chacun) ; l'égalité convenablement définie en fonction de l'objet et des personnes considérées ; les compensations pour les non-receveurs ; l'attribution au secteur public — en contrôlant toutefois à qui profite finalement les bénéfices —; un mélange de critères, et plus particulièrement, l'utilisation de plusieurs critères à des niveaux sociaux différents (existant par exemple au sein d'un groupe qui reçoit collectivement une ressource pour une raison différente de la première occupation) ; l'utilisation de prescriptions en cas d'appropriation passée, etc. Mais l'ultime résolution reste le recours à l'accord unanime, par l'intermédiaire des principes du C.S.L. en cas de non spontanéité de l'accord. L'unanimité exigera souvent des compensations de la part des receveurs de ressources envers les autres individus, qui prennent, avec le C.S.L., la forme d'impôts

---

39. Pour une analyse complète, cf. *C.S.L.* chap. 14.
40. Quand la contribution productive du capital est allouée récursivement en fonction de ses apports, seuls demeurent les deux premiers facteurs et alors, les ressources naturelles ne comptent que pour quelques pourcents, avec n'importe quelle définition sensée de la « valeur » économique.

payés par les propriétaires de ressources[41]. Il arrive également parfois que certaines personnes gèrent au mieux les ressources alors que d'autres doivent recevoir une part des bénéfices, et cela peut prendre alors la forme d'un impôt même si ce n'est qu'un loyer. Pour toutes ces raisons, le processus d'allocation des ressources naturelles aboutit à une imposition.

8. *Politique macro-économique*

Certaines mesures de politique monétaire ou fiscale peuvent avoir des conséquences sur l'emploi, les revenus, les profits, l'inflation, qui, toutes prises en considération sans oublier l'ajout éventuel de transferts adéquats, sont voulues par tout le monde, ou par un certain nombre d'individus sans violer aucun droit (libéralement) légitime. Puisque ces individus sont trop nombreux pour prendre part à une décision collective directe, le C.S.L. exige que le secteur public prenne en charge ces mesures. Il doit suivre autant que possible ce qu'aurait décidé cet accord direct (une considération pertinente dans le choix de l'ensemble spécifique d'instruments — impôts, dépense, transferts, etc. — et dans les arbitrages entre les objectifs — emploi, inflation, revenu).

Cette situation peut survenir à cause d'une longue série de phénomènes connus ou moins connus — nous en citerons seulement quelques-uns — comme l'inexistence d'équilibres compétitifs (par exemple parce qu'une baisse de salaire peut augmenter le chômage par une diminution du revenu et de la demande, ou peut le laisser inchangé par une réduction proportionnelle des coûts et donc des prix), divers coûts d'information et de transaction dont les effets peuvent être rectifiés par une gestion globale (certains des effets intermédiaires sont, par exemple, le fait de rater de futurs marchés, des rigidités de salaire et de prix, l'inflation des vendeurs, les « salaires d'efficience », l'information sur la qualité transmise par les prix ou les salaires, etc.), les préférences directes en salaires (ou d'autres prix) pour des raisons de statut social ou de normes sociales[42], l'incidence sur le bien public de l'inflation et de la demande globale, la liquidité externe (une économie externe que les détenteurs d'argent accordent à leurs marchands potentiels avec effets ultérieurs[43], etc.

9. *Assurance implicite*

Dans un contrat d'assurance habituel, à un moment donné, l'argent est transféré d'un individu — l'assureur ou, surtout, celui qui paie les primes —

---

41. Ces compensations soulèvent d'importants problèmes spécifiques et logiques qui, sont analysés dans *C.S.L.*, chap. 10.
42. Kolm, 1986 b, c, d.
43. *Id.*, 1972, 1977.

à un autre individu qui a un besoin spécifique, afin de l'alléger. En fait, il s'agit d'un ensemble d'échanges que les marchés réalisent souvent. Toutefois, des marchés d'assurance importants sont manqués pour des raisons que nous mentionnerons, fournissant une raison C.S.L. pour des transferts publics, qui réalisent ce qu'ils auraient dû faire. C'est « l'assurance implicite », où les primes apparaissent sous la forme d'impôts spécifiques. Même si cela ressemble beaucoup à de la « solidarité », l'assurance implicite n'implique aucun altruisme, mais il ne s'agit pas non plus d'une imposition ni de transferts arbitrairement imposés par le gouvernement. Sa logique est complètement différente de celle des dons collectifs, même si elle donne, elle aussi, lieu à des transferts de plusieurs personnes en faveur de ceux qui en ont besoin, et même si les situations qui donnent lieu à des transferts d'assurance implicite, créent souvent aussi des sentiments de bénévolat du même type que ceux qui sont à la base du don collectif.

Il peut ne pas y avoir d'assurance spontanée pour des raisons « d'échecs de marché » ou pour des raisons liées au temps que nous étudierons dans les deux sous-chapitres suivants. « L'échec de marché » est un euphémisme quand il est appliqué à la rareté des marchés pour de futurs besoins contingents puisqu'ils sont plus une exception rare qu'une règle, et aux marchés d'assurance dont la « perfection » implique que personne ne court de risque non voulu et non compensé. Différents problèmes, le premier étant d'envisager le risque, puis de le définir, d'estimer ses coûts et ses chances de survenir, de contrôler ses occurrences, etc., justifient l'absence d'assurance commerciale spontanée de la plupart des risques, parmi lesquels les risques importants qui touchent en même temps un certain nombre d'individus comme les risques de catastrophes naturelles ou ceux résultant d'une situation économique globale. Par exemple, dans des conditions économiquement bonnes depuis longtemps, les gens n'envisagent pas de déclin économique et donc ils ne pensent même pas à souscrire une assurance-chômage privée (un avertissement du gouvernement peut anéantir ces prévisions et il doit avouer son propre doute quant à sa capacité à maintenir haut le niveau) : l'éthique du C.S.L. peut alors exiger une assurance-chômage publique dont les primes ont la forme d'impôts. Mais les assurances implicites les plus importantes sont les assurances fondamentales que nous allons étudier, qui ne sont pas *a priori* un principe libéral de redistribution, même si elles peuvent le devenir, comme nous le verrons [44].

---

44. Varian (1980) fournit un modèle « d'imposition optimale » qui est une assurance implicite pour toute cause de variation de revenu due au hasard. Bien que « welfariste » dans l'intention comme d'habitude, le modèle peut être interprété comme un C.S.L. puisque les individus, supposés identiques (exception faite de la réalisation de cette variable dépendante du hasard), peuvent aussi naturellement être supposés sortir de l'accord (putatif) de coassurance avec des contrats identiques (qui sont également des optimaux de Pareto).

10. Assurance fondamentale

L'assurance fondamentale est une assurance implicite mutuelle concernant quelque chose qui n'est pas en réalité une variable, qui s'est déjà produit même si ses conséquences sont actuelles, mais qui diffère d'une personne à une autre dans un sens jugé « injuste » *a priori*. Le but de l'assurance fondamentale est d'instituer des transferts qui auraient existé si la souscription de l'assurance avait été antérieure à la connaissance des situations spécifiques individuelles. Les transferts « compensent » en quelque sorte les « sous-privilégiés » d'une façon rationnelle puisque le résultat aurait été identique dans un accord unanime entre des personnes « échappant » à la différence spécifique en question. Le marché de l'assurance ne peut qu'échouer à fournir une telle assurance puisque l'événement déterminant s'est déjà produit — la loterie a déjà été tirée —. En particulier, cet événement peut avoir eu lieu bien avant que les personnes concernées aient pu souscrire une assurance[45].

Par exemple, un faible revenu peut être dû à un faible salaire résultant d'une absence de capacités naturelles personnelles, d'un faible niveau de la famille éducatrice, ou d'une faible motivation due à la situation familiale. Mais personne ne peut s'assurer seul contre le fait de ne pas avoir reçu des capacités suffisantes à la naissance, ou d'éducation et de motivation pendant l'enfance. Quoi qu'il en soit, le sentiment existe que les individus qui ont une telle « malchance », qui « n'ont pas tiré le bon numéro à la loterie de la vie », doivent être aidés « parce qu'ils auraient aidé les autres s'ils étaient à leur place » (en particulier je peux penser que je dois les aider parce qu'ils m'auraient aidé).

Un autre exemple d'assurance fondamentale est l'assurance-maladie. La raison habituelle donnée en Europe en faveur de la publicisation de l'assurance-maladie est que les contributions ne sont pas discriminatoires si l'on considère le risque encouru d'être malade. Une assurance privée efficace serait bien sûr discriminatoire de par les primes demandées. Selon cette référence, la pensée égalitariste réalise un transfert des individus dotés d'une bonne santé générale aux individus malades, compensant les coûts monétaires supportée par la deuxième catégorie plutôt que de la première

---

45. L'assurance fondamentale assure donc pour un élément qui n'est hypothétiquement qu'une variable, mais qui ne l'est pas en fait. L'adjectif « fondamental » signifie qu'un paramètre reçoit le statut d'une variable, et est alors considéré comme telle. Des personnes définies par leurs paramètres et non par les variables qui décrivent leur situation « contingente », deviennent plus semblables par cette opération qui fait abstraction d'une des caractéristiques qui les différencient. Si cela s'applique à tout ce qui rend ces personnes différentes, le reste des caractéristiques communes définit la « nature humaine » et représente l'ensemble des personnes dotées de « préférences fondamentales » si cela existe (Kolm, 1971), bref les zombies identiques de Rawl dans la « position originelle » « sous le voile de l'ignorance ». En réalité les sentiments de l'assurance fondamentale n'ont cet effet que pour un ensemble restreint de paramètres.

(les différences dues au malaise profond qu'entraîne le fait d'être malade subsistent). Cette part de l'assurance-maladie est «fondamentale». L'indignation contre des systèmes qui demanderaient plus aux personnes malchanceuses en proie à la maladie, aux vieilles personnes, etc., — «les personnes justement qui ont besoin d'être aidées» — prédomine dans certaines sociétés, impliquant de grandes conséquences quant à l'étendue du secteur public.

L'assurance fondamentale est la raison de certains plans publics de redistribution imposés aux individus. *A priori*, ces transferts ne sont pas libéraux, même dans le C.S.L., dans le sens plein du terme, parce que leur contrat d'assurance implicite n'est pas réalisé entre des personnes réelles (prises en considération seulement dans le cas où elles souffriraient d'éventuels effets d'actes illégitimes passés), mais entre des personnes hypothétiques, qui sont les personnes réelles sauf en ce qui concerne l'objet de l'assurance. Toutefois, toutes les situations d'assurance implicite, assurances fondamentales comprises, peuvent être des *raisons de désirer* donner, au travers de sentiments de solidarité implicitement mutuelle, de réprocité putative, d'équilibre, d'équité, de normalité, de devoir. Cela peut se produire par exemple dans le cas d'assurance-maladie fondamentale et particulièrement dans le cas de l'aide à des personnes handicapées, ou à des victimes de grandes catastrophes. S'il y a extension de ces sentiments, on peut s'attendre à ce que plusieurs aideurs veuillent aider les mêmes personnes dans le besoin pour cette raison, puisqu'il s'agit de la structure ordinaire des schémas d'assurance (avec souvent de nombreux payeurs). Quoi qu'il en soit, en dépit des apparences, cette situation est très différente du cas de «don collectif» décrit auparavant, et par conséquent, la conclusion principale, soit la réalisation nécessaire de ces dons par le secteur public, n'est pas applicable[46]. La cause en est que chaque donateur ne se soucie pas du bien-être des receveurs, ni par conséquent des dons des autres, mais s'intéresse uniquement à ce qu'il leur donne, qu'il ressent en un certain sens comme «échange» pour l'aide qu'il aurait reçue de leur part si les situations avaient été inversées, même si cette incitation à donner est déclenchée par la cause (putativement) «assurée» du besoin (les revenus réels des receveurs ne sont plus des biens publics pour les donateurs, les contrats putatifs se concluent non pas entre les donateurs mais deux par deux entre chaque receveur et chaque donateur). Ainsi donc, il n'y a aucune raison de faire «cavalier seul» dans le cas d'intervention publique et d'imposition. Mais des raisons en ce sens existent souvent dans de telles situations. L'une est l'ignorance du lieu et des personnes qui ont besoin

---

46. Cela est vrai également de nombreuses autres motivations de donner, que ce soit l'impératif catégorique kantien, un sentiment de devoir à «partager entre tous», la soumission à une norme, et les cas d'imitation, d'émulation, de distinction quand les actions des autres sont de véritables paramètres des préférences de chacun plutôt que leurs objectifs.

d'aide, associée aux coûts de réalisation du don envers de nombreux bénéficiaires (même s'ils ne perçoivent qu'un faible montant chacun), quand la recherche individuelle ou les organismes de charité ou à but lucratif ne suffisent pas. Une autre raison à l'intervention publique est la possibilité de divers « dons rétroactifs » (voir ci-après). Par ailleurs, dans de telles situations, il est courant qu'une personne prenne conscience du contrat implicite en voyant les autres donner, ce qui éveille son désir d'aider. Cela peut rendre alors nécessaire l'obligation de donner même s'il n'y a aucune contrainte obligatoire (un cas spécial d'une contrainte plus générale étudiée antérieurement). Finalement, les situations qui provoquent des motifs d'assurance implicite sont également susceptibles de stimuler des sentiments bénévoles pour le bien-être des personnes dans le besoin, et donc — si plusieurs personnes se soucient des mêmes individus — d'accumuler les problèmes de don collectif sur les transferts volontaires motivés par l'assurance implicite[47].

11. Emprunt public libéral et dette publique libérale, rétro-paiements, échanges intertemporels et dons

En fin de compte, le temps crée des obstacles spécifiques et donne certaines dimensions aux échanges et aux dons, motivant l'emprunt et la dette publics exigés par le C.S.L.; cela conduit à la théorie libérale de la dette publique, qui manque dans l'opposition libérale classique au « budget déficitaire » — un thème majeur et perpétuel des débats et des querelles à propos du budget public. La dette publique va apparaître comme *l'instrument libéral de création de rétro-paiements*, c'est-à-dire de paiements anticipés d'une personne à une autre[48]. Le secteur public paie le receveur avec l'emprunt, et il rembourse ensuite la dette (avec les intérêts) en imposant la personne qui prête; l'emprunt respecte le libre-échange; le prêteur peut vouloir payer, mais il doit en général y être obligé (d'où l'imposition) parce que la somme a déjà été versée au receveur. Ce rétro-paiement peut être en particulier un « rétro-transfert » pour quelque raison que ce soit, il peut également être un « rétro-don » si le payeur ne désire aucune contrepartie (en tenant compte de la caractéristique évoquée plus

---

47. L'assurance fondamentale n'engendre pas de « hasard moral ». Toutefois, des parents peuvent ne pas se préoccuper de donner à leurs enfants l'éducation ou la motivation qui leur permettra d'avoir un bon niveau de vie parce qu'ils pensent que la société les aidera s'ils sont dans le besoin — peut-être pour des raisons d'assurance implicite. D'autres assurances implicites n'engendrent pas non plus de « hasard moral » si elles sont imprévues. Mais elles peuvent le faire quand les personnes concernées le prévoient (l'assurance explicite peut encore faire défaut pour d'autres raisons, issues par exemple du potentiel d'assurance des sociétés, de même nature que celles mentionnées plus haut).

48. Les fonds publics destinés à l'éducation des enfants provenant de l'emprunt et du remboursement différé de la dette grâce aux impôts payés par les adultes qui ont reçu cette éducation — quand les transferts intra-familiaux ne le réalisent pas — est également une fonction libérale de l'emprunt et de la dette publics.

haut), ou il peut être la « rétro-partie » d'un échange intertemporel. Mais ce qui est perçu peut être une denrée x et pas seulement de l'argent.

Le temps intervient dans les « échecs de marché » dans différents sens. Il en produit deux, l'impossibilité de l'existence simultanée d'un accord direct et d'un rétro-paiement direct entre des personnes vivant à des époques différentes. Le temps peut être aussi une dimension de tous les autres, en plus de son rapport à l'incertitude, à la productivité et à la préférence pour le présent. Parmi les paiements intertemporels, des paiements anticipés peuvent être réalisés en privé par accumulation de biens et, étant donnée l'impossibilité d'un accord direct entre personnes non coexistantes temporellement, le seul paiement intertemporel possible entre deux de ces personnes est le don anticipé. La dette publique, dans la mesure où elle rend possible les rétro-paiements, donne la possibilité d'une réalisation d'échanges mutuellement bénéficiaires entre des personnes non coexistantes temporellement, et la possibilité de rétro-dons. Par conséquent, selon le principe du C.S.L., le secteur public doit réaliser ces donations et ces accords libres putatifs. Comme toujours, il doit évaluer ce qu'auraient été ces actes. Il les réalise alors, soit en accumulant des actifs (création de capital privé ou public, protection ou amélioration de l'environnement —, comme le reboisement —, etc.) dont profiteront les personnes futures, soit en réalisant le don, avec de l'argent emprunté à remboursement différé grâce aux impôts des bénéficiaires ou des donateurs[49].

Par ailleurs, tous les autres types de réalisations de libre-échange (ou de don) peuvent également exiger des rétro-paiements et donc un emprunt public (c'est un cas spécial de situation relativement courante quand une intervention doit être rendue publique pour plusieurs raisons, chacune étant suffisante). Tels sont l'imposition du bénéfice des biens publics durables, qui représente un accord implicite entre des bénéficiaires vivant à des époques différentes et le ou les producteurs ; le traitement du C.S.L. des externalités intertemporelles (par exemple, le secteur public emprunte afin d'acheter des droits existants qui pourraient entraîner un dommage durable à l'environnement) ; la relance par un déficit remboursé ultérieurement en imposant les bénéficiaires de la demande, de la croissance, de la productivité et du capital accumulé ; le financement de la dette contractée pour l'aide aux victimes de catastrophes ou du chômage comme rétro-paiements dans une assurance mutuelle implicite intertemporelle ; le financement de la dette pour l'éducation ou l'instruction publiques actuelles pour une raison d'assurance fondamentale intertemporelle dans une société où les niveaux d'éducation et de revenu sont croissants ; etc. Les rétro-paiements par l'intermédiaire de la dette publique permettent également des rétro-

---

49. Voici un exemple de « rétro-don » : une personne peut supposer qu'elle devrait actuellement payer un impôt afin de rembourser une dette publique qui aurait été contractée pour aider les chômeurs des années trente ou son pauvre grand-père.

allocations des bénéfices des ressources naturelles, en décaissant une partie de la dette publique à remboursement différé grâce à la vente de la ressource ou à l'imposition de son loyer : ceci peut être exigé puisque l'augmentation du progrès technique, de la recherche, du prix du loyer de la terre pour des raisons de développement urbain, etc., créent de nouvelles ressources naturelles de valeur, à partir d'éléments sans valeur, de peu de valeur ou inconnus.

Les dons collectifs intertemporels forment une autre combinaison importante, notamment en ce qui concerne les dons futurs ou les rétro-dons, de donateurs vivant en même temps ou à des époques différentes. Par exemple, si des personnes se soucient de la situation de leurs descendants, plus long est le temps (le nombre de générations) qui les sépare, plus grand est le nombre de contemporains qui ont le même descendant et par conséquent pour lesquels son bien-être est un bien public (de même, en moyenne, le nombre de descendants de chaque individu ayant vécu auparavant est plus important s'il y a accroissement de la population). Dans ce sens et pour cette raison, plus une génération future est éloignée dans le temps et plus son bien-être est un bien public pour les individus vivant aujourd'hui. Ces futures générations bénéficieront aussi de la bonté de leurs ascendants de générations différentes de la génération actuelle (intermédiaires dans le temps ou même de générations antérieures qui auraient pu engendrer des rectifications aux effets de l'absence de dons antérieurs). Tout cela peut avoir rétrospectivement une application symétrique si les personnes se soucient du bien-être de leurs descendants, occasionnant des rétro-dons collectifs. Cela est valable également si nous y ajoutons les relations avec la famille plus éloignée (neveux, oncles, etc.) — ce qui augmente le nombre de personnes concernées par la situation d'un individu et le nombre d'individus qui concernent une personne —, et si l'on décompte en fonction du degré d'éloignement familial les rétro-dons impliqués peuvent être réalisés par la dette publique.

IV. *Caractéristiques générales du système fiscal libéral*

1. Pourquoi des caractéristiques générales

Les impôts libéraux et les dépenses publiques libérales, l'emprunt et les régulations, doivent seulement être déterminés cas par cas selon les catégories analysées ci-dessus, et être appliqués. Des considérations plus générale et plus globales ne sont pas théoriquement nécessaires *a priori*. Toutefois, elles présentent un double intérêt. Premièrement, dans certains cas comme les dons collectifs généraux, les biens publics importants, etc., les difficultés de détermination exacte rendent utile la connaissance de la structure générale et des propriétés du système fiscal libéral et du système d'intervention si l'on veut s'assurer que ce qui est réalisé en pratique est conforme aux caractéristiques nécessaires de l'éthique sociale basée sur une complète liberté. Deuxièmement, de telles considérations sommaires et générales fournissent les termes d'une discussion sur les autres « théories » de l'intervention du secteur public, qu'elles soient inspirées par certaines variantes du « welfarisme », par le vieux préjugé libéral pré-contractualiste, ou les égalitarismes fondés sur le bien-être ou sur la ressource.

Les différences entre ces conceptions éthiques de base aboutissent à des différences dans les systèmes d'intervention publique et fiscale qui en résultent, ce qui peut avoir une grande importance. Mais, abstraction faite de toute considération morale, les systèmes non C.S.L. présentent le même défaut logiquement autodestructeur, de manquer de justification et de critère précis et complets, ce qui leur confère une indétermination au niveau des principes de base: quelle fonction du bien-être social doit choisir le « welfarisme », comment le libéralisme pré-contractualiste déduit-il de la liberté un niveau raisonnable et une structure de l'imposition, des dépenses et des régulations publiques, comment différents égalitarianismes justifient-ils leur choix de ce qui doit être compensé et les degrés de compensations ainsi que les véritables raisons de tels objectifs? La détermination des propriétés du résultat d'un marchandage hypothétique (comme le requiert la théorie C.S.L.) n'est évidemment pas une tâche aisée — même si la réflexion et l'observation fournissent souvent une pléthore d'informations sur le résultat ou sur les règles institutionnelles qui permettent plus ou moins approximativement sa réalisation. Mais, au moins, il existe un principe pour guider la recherche — fondamentalement, ce principe libéral complet déduit ce qui doit être fait à partir de la volonté des individus, étant stipulé que chacun est propriétaire de lui-même.

2. *Contractualisme et caractérisation*

Tous les impôts libéraux résultent du C.S.L., excepté la rectification des illégitimités passées. Tous les impôts libéraux sont caractérisés quand ils sont déterminés (même s'ils sont plus ou moins regroupés quand ils sont soumis au contribuable). Dans le cas où les impôts sur les ressources naturelles (ou sur leur loyer) et sur l'héritage nécessiteraient une spécification supplémentaire, cela impliquerait également une caractérisation et le C.S.L. participerait au moins au choix de l'utilisation de leur produit.

3. *Les transferts sociaux libéraux*

L'idée de transferts obligatoires entre des personnes est insupportable à la sensibilité libérale. Toutefois, cette activité est responsable pour une large part du budget public dans de nombreux pays de l'Ouest[50], et un libéralisme prudent trouve des raisons à de tels transferts, ce qui, théoriquement, détermine ce qu'ils devraient être. Il est alors intéressant de voir ce qu'ils proposent au niveau des questions classiques concernant les transferts sociaux: se font-ils en argent, comme apports supplémentaires au revenu global, ou se font-ils en nature? Sont-ils redistributifs, du riche au pauvre, ou pas?

Les raisons libérales fondamentales des transferts sociaux appartiennent à trois catégories. Un groupe est constitué par les *réparations* qui compensent les effets des actions illégitimes passées, et par les compensations des *effets externes* (même si l'on peut soutenir que ce dernier n'est pas un transfert parce qu'il correspond à un service ou à un mauvais service). La seconde catégorie regroupe les *dons*, qui peuvent prendre un aspect obligatoire, comme nous l'avons vu, dans les cas de dons collectifs, auxquels il faut ajouter certains cas où le donateur est dans l'incapacité pratique d'identifier les personnes qui en ont besoin. La troisième catégorie est *l'assurance implicite*, qui inclut le cas de *l'assurance fondamentale*, quand son caractère volontaire la rend libéralement légitime.

Les idées classiques libérales et « welfaristes » soulignent le fait que, en cas de transfert, celui-ci doit être réalisé sous forme de *revenu*, plutôt que sous forme de consommation *spécifique* de biens ou de services invendables, afin de permettre au receveur de choisir librement ce qu'il préfère consommer et « respecter ainsi ses préférences ». Mais dans tous les cas de dons, il s'agit de l'argent des *donateurs*, et s'ils veulent offrir une consommation spécifique de biens ou de services, il n'existe aucune raison basée sur la liberté de les en empêcher — le faire serait ne pas respecter leurs préférences[51]. En outre, dans tous les cas, qu'il s'agisse de réparation, de compensation, de don ou d'assurance, la raison du transfert, fondée sur la situation du receveur, peut être autre chose que son faible revenu ou sa pauvreté.

Les transferts sociaux libéraux sont-ils néanmoins *redistributifs*, des individus plus riches aux plus pauvres? Ils auraient certainement tendance à l'être quand *l'assurance fondamentale* est la raison de base, en cas de *dons* collectifs ou autres, et également en cas de compensation d'illégitimités passées, puisqu'il est probable qu'elles ont enrichi les payeurs actuels et appauvri les receveurs actuels. Dans les autres cas d'*assurance* aussi, les « malchanceux » présentent la raison spécifique d'avoir vu leur bonheur et

---

50. Elle représente un peu plus des deux tiers des budgets publics et 30 % du PNB français. Toutefois, cela comprend l'assurance sociale. Mais d'autres dépenses publiques ont également des objectifs plus ou moins redistributifs.

51. Les donateurs peuvent vouloir que leur don ne soit pas spécifiquement un apport aux revenus afin d'accroître la liberté de choix et de bien-être des receveurs. Ils peuvent même avoir un devoir moral de le faire, mais, libéralement, on ne peut pas le leur imposer. Le droit du receveur de recevoir globalement est également une considération trans-libérale.

éventuellement leur richesse diminués, mais ce que paient et reçoivent les individus dépend du montant de l'assurance qu'ils ont souscrite — quelqu'un de mieux assuré paie un impôt-prime plus élevé, mais il perçoit plus quand il en a besoin —; or, être très riche peut pousser quelqu'un à souscrire une assurance plus, ou moins, importante, mais dans la mesure où il est probable qu'une personne très riche voudra souscrire une assurance très couvrante, elle paiera plus, mais recevra plus en cas de transfert nécessaire; et si le dommage causé, quelle qu'en soit l'origine (naturelle, sociale, économique, politique, militaire) provoque des pertes importantes au niveau d'une très grande propriété, comme par exemple le chômage ou l'incapacité de travail qui entraînent des pertes matérielles plus conséquentes pour les plus grands chefs d'entreprise, alors, pour cette raison, une personne plus riche que les autres aura tendance également à payer plus, et à recevoir plus quand elle subit des dommages; nous remarquons que l'assurance implicite non fondamentale offre souvent des redistributions provisoires à l'intérieur des différentes classes de revenu. Comme pour les effets externes, nous devons avant tout rappeler que la contribution compense approximativement la valeur du bien-être de ce qui l'occasionne. Si nous tenons compte de toutes les causes libérales de transfert, nous remarquons qu'elles induisent avec certitude une certaine redistribution globale et moyenne des personnes les plus riches envers les plus pauvres.

4. *L'impôt négatif sur le revenu*

Il est probable que les dons collectifs, les assurances implicites et les redistributions aident en moyenne les personnes pauvres, dont le revenu est le plus faible. Cela fournit une raison libérale bien fondée à un type d'impôt négatif sur le revenu [52].

5. *La progressivité*

Le concept libéral traditionnel s'oppose à l'imposition progressive sur le revenu, instrument principal de l'égalisation obligatoire des revenus. La théorie libérale correspondante ne décrivait dans ce cas que des impôts individuels caractérisés par diverses raisons, mais ne disait rien de la progressivité en soi. Toutefois, il est possible de discerner la structure générale par laquelle leur somme totale tend à correspondre au revenu et à la richesse des individus.

En étudiant chacune des causes spécifiques d'impôts, nous remar-

---

52. L'éthique « welfariste » devrait s'opposer à l'impôt négatif sur le revenu puisqu'il revient à subventionner les loisirs (pour le revenu-travail) et donc seule une marchandise, si bien qu'une répartition de la subvention sur plusieurs types de consommations avec des taux différents, fournit au receveur plus d'utilité pour un montant de l'aide identique (Kolm, 1969 et 1986a).

quons que la tendance générale est à l'augmentation de la contribution en fonction de l'augmentation du revenu du contribuable, à partir d'un certain niveau d'exonération (qui peut être égal à zéro dans certains cas). C'est le cas de plusieurs catégories de transferts dont nous avons parlé : en dessous d'un certain seuil, les personnes ne paient pas (en fait, elles reçoivent même des transferts), et au-dessus, elles ont tendance, en moyenne, à payer plus si leurs moyens sont plus élevés. Les impôts sur les bénéfices qui alimentent les dépenses des divers biens publics ont souvent tendance aussi à présenter une structure semblable. Comme l'ont démontré plusieurs études, les bénéfices sur les biens publics sont beaucoup plus souvent complémentaires du revenu et des dépenses privés que leurs substituts. Dans la plupart des cas, plus importants sont la richesse et le revenu d'un individu et plus la personne retire des bénéfices d'un bien public donné. Une personne riche a plus à protéger, sa consommation plus importante, son revenu et ses activités économiques utilisent un nombre plus élevé de services administratifs, une infrastructure plus développée, plus d'information, etc. D'un autre côté, très souvent, à l'échelon le plus bas, les gens ne retirent aucun profit d'un bien public parce qu'ils ne possèdent pas les moyens privés qui permettent d'y avoir accès : pas de voiture pour bénéficier des autoroutes, pas de propriété immobilière à protéger, pas d'enfants scolarisés au-delà d'un certain âge, etc. En outre, il est également probable que, dans une structure semblable, existent d'éventuels impôts sur l'héritage et les ressources naturelles, avec une exonération initiale.

Dans chacun de ces plans prévisionnels d'impôts pris comme fonctions du revenu, l'exonération suivie d'un impôt positif est un élément de progressivité (convexité de la courbe d'imposition). Quand nous additionnons les impôts, chacune de ces structures reste dans l'addition, et elles se rencontrent habituellement à différents niveaux de revenu. Cela crée une tendance, fournit une raison à la progressivité. Si, par exemple, chaque impôt élémentaire est une contribution uniforme au-dessus d'une certaine exonération (qui pourrait éventuellement être égale à zéro, mais pas dans tous les cas), alors l'imposition totale est progressive (plus précisément, elle consiste en fourchettes successives, chacune d'entre elles présentant une imposition à accroissement proportionnel, comme dans la structure habituelle).

6. *Incidence*

L'incidence de l'imposition, et plus généralement de toute action publique, qui représente un problème central et insupportable pour l'économie politique publique « welfariste », en est un considérablement moins important pour l'économie politique fondée sur la liberté. Quand l'action publique est prise comme une application du C.S.L., un certain nombre de personnes indirectement atteintes par l'intermédiaire de libres échanges (ou de leurs substituts par l'action d'autres C.S.L.) peuvent trouver qu'il est de leur intérêt de réagir par l'intermédiaire de ces mêmes marchés plutôt que de participer à cet accord s'il existait. Ces personnes, susceptibles d'y gagner ou d'y perdre aussi longtemps que leurs droits légitimes sont respectés, ne doivent donc pas être explicitement prises en compte dans la détermination du C.S.L.

7. Distorsion des prix ou distorsion économique

« L'efficacité » est une question fiscale classique qui concerne l'effet de distorsion des impôts sur les prix, et donc sur les quantités, engendrant une « charge excessive » ou une « perte de bien-être ». A cet égard, l'imposition libérale complète est en totale opposition avec les autres systèmes d'impôts, puisque son principe même — et le seul et unique — est de corriger les distorsions qui se produisent au cours d'un libre-échange entre deux personnes ou plus. C'est par définition le système fiscal correctif. Et il ne corrige pas seulement les défauts du système en ce qui concerne l'efficacité, mais aussi même et d'abord les défauts de distribution sur la base du principe libéral. Les distorsions corrigées par les impôts et transferts libéraux sont souvent causées par un prix égal à zéro, comme dans le cas d'externalités ou de direction libre d'un bien public (l'effet qui en résulte n'est pas seulement un comportement économique, mais aussi un comportement politique au niveau des élections, des référendums, des actions civiques, ou même au niveau des sondages d'opinions, etc.). Et les transferts compensatoires pour une illégitimité passée corrigent les effets distributionnels avec une base d'impôt déjà déterminée, et donc il n'existe aucune distorsion ou perte d'efficacité dans le sens classique.

D'autres éthiques et systèmes fiscaux envisagent cette question sous un angle très différent. Le but d'un gouvernement « welfariste » classique est aussi d'apporter une correction. Mais il a recours pour cela à la production de biens publics, et donc de dépenses publiques, et à la réglementation plutôt qu'à des impôts (l'imposition des créateurs d'externalités est un cas très limité). Au contraire, les impôts et les dépenses interviennent ensemble dans les corrections du libéralisme complet. Par ailleurs, ces actions « welfaristes » classiques visent seulement les défauts de marché et pas les défauts des accords plus généraux étudiés aussi par le système libéral. Finalement, les effets distributionnels interviennent également et le « welfarisme » ne fournit aucun principe bien déterminé de sélection en ce qui les concerne.

Le vieux libéralisme est très préoccupé par la distorsion, et c'est une des raisons pour lesquelles il favorise des taux d'imposition peu élevés. Quoiqu'il en soit, il n'envisage pas l'utilisation des impôts dans un cadre global de correction publique, et il n'offre aucun principe fondamental pour la correction limitée des défauts de marché qu'il admet. En conséquence, ces impôts introduisent une distorsion qu'il essaie ensuite de réduire en abaissant les contributions. De plus, cette approche pallie généralement l'absence d'un principe nécessaire à la détermination du système d'imposition, par le recours à l'idée de simplicité. Une certaine simplicité est une caractéristique d'un système d'impôt optimal, dérivant des difficultés d'information et de perception. Mais l'extrême importance que le vieux libéralisme donne à cet aspect des choses est injustifiée. Et la question de base est de savoir si nous situons la simplicité au niveau des principes fondamentaux ou à celui de leur manifestation dans la vie courante. Le libéralisme contractualiste présente une simplicité extrême au niveau fondamental puisqu'il ne comprend qu'un principe, la liberté personnelle. Cependant, ses nombreuses applications s'adaptent à l'extrême diversité de l'existence, et le résultat peut paraître disparate et même complexe à quelqu'un qui n'en comprend pas la raison fondamentale (tout comme le marché, dont ce système est en fait la réalisation non entravée, qui est souvent qualifié de «chaos»). Un système basé exclusivement ou excessivement sur des caractéristiques simples d'imposition comme les contributions uniformes, les impôts uniformes pour tous les individus, une base d'impôt unique, etc., représente l'équivalent fiscal de l'action d'un gouvernement non libéral imposant des mesures ou des situations uniformes au peuple. Plusieurs réformes fiscales sont actuellement entreprises — notamment aux U.S.A. — dans lesquelles l'accent est presque exclusivement mis sur la simplicité formelle, par des gouvernements qui trahissent ainsi le principe de liberté qui, affirment-ils, est leur seul idéal[53].

Quoi qu'il en soit, le système libéral complet fait face à une sorte de problème de «distorsion» due aux contraintes de tous types, inhérentes à la détermination et à la réalisation par le secteur public de ce qu'il doit faire : contraintes informationnelles (ignorance, incertitude), coûts d'acquisition et de traitement de l'information en vue de la réduction de ces lacunes, coûts d'exécution et de fonctionnement du secteur public, limitations de la motivation dans les services publics, contraintes incorrectes (non libérales) imposées par la vie politique au secteur public, etc. Les limitations et les coûts de réalisation aboutissent à des mesures, et en particulier à des impôts, fondées sur des approximations, sur des bases indirectes, sur des simplifications, sur des regroupements, etc. Afin de déterminer ce qui doit être fait en présence de toutes ces contraintes (y compris les coûts et les impossibilités), la solution libérale consiste à trouver ce que les accords de C.S.L. donneraient si l'ensemble de leurs participants faisaient face à ces contraintes.

On notera que, par définition, certaines contraintes de ce type (informationnelle, transactionnelle, etc.) imputées aux participants individuels, sont absentes du C.S.L., et que les limitations envisagées sont

---

53. Cela ne veut pas dire que la réforme n'est pas meilleure que le système précédent.

réintroduites à un niveau global pour tous ces participants. Ce principe présente certaines conséquences importantes. L'une d'entre elles, élémentaire mais fondamentale, est que l'ignorance ou l'incertitude individuelles ne sont pas une raison pour que le secteur public patronne les actions des individus (il s'agit «d'échanges à une personne»), sauf s'il possède une connaissance supérieure — et, dans ce cas, la meilleure solution est de transmettre cette connaissance quand c'est possible. De plus, une mesure C.S.L. ne doit être prise que si les coûts de réalisation publique n'excèdent pas les surplus privés. Et l'optimalité de Pareto du C.S.L. doit être comprise au niveau d'un ensemble de contraintes qui englobent celles mentionnées ici. La méthode générale que nous avons présentée constitue le principe de la théorie «optimale de second rang» fondée sur la liberté, que nous n'avons pas la place de développer ici.

V. Une brève remarque sur l'égalité

La présentation pourrait continuer avec une discussion sur la question de l'égalité, puisque celle-ci est généralement considérée comme l'antithèse de la liberté et parce que les questions qui s'y rattachent ont toujours occupé une place centrale dans les débats sur la fiscalité et l'intervention publique. Bien que la soi-disant opposition entre liberté et égalité soit, de nos jours, considérée come le dilemme central de l'éthique sociale théorique et appliquée, la question paraît dépendre essentiellement de la façon dont est définie l'égalité et de la raison pour laquelle elle est recherchée. Il est primordial de déterminer précisément ce qui doit être égal ou égalisé, quelles unités de mesure employer (quand la question est pertinente) et à quel critère d'égalisation nous devons avoir recours quand l'identité est impossible ou trop coûteuse à cause d'autres effets.

Il semble que des fluctuations de ces variables permettent de définir tous les critères modernes en éthique sociale, comme, par exemple, toutes les formes d'égalité. Cela peut être l'égalité au sens strict, l'impartialité, la symétrie, l'égalité des charges, la réduction des disparités ou maximin, de certains éléments déterminés comme les préférences individuelles et leur influence sur la réussite ou la norme sociale, «les pains et les jeux» des individus, les droits, les votes, les ressources, les «opportunités», les revenus ou les biens, les taux d'imposition, les consommations ou les situations spécifiques, etc. L'éthique libérale complète ne fait pas exception, *c'est* l'égalité, et même l'égalité extrême, à deux égards: l'égalité des droits originels et des libertés[54], et l'égalité dans la distribution de la ressource humaine si nous en définissons les individus comme unités, une définition on ne peut plus naturelle (mais différente de celle basée sur leurs pouvoirs

---

54. Cf. chap. 5.

de gagner de l'argent ou de s'amuser). Cette distribution égalitaire doit être l'éthique libérale parce que si une personne possédait une autre personne, cette dernière ne pourrait pas elle-même posséder (la propriété d'un esclave appartient à son maître), ce qui viole l'égalité de l'allocation; dès lors, chacun doit être propriétaire de lui-même, principe même de la liberté[55]. Et ce choix alloue toutes les choses, directement ou indirectement, puisque, dans cette théorie, toute allocation dérive de celle des ressources premières, parmi lesquelles, de nos jours, la principale source de valeur est de loin la ressource humaine, attendu que l'allocation de la part restante, les ressources naturelles, dépend également de celle de la ressource humaine. Ce dernier rapport résulte du fait que tous les critères possibles pour l'allocation légitime des ressources naturelles sont rattachés aux individus, soit en tant qu'unités (un partage égal ou une certaine égalité dans les compensations liées à cette allocation), soit en tant qu'unités productives (première occupation utilisant ses propres capacités ou des moyens acquis grâce à eux, capacité d'utilisation, etc.), soit en tant qu'unités consommatrices (besoins, etc.). En conclusion, cette allocation libérale égalitariste des ressources humaines, qui est la liberté, détermine les droits sur toute chose.

D'autres égalisations sont parfois proposées. «L'égalité des chances» aboutit à des situations de non-envie et de non-jalousie (puisque chaque personne peut faire le même choix que les autres)[56], mais l'envie ou la jalousie en soi ne peuvent produire une obligation éthique. Les égalisations pour des raisons quasi «esthétiques» sont à peine plus défendables. Le meilleur cas d'égalisation est la satisfaction des besoins de base non satisfaits (avec tous les problèmes de définition qu'il soulève, et une réponse qui dépend en partie de la culture concernant la nature de ces besoins, la nécessité de satisfaire chaque besoin spécifique et la mesure dans laquelle cela doit être fait). Cela ne peut supposer un maximin (des préférences fondamentales[57] ou des «biens primaires» de Rawls) que si ce maximin ne dépasse pas cette réalisation fondamentale. Pour cette raison, l'ensemble des critères trouve ici une meilleure expression que sous la forme d'égalisation. Plusieurs auteurs créent un compromis entre un objectif de cette sorte et la liberté en imposant un accord bien déterminé, basé sur un critère, l'obligation de définir la société l'un en fonction de l'autre. Par exemple, Rawls «maximinise» «les biens primaires» sous la contrainte de certaines libertés fondamentales pour tous. De manière symétrique, des auteurs libéraux proposant un revenu minimum (ou un impôt négatif sur le revenu qui l'induirait) imposent ce seuil comme une contrainte sur un système de marché libre sous d'autres aspects. Mais ces propositions demeurent arbitraires. Pourquoi les libertés fondamentales ne comportent-elles pas de

---

55. Cf. chap. 5.
56. Kolm, 1973.
57. Kolm, 1971 (sa «justice pratique» est liée aux préférences fondamentales).

droits inaliénables quant aux propres capacités de chacun et quant au fait d'échanger, et quel doit être le seuil du revenu minimum (seul le libéralisme complet fournit une réponse, comme nous l'avons vu)? La réconciliation complète entre la liberté générale et les moyens personnels minimaux a lieu quand les transferts nécessaires pour ces derniers sont fondamentalement volontaires, à travers l'assurance implicite, les sentiments de devoir, ou de bénévolat qui surgissent avec plus de certitude quand les autres partagent les charges en cas de don collectif. Le C.S.L. indique alors quelles actions correspondantes doit accomplir le secteur public. La fraternité réconcilie la liberté avec l'égalité. Mais de telles valeurs relevant de l'altruisme (charité, compassion, amour, etc.) considérées comme les plus fondamentales par presque tous les systèmes éthiques, ne sont plus des structures sociales mais des sentiments et elles ne peuvent donc pas être imposées par des règlements. Cependant, n'est-il pas plus probable que les gens s'abandonnent à leurs dispositions à aider les autres et à leurs sentiments fraternels quand la société protège leurs droits fondamentaux, réalise leurs désirs légitimes et garantit une justice basée sur la liberté? La justice et la vertu se stimulent entre elles.

Conclusion

Cet article ne présente pas tout ce qui pourrait être dit sur le sujet (et ne contient même pas, et de loin, tout ce qui a déjà été écrit — dans d'autres langues). La discussion sur la manière de poser judicieusement le problème normatif doit précéder les réponses spécifiques et techniques détaillées, si nous ne voulons pas avancer, même avec précaution, dans de mauvaises directions et nous enfoncer dans des impasses, ou au mieux écrire des notes et des appendices sans texte. Néanmoins, nous avons décrit ici le principe, les différentes applications, les méthodes et même quelques grandes caractéristiques de la solution. Nous espérons avoir convaincu le lecteur (et même peut-être lui avoir prouvé) que la base éthique d'économie politique normative doit être entièrement transformée et que les alternatives proposées sont cohérentes. En particulier, « l'économie politique welfariste » doit laisser place à « l'économie politique basée sur la liberté » dont le résultat ne peut être posé par un préjugé *a priori*, et qui fait reposer la détermination éthique complète sur l'analyse des échanges, la spécialité des économistes.

(Traduit de l'anglais par Yveline Riottot et Marc Fleurbaey.)

BIBLIOGRAPHIE

ARROW (K.), 1964, *Social Choice and Individual Values*, 2nd ed., N.Y. and New Haven.
AUMAN (R.) and KURTZ (H.), 1977, « Power and Taxes », *Econometrica*, 45, 1137-1161.
BERGSON (A.), 1966, *Essays in Normative Economics*, Bellknap, Harvard University Press, Cambridge.
BUCHANAN (J.), 1975, *The Limits of Liberty*, Chicago, The University of Chicago Press.
COASE (R.), 1960, « The problem of social cost », *Journal of Law and Economics*, vol. 3, pp. 1-44.
FOLEY (D.), 1970, « Lindahl's solution and the core of an economy with public goods », *Econometrica*, 38, pp. 66-72.
FRIEDMAN (M.), 1962, *Capitalism and Freedom*, The University of Chicago Press, Chicago.
HAYEK (F.), 1979, *Droit, législation et liberté*, 3 vol., Presses Universitaires de France, Paris.
HOOK (S.) ed., 1967, *Human Values and Economic Policy*, New York University Press.
KALAI (E.), 1977, « Nonsymmetric Nash Solutions and Replications of Two-Person Bargaining », *International Journal of Game Theory*, 6, 129-133.
KANT (I.), (1793), 1977, *Sur l'expression courante: il se peut que ce soit juste en théorie, mais en pratique cela ne vaut rien*, J. Vrin, Paris.
KOLM (S-Ch.), 1966, « The Optimal Provision of Social Justice », Proceedings of the 1966 Biarritz conference, H. Guitton and J. Margolis ed., Economie Publique, CMRS, 1968 and Public Economics, Mc Millan, 1969.
1966, *Les choix financiers et monétaires*, Dunod, Paris.
1969, *L'État et le système des prix*, Dunod, Paris.
1970, *Le service des masses*, Dunod-CNRS, Paris.
1971, *Justice et équité*, CNRS, Paris.
1972, « External liquidity », in *Mathematical Methods in Investment and Finance*, G. Szegö and K. Shell, North Holland and American Elsevier, Amsterdam, London, New York.
1973, « Super équité », Kyklos.
1975, « La réciprocité générale », CEPREMAP, Paris.
1977, *Les élections sont-elles la démocratie?*, éd. du Cerf, Paris.
1977, « Fondements de l'économie monétaire normative: seigneuriage, liquidité externe, impossibilité de verser intérêt sur les espèces », *Revue Économique*.
1980, « Choix social, choix collectif, optimum social », *Revue d'Économie Politique*, 2.
1983, « Introduction à la réciprocité générale », *Information sur les Sciences Sociales*, vol. 22, n° 4-5, 1983.
1984a, *La Bonne économie (La réciprocité générale)*, P.U.F., Paris.
1984b, *Le libéralisme moderne*, P.U.F., Paris.
1985, *Le Contrat social libéral*, P.U.F., Paris.
1986a, *Philosophie de l'économie*, éd. du Seuil, Paris.
1986b, « L'État doit-il avoir des politiques de l'emploi, de stabilisation macroéconomique? », CERAS, discussion paper n° 48.
1986c, « Chômage et inflation résultant des effets de norme et de statut des salaires et prix », CERAS discussion paper n° 51.

1986d, « Unemployment resulting from preferences on prices and wages », in Hamouda, O., and Smithin, J., ed., Keynes and Public Policy After Years, Edward Elgar, Upleadon.
1987a, « Public economics » in New Palgrave dictionary in economic theory and doctrines.
1987b, « The relevant concepts of the core and their applications to public goods and externalities », CERAS discussion paper.
1987c, « Collective gift », CERAS discussion paper.

LOCKE (J.), *Two Treatises on Government*, any edition.
MUSGRAVE (R.), 1955, *A Theory of Public Finance*, New York, Toronto, London, Mac Graw Hill.
MUSGRAVE (R.) and PEACOCK, editors, 1958, *Classics in the Theory of Public Finance*, Mc Millan.
NOZICK (R.), 1974, *Anarchy, State and Utopia*, Basil Blackwell, Oxford.
PARETO (W.), 1913, « Il massimo di utilità per-una collettività in sociologia », *Giornale degli economisti*, 3e serie, p. 337-341, 1913, Trattato di Sociologia generale, Mind and Society.
PETERS (H.), 1986, « Characterizations of bargaining Solutions by Properties of their Status Quo Sets », research memorandum, Facultat der Economische Wetenschappen, Rijksuniversiteit Limburg, Maastricht.
PIGOU (A.C.), 1951, *A Study in Public Finance*, 3rd ed. Mc Millan, London.
PLATON, *Le Criton, Dialogues*, toute édition.
RAWLS (J.), 1971, *A Theory of Justice*, The Bellknap Press of Harvard University.
ROUSSEAU (J.-J.), *Le Contrat social*.
SVEJNAR (J.), 1986, « Bargaining Power, Fear of Disagreement, and Wage Settlements: Theory and Evidence from U.S. Industry », *Econometrica*, 54, 5, 1055-1078.
VARIAN (H.), 1980, « Redistributive Taxation as Social Insurance », *Journal of Public Economics*, 14 (1), August.

UN DILEMME NON RÉSOLU DU LIBÉRALISME

par Thimothy O'Hagan

Du XVIIIe siècle, nous avons hérité d'un vocabulaire des droits de l'homme; du XIXe, d'un vocabulaire des communautés[1]. Au premier abord, ces deux vocabulaires ne semblent être rien de plus que deux dialectes d'une même langue et sont perçus comme tels par J.S. Mill dans son *Essay on Liberty*, bien que des points de tensions soient déjà perceptibles dans ce texte.

I. *Préliminaires philosophiques: le moi et la société*

Je commencerai par distinguer deux grandes conceptions du moi dans sa relation à la société, la conception individualiste et la conception constructiviste. Dans ces familles, je distinguerai pour chaque terme une dimension *analytique* et une dimension *normative*. Par analytique, j'entends que le terme indique une position dans l'ontologie sociale; par normatif, que le terme est utilisé afin de formuler le caractère souhaitable d'une relation particulière entre l'individu et la société.

A. *La conception individualiste du moi*

a) Analytique

On trouve un exposé très simple de la thèse analytique chez J.S. Mill,

---

[1]. Naturellement, dans l'histoire de la jurisprudence, le langage de la communauté (*koinonia, communitas*), celui d'Aristote et de saint Thomas, précède celui du droit (cf. J. FINNIS, *Natural Law and Natural Rights*, Oxford, Clarendon Press, 1980, ch. 6; et T. O'HAGAN, « Four images of community », *Praxis International*, 8.2, 1988). Mais aujourd'hui la communauté est réapparue sur le terrain du droit via Hegel et la théorie sociale du XIXe siècle, et a été reprise par les critiques contemporains du libéralisme, C. Taylor, A. MacIntyre, M. Sandel *et al*.

pour qui «l'ensemble social» gouverné par «les lois des phénomènes de société» est tout simplement le résultat de l'agrégation de ses éléments individuels:

> Les lois des phénomènes sociaux sont et ne peuvent être rien de plus que les lois des actions et des passions des êtres humains réunis dans l'état social. Du reste les hommes dans l'état de société sont toujours des hommes; leurs actions et leurs passions obéissent aux lois de la nature humaine individuelle... [ils] n'ont d'autres propriétés que celles qui dérivent des lois de la nature de l'homme individuel et peuvent s'y résoudre.
> (*Système de la logique déductive et inductive*, Paris, Félix Alcan Éditeur, 1904, t. II, 1. 1.6, ch. 7, p. 468.)

Cette thèse analytique sous-tend l'hypothèse de l'utilitarisme classique que le tout social peut être réduit à un ensemble d'éléments unitaires maximisant leur bonheur et que des calculs peuvent être effectués par addition ou soustraction de ces unités.

b) Normatif

La thèse normative formule le principe selon lequel l'individu doit être maître de sa propre destinée. Cette thèse est énoncée au XVIIIe siècle en termes de droits, philosophiquement par Kant et politiquement par les auteurs des grandes Déclarations.

Pour Kant,

> Les attributs juridiques indissociables de l'essence du citoyen comme telle sont: la *liberté* légale de n'obéir à aucune autre loi qu'à celle à laquelle ils ont donné leur consentement; l'*égalité* civile, qui consiste à ne reconnaître dans le peuple d'autre supérieur que celui auquel on a tout autant la faculté morale d'imposer une obligation juridiquement qu'il peut lui-même imposer pareille obligation; troisièmement enfin, l'attribut de l'*indépendance* civile, qui consiste à ne devoir son existence et sa conservation qu'à ses propres droits et à ses propres forces comme membre de la République [...]. [2]

D'après la Déclaration des droits de l'homme et du citoyen (1789, art. IV), «[...] l'exercice des droits naturels de chaque homme n'a de bornes que celles qui assurent aux autres membres de la société la jouissance de ces mêmes droits». La pétition des droits américaine adopte la même perspective. Comme l'écrit Dworkin:

> «La théorie constitutionnelle sur laquelle notre gouvernement repose

---

2. E. KANT, *Métaphysique des Mœurs*, première partie, Doctrine du Droit, Paris, Librairie Philosophique J. Vrin, 1971.

n'est pas une simple théorie majoritaire. La Constitution et plus particulièrement la pétition des droits est destinée à protéger les citoyens (en tant qu'individus) et les groupes contre certaines décisions qu'une majorité de citoyens est susceptible de prendre, même lorsque cette majorité agit en vertu de ce qu'elle considère être l'intérêt général ou commun. » [3]

Sur les traces de la polémique lancée par Bentham contre «l'absurdité montée sur échasses», J.S. Mill poursuit sa défense de l'individualisme dans son *Essay on Liberty* en réduisant au minimum la référence au droit qui n'apparaît qu'entre parenthèses :

«La seule part de sa conduite pour laquelle un individu est responsable devant la société est celle qui concerne autrui. Pour ce qui est de la part qui ne concerne que lui-même, son indépendance est, de droit, absolue. De lui-même, de son corps et de son esprit, l'individu est souverain.» [4]

Mais l'affirmation normative de la valeur irréductible de l'individu reste inchangée.

B. *La conception constructiviste du moi*

a) Analytique

La thèse analytique pose que la société, dans une mesure plus ou moins grande, est constitutive de l'individu[5]. Je choisis le terme de «constructivisme» pour qualifier cette thèse en tant que forme particulièrement moderne d'une perception qui renvoie à une tradition antique remontant à Aristote et saint Thomas d'Aquin[6] et qui souligne l'intégrité ontologique du tout social. Suivant cette tradition, le tout n'est pas réductible à ses constituants, mais consiste dans un déploiement de sous-communautés plus ou moins stables, plus ou moins mouvantes, dans lesquelles les individus sont «toujours déjà» insérés dans «la production sociale de leur existence». La thèse analytique fait son entrée dans la philosophie moderne avec la *Phénoménologie* de Hegel. Elle propose des descriptions phénoménologiques du processus de formation de l'individu dans le monde public, matériel et spirituel qu'il fait toujours un peu plus sien. Au centre de cette formation, le développement de la conscience de soi émerge dans les jeux interindividuels de pouvoir et de reconnaissance, toujours à l'intérieur des limites d'un environnement social. Hegel insiste sur le rôle constitutif des

---

3. R. Dworkin, *Taking Rights Seriously*, London Duckworth, 1978, pp. 132-3.
4. J.S. Mill, *Essay on Liberty*, in J.S. Mill, *Utilitarianism*, etc., ed. Warnock, Glasgow, Collins, 1962, p. 135.
5. Le terme «constitutif» est emprunté à M. Sandel, *Liberalism and the Limits of Justice*, Cambridge, Cambridge University Press, 1982, ch. 4.
6. Pour un exposé sommaire de cette question, voir T. O'Hagan, art. cit., part. 1.

relations sociales dans la formation de l'individu.[7]. Hegel anticipe sur l'œuvre de Wittgenstein quant à l'impossibilité d'un langage privé et sur Sartre, Goffman et Laing, à propos de la construction sociale du moi. Il est aussi la première conscience aiguë de la multiplicité des représentations de la vie bonne, à la fois dans une et dans diverses sociétés, en des époques et des lieux différents. Il apparaît avec Hegel que cette conscience peut ébranler toutes nos fondations ainsi que la possibilité de vivre en sûreté à l'intérieur de notre propre système. De ce fait, Hegel est le philosophe qui a le premier élaboré le constructivisme dans sa forme moderne, lui conférant dans le *pluralisme* une expression socio-politique particulièrement moderne.

Ces deux modèles analytiques une fois rapidement esquissés, je voudrais reprendre celui du constructivisme analytique. L'atomisme social, l'ontologie du pur individu ne parviennent pas à produire une explication plausible de la formation du moi. Par conséquent, je laisserai de côté l'individualisme analytique et aborderai la relation entre les différentes aspirations normatives actuelles.

b) Normatif

De nombreux programmes normatifs répondent au constructivisme analytique. L'un d'entre eux peut recevoir l'étiquette d'*anti-pluralisme réactionnaire*. Dans sa quête nostalgique d'une ère de valeurs substantives prétendument partagées, la réaction voudrait nier le pluralisme de la société libérale moderne et imposer une communauté globale à la société prise comme tout.

Les deux autres programmes admettent le caractère inévitable du pluralisme mais n'accordent pas la même importance à sa valeur relative à la liberté individuelle et à l'égalité.

D'après les *pluralistes conservateurs*, dans la société moderne « les façons de vivre sont bouleversées, les racines arrachées, les traditions perdues »[8]. Leur remède contre cette anomie serait la réintégration de l'individu dans sa sous-communauté. Les pluralistes conservateurs encouragent par conséquent l'éclosion de toute communauté favorisant l'intégration sociale, quand bien même cela s'accomplirait aux dépens de la liberté individuelle et de l'égalité.

Les *pluralistes libéraux* tentent de réaliser un compromis plus instable que les deux autres groupes. Ils sont, comme eux, constructivistes analytiques en tant qu'ils posent préalablement la thèse analytique qu'il n'y a pas de pure essence du moi antérieure à une mise en forme socio-relationnelle. Comme J.S. Mill, ils sont attachés à la liberté (la capacité d'un développe-

---

7. Cf. T. O'HAGAN, « On Hegel's critique of Kant's moral and political philosophy », in S. PRIEST (ed.), *Hegel's Critique of Kant*, Oxford, Clarendon Press, 1987.
8. M. SANDEL, « Morality and the liberal ideal », in *The New Republic*, 7 may 1984.

ment autonome de soi) et à une égalité relative (l'absence de dépendance personnelle ou sociale). En ce sens, ils sont individualistes normatifs. Mais ils voudraient être également pluralistes normatifs. Ils voudraient pouvoir penser qu'individualisme normatif et pluralisme normatif ne sont que les deux faces d'une même pièce libertaire, comme le pensait Mill. Ils suivent donc l'opinion de Mill selon laquelle il est «primordial pour l'homme et la société de disposer d'une grande variété de tempéraments et que soit donnée toute liberté à la nature humaine de prendre des directions multiples et contradictoires». Ils soutiennent ainsi que:

> Il faut des «expériences de vie» différentes... il faut donner le champ libre à toute une variété de tempéraments, sans porter préjudice aux autres cependant; ... et la valeur de ces différents modes de vie sera démontrée pratiquement quand on jugera bon de les essayer. Il est souhaitable, en un mot, que pour ce qui ne concerne pas directement les autres, l'individualité s'affirme.[9]

L'heureuse expression «expériences de vie» fait apparaître le lien entre la liberté intellectuelle nécessaire à la science et la liberté sociale nécessaire à l'épanouissement psychologique. Dans le domaine social cependant, toutes les «expériences» ne sont pas également favorables à l'individualisme. En particulier la famille, support à la fois le plus élémentaire et le plus important des valeurs communautaires, s'avère souvent, dans le monde réel, d'une illibéralité systématique, c'est-à-dire inégalitaire quant à certains de ses membres et plus particulièrement les femmes.

Les pluralistes libéraux se trouvent alors pris dans un dilemme: lorsqu'ils défendent les valeurs libérales d'autonomie et d'égalité pour chaque individu, ils restreignent la valeur libérale de pluralisme dans les cas où certaines sous-communautés font preuve d'illibéralité dans leur fonctionnement interne et vice versa. Aux situations difficiles, les pluralistes libéraux doivent donc répondre par des choix difficiles. Ce choix consistera en l'alternative entre individualisme normatif et pluralisme normatif. Les cas difficiles ne sont en fait pas si nombreux. Dans une société bien organisée le pluraliste libéral peut accorder aux sous-communautés le bénéfice du doute et admettre que quelques-unes seulement ont une structure interne indiscutablement oppressive à l'égard de ses membres. Mais dans de tels cas le pluraliste libéral et le pluraliste conservateur doivent adopter des positions différentes. Les premiers préféreront l'individualisme au pluralisme, les derniers, le pluralisme à l'individualisme.

Dans les termes de cette opposition, Mill se situait nettement parmi les pluralistes libéraux. Dans l'Angleterre du 1859, il contestait violemment «le pouvoir presque despotique des maris sur leurs femmes» et selon lui, la

---

9. J.S. MILL, op. cit., p. 185.

manière de se débarrasser de ce despotisme était simple: «pour mettre fin une bonne fois à ce mal, il suffit que les épouses reçoivent la protection de la loi comme n'importe quelle autre personne »[10]. Mill pense donc que la loi doit en premier lieu garantir l'égalité des droits juridiques et plus précisément les droits de propriété, en second lieu, à l'intérieur de ce cadre égalitaire, elle doit assouplir la législation sur le divorce, l'autre solution étant le maintien du despotisme domestique. Mill conçoit donc explicitement le recours à la loi comme instrument de changement quand l'ordre non-libertaire en place de la famille bénéficie du soutien de la loi. En ce sens, Mill prônait la priorité de l'individualisme normatif (transmis par l'égalitarisme juridique du *Rechtsstaat*) sur le pluralisme lorsque les deux s'opposent.

Dans le contexte de la société pluraliste moderne, les pluralistes libéraux n'ont pas tous gardé la confiance que Mill avait héritée de la grande tradition des Lumières. Leur perte de confiance provient de la compréhension plus profonde du rôle constitutif que jouent la culture et la tradition communautaire dans la formation du moi et, plus concrètement, de la conscience aiguë de l'effet dévastateur dû à l'exportation et à l'imposition, pendant la période coloniale, de valeurs culturelles. D'où leur souci de ne pas reproduire ces effets à l'intérieur de leurs propres frontières[11]. Je soutiens ici qu'ils doivent résoudre cette crise de confiance et affirmer que les trois principes suivants sont cohérents en eux-mêmes et compatibles entre eux:

(1) Premièrement, le rôle constitutif de la sous-communauté dans la formation de l'individu (constructivisme analytique).

(2) Deuxièmement, l'importance de l'éclosion de sous-communautés en tant que supports de la culture et de la tradition (pluralisme normatif).

(3) Troisièmement, la nécessité de faire obstacle à (2) si et seulement si les sous-communautés portent atteinte à l'autonomie et à l'égalité de leurs membres (individualisme normatif).

II. L'expérience des États-Unis

Voici le Premier Amendement de la constitution U.S.:

> Le Congrès ne fera jamais aucune loi qui touche l'établissement ou interdise le libre exercice d'une religion, ni qui restreigne la liberté de la parole ou de la presse, ou le droit qu'a le peuple de s'assembler

---

10. *Ibid.*, p. 238.
11. Mill traite cette question de plus près dans sa discussion des «civilisades» in *Essays on Liberty, op. cit.*, p. 224.

paisiblement et d'adresser des pétitions au gouvernement pour la réparation des torts dont il a à se plaindre.

et la deuxième phrase du 14ᵉ amendement :

> Aucun État ne fera ou n'appliquera de lois qui restreindraient les privilèges ou les immunités des citoyens des États-Unis : ne privera une personne de sa vie, de sa liberté ou de ses biens sans procédure légale régulière ; ni ne refusera à quiconque relève de sa juridiction l'égale protection des lois.

Le Premier Amendement recouvre l'individualisme normatif et le pluralisme normatif dans la mesure où il défend les libertés aussi bien des individus que des groupes contre les décrets du Congrès. Quelles qu'aient été les intentions des pères fondateurs, la clause concernant la libre pratique du culte a été mise au service du pluralisme normatif, et celle concernant la liberté de parole et de presse, au service de l'individualisme. Le Quatorzième Amendement qui exige « une égale protection par les lois » a également servi les deux valeurs.

La Cour Suprême des États-Unis, depuis des années, a eu recours à ces amendements pour maintenir la balance entre individualisme et pluralisme. Je m'efforcerai de montrer que cette voie, au fil de décisions cruciales, s'est orientée vers le pluralisme.

La décision de la Cour Suprême des États-Unis dans l'affaire *État du Wisconsin contre Yoder* (1972) peut avec le recul être interprétée comme étant le dernier maillon (pour le moment au moins) dans une succession en chaîne de jugements qui vont dans le sens du pluralisme. Deux maillons précédents sont constitués par *Meyer contre l'État du Nebraska* (1922) et *Pierce contre la Society of the Sisters of the Holy Names of Jesus and Mary* (1924). Nous les étudierons avant d'examiner *Yoder* plus en détail.

Meyer

En 1922, une loi de l'État du Nebraska « interdisant l'enseignement à l'école de toute langue autre que l'anglais » avant la troisième fut annulée par la Cour. La Cour suprême du Nebraska avait considéré que « cette loi ne visait pas seulement à exiger que l'éducation de tous les enfants soit faite en langue anglaise, mais que, jusqu'à ce qu'ils aient grandi dans cette langue et jusqu'à ce qu'elle soit devenue une partie d'eux-mêmes, aucune autre langue ne devait leur être enseignée ». Selon l'interprétation de la Cour suprême des États-Unis, l'une des fonctions majeures de cette loi était idéologique : l'apprentissage de l'anglais « devait permettre aux enfants d'intégrer les idéaux américains ». A la lumière « d'expériences malheureuses faites pendant la dernière guerre », la Cour n'était pas hostile au «désir de la législature de promouvoir un peuple homogène pourvu d'idéaux américains». Cependant, elle considérait encore que l'État n'était pas en droit d'imposer l'uniformité à l'individu ou des «restrictions inadéquates aux populations des États». Jusqu'ici, on ne distingue pas de rupture claire entre individualisme et pluralisme. La relation première considérée est la relation entre l'individu et l'État. Mais l'individu est perçu comme faisant naturellement partie, par naissance, d'une sous-communauté, avec une langue maternelle, l'anglais ou une autre. Ainsi la Cour considéra que :

> La protection de la constitution s'étend à tous — à ceux parlant d'autres langues comme à ceux nés de langue anglaise. Il serait sans doute hautement avantageux que tous soient déjà en mesure de comprendre notre langage ordinaire, mais cela ne saurait être imposé par des méthodes allant à l'encontre de la Constitution. Une fin souhaitable ne saurait être recherchée par des moyens interdits.

C'est seulement après coup, une fois que le pluralisme a été reconnu en tant que valeur, que Meyer a été interprété comme le premier maillon dans la chaîne pluraliste.

Pierce

Dans cette affaire remontant à l'année 1924, la Cour Suprême des États-Unis considéra qu'une loi de l'État d'Orégon imposant à tous les enfants entre huit et seize ans de fréquenter l'école publique allait inconstitutionnellement à l'encontre de la liberté des parents et tuteurs de diriger l'éducation et l'instruction des enfants sous leur responsabilité. L'État justifiait cette loi sur la base de l'idée qu'il jouait «le rôle de *parens patriae*» pour les mineurs et qu'il avait ainsi un droit de «contrôle et de surveillance totale» sur ces mineurs. En réaction à une mise en cause de cette loi par une école privée catholique, la Cour considéra non seulement que le droit de cette école était protégé par le Quatorzième Amendement, mais aussi, plus fondamentalement, que les droits des familles étaient inaliénables face à l'ambition qu'a l'État d'imposer l'uniformité[12] :

> La théorie fondamentale de la liberté sur laquelle tous les gouvernements reposent dans cette Union exclut tout pouvoir général de l'État de standardiser ses enfants en les obligeant à accepter une instruction émanant des seuls enseignants de l'école publique. L'enfant n'est pas la simple créature de l'État : ceux qui l'élèvent et qui orientent sa destinée ont le droit, ainsi que le devoir de le préparer à d'autres obligations.

---

12. La thèse du droit inaliénable des parents est basée sur Meyer et sur quelques morceaux critiques d'érudition consacrés aux insuffisances de l'exposé de Platon sur l'éducation de l'enfant dans *La République*, et du modèle de Sparte sur lequel il se fonde.

On notera qu'il n'est pas fait référence à l'autorité constitutionnelle en ce qui concerne ce droit crucial de ceux qui « élèvent » l'enfant et « orientent sa destinée ». Ce droit représente le germe du « droit au pluralisme » qui doit véritablement prendre forme avec *Yoder*.

Yoder

Yoder (1972) marque enfin la reconnaissance explicite du pluralisme en tant que valeur indépendante.

Nous commencerons par un bref aperçu de l'affaire :

> Les plaignants, membres de la communauté des Amish, refusaient d'envoyer leurs enfants âgés de quatorze et quinze ans à l'école publique après la troisième. A la Cour du comté de Green dans le Wisconsin, les accusés furent condamnés pour n'avoir pas respecté la loi de l'État du Wisconsin sur la scolarisation obligatoire à l'école des enfants jusqu'à l'âge de seize ans. La Cour de district du Wisconsin confirma les condamnations, mais la Cour Suprême du Wisconsin, soutenant les accusés, déclara que le droit de ces derniers à la libre pratique de la religion, droit conféré par le Premier Amendement, avait été violé et annula les condamnations.

La décision de la Cour suprême du Wisconsin fut confirmée par la Cour Suprême des États-Unis, sur *certiorari*, dans un rapport regroupant les considérations de six membres de la Cour, un seul étant en désaccord partiel.

L'argument de l'État du Wisconsin reposait sur un droit et sur un pouvoir mutuels :

> Le droit substantif de l'enfant Amish à l'éducation secondaire, et... le pouvoir de l'État en tant que *parens patriae* d'étendre le profit de l'éducation secondaire aux enfants sans tenir compte des aspirations de leurs parents.

Celui qui était en désaccord, J. Douglas, défendait l'idée que ce droit et ce pouvoir devaient être reconnus ; il avançait que l'individualisme précédait le pluralisme communautaire et nécessitait le pouvoir organisé de l'État nécessaire à son application. D'après Douglas, ce jugement aurait pour conséquence « l'imposition aux enfants des convictions religieuses des parents » ; il manifestait « peu d'égards accordés aux opinions des enfants » et présupposait (cf. Pierce) « le pouvoir des parents sur l'éducation de l'enfant » ainsi qu'une « identité d'intérêt entre parents et enfants ». Le désaccord de Douglas se fondait sur l'idée que « l'enfant a le droit d'être entendu » et à recevoir une éducation même si cela implique une « rupture dans la tradition Amish» (rupture nécessaire si l'enfant «aspire à devenir pianiste, astronaute ou océanologue»).

Le plaidoyer solitaire de Douglas en faveur de l'individualisme contre le pluralisme communautaire fut vain précisément parce que les personnes concernées, c'est-à-dire les enfants, n'étaient pas représentées séparément dans cette affaire. De plus, la seule enfant consultée manifesta son accord avec la requête des appelants. En l'absence des parties prétendument intéressées, l'argument de Douglas resta sans suite.

Les six juges présents, deux autres étant absents, se prononcèrent en faveur des plaignants (avec toutefois quelques divergences mineures concernant les attendus). Les six tombèrent d'accord sur trois points : « la survie » de la communauté des Amish, « la sincérité de leurs croyances religieuses » et « la relation étroite entre leur croyance et leur mode de vie ».

Leurs croyances leur interdisant de plaider en justice, les Amish furent représentés par le Comité national pour la défense de la liberté religieuse des Amish. L'affaire plaidée par ce comité est passionnante car pour la première fois dans l'histoire constitutionnelle des États-Unis elle offre une défense explicite et sociologiquement fondée du pluralisme, basée sur le témoignange d'«experts». En prenant sa décision la Cour acceptait l'argument du Comité selon lequel l'héritage amish pénètre et détermine l'ensemble du mode de vie de ses adhérents. Le témoignage du sociologue J.A. Hostetler, auteur de *Amish Society*[13], autorité sur le sujet et lui-même élevé dans la communauté amish, fut d'une importance capitale. Il déclara que la présence sous contrainte au lycée serait psychologiquement préjudiciable aux enfants du fait de l'antagonisme introduit dans leur existence, et détruirait à terme la communauté Amish. Ce témoignage fut également déterminant pour établir l'identité juridique de la communauté en tant qu'elle est à la fois respectueuse des lois et capable de transmettre une éducation tout à fait convenable en harmonie avec sa façon de vivre.

En rendant son jugement, la Cour insista sur le fait que le Premier Amendement ne mentionne que la liberté religieuse et qu'elle donnerait donc raison à la cause Amish dans la seule mesure où celle-ci reposerait sur des fondements religieux, et non «philosophiques», «subjectifs» (!) ou «laïcs». La Cour considéra que la réclamation des Amish entrait dans le cadre de l'amendement étant donné que la foi Amish se fonde sur la continuité entre religion et mode de vie. Par conséquent, en rendant obligatoire la présence au lycée, on porterait «gravement préjudice au développement religieux de l'enfant amish et à son *intégration* au mode de vie de la communauté Amish»; on risquerait par conséquent de mettre «gravement en péril, sinon de détruire, la libre pratique des croyances des plaignants». Afin de montrer que la fréquentation du lycée était incompa-

---

13. J.A. HOSTETLER, *Amish Society*, Baltimore, John Hopkins University Press, 3rd edition, 1980.

tible avec une pratique libre, la Cour invoqua une étude socio-psychologique sur l'intégration, étant admis que la pratique religieuse était « intégrée » au mode de vie de la communauté et qu'une éducation qui implique la *dé*sintégration de la communauté enfreignait de fait la pratique religieuse. A l'objection de l'État, disant que les pratiques religieuses établies doivent faire sa place à l'intérêt que l'État porte à son système d'éducation obligatoire, la Cour répondit en reprenant l'argument de Jefferson, selon qui « un certain niveau d'éducation formel est en effet nécessaire pour rendre les citoyens à même de participer utilement et intelligemment à notre système politique ouvert si nous voulons préserver la liberté et l'indépendance », mais un certain niveau seulement. Prenant le terme de « participation » dans une acception inédite, la Cour considéra que l'éducation Amish correspondait bien aux exigences de Jefferson étant donné que « la communauté des Amish est une grande réussite en tant qu'organisation sociale spécifique » à l'intérieur de notre société, quand bien même elle serait hors de la « tendance conventionnelle dominante ». Dépassant la formulation même du premier amendement, la Cour considéra que le pluralisme est une valeur souhaitable *per se* : « même leur séparatisme idiosyncrasique illustre la diversité que nous déclarons admirer et encourager ». L'opinion de Douglas selon laquelle la Cour résolvait le problème d'une « concurrence latente d'intérêts entre les parents, les enfants et l'État » fut rejetée en raison de ce que les seules parties concernées étaient les parents et l'État. Entre ces parties, jugea-t-on, le rôle primordial des parents est bien établi en tant que tradition américaine durable... La décision de la Cour concernant l'affaire *Pierce* a valeur de charte du droit des parents à diriger l'éducation religieuse de leurs enfants.

C'est avec *Yoder* que le pluralisme accède enfin à la tribune du droit constitutionnel. La multiplicité des sous-communautés, chacune avec son identité propre inscrite dans une longue tradition, est maintenant reconnue comme valeur indépendante, tant que l'identité passe par la religion. En même temps, l'antagonisme latent entre le pluralisme incarné par l'institution familiale et les intérêts de l'enfant pris comme individu, en opposition potentielle avec ceux de sa communauté, apparaît clairement dans le jugement de la cour et dans le désaccord partiel de Douglas.

III. Interprétation juridique et divergences

Les commentaires ci-dessus concernant Meyer, Pierce et Yoder sont inspirés des travaux de Ronald Dworkin sur l'herméneutique juridique. L'idée d'un modèle interprétatif, qui atteint en quelque sorte son *telos* dans « Yoder », se distingue après coup et s'accorde avec ce sur quoi Dworkin insiste dans *Law's Empire*[14], à savoir, qu'une approche herméneutique n'est pas réductible à une enquête sur les intentions des auteurs. Selon Dworkin, la magistrature tend à — ou devrait tendre — à une « interprétation constructive » « imposant une intention à l'objet ou à la pratique de manière à en faire le meilleur exemple possible de sa forme ou de son genre ». Dans l'optique du constructivisme optimiste de Dworkin, les citoyens des démocraties avancées, professionnels ou non, constituent une communauté où les valeurs morales et politiques dominantes sont plus ou moins partagées, plus ou moins intériorisées, et en même temps, plus ou moins, se développent, s'élargissent et s'approfondissent par la réflexion et l'universalisation. Dworkin n'ignore évidemment pas la possibilité de désaccords profonds quant à la nature ou l'application de ces valeurs: d'où l'émergence permanente d'« affaires difficiles ». Mais, si l'approche herméneutique est la bonne, alors, quelque imparfait que soit l'encadrement de la communauté par nos systèmes de lois positives, dans la mesure où ceux-ci s'efforcent d'apaiser les tensions par règlement de la loi au moyen de tribunaux et de juges, ces organismes doivent s'investir dans l'interprétation, à l'intérieur d'une communauté interprétative, si fragile qu'elle soit. C'est seulement dans ce contexte qu'ils pourront appliquer des règles et des principes relativement abstraits et généraux à des cas spécifiques concrets, juger du bon fondement des décisions des Cours de première instance, etc. Avec Dworkin, il apparaît que le stade herméneutique de ce processus est irréductible. Mais sa thèse la plus forte, selon laquelle la possibilité d'interprétation dépend tour à tour de l'existence d'une « réponse juste » ou d'une solution correcte unique pour chaque point crucial, est moins bien fondée.

Il y a en fait de bonnes raisons de penser que « la loi », lorsqu'il s'agit du système juridique positif d'une juridiction donnée, nécessite la cohérence d'un texte achevé. T.C. Grey observe que les radicaux des *Critical Legal Studies*

> pourraient éventuellement tomber d'accord avec Dworkin sur l'idée qu'un système cohérent de principes juridiques est l'indice d'une collectivité politique unie en une véritable communauté. Cependant, de leur point de vue radical, la doctrine actuelle prétend tout simplement être cohérente, tout comme la société actuelle prétend être une véritable communauté; du point de vue libéral réformiste de Dworkin par contre les juristes qui s'efforcent de rendre encore plus cohérent un corps de doctrine déjà relativement cohérent, travaillent en même temps au progrès de la fraternité dans une société raisonnablement mais imparfaitement fraternelle [15].

---

14. R. DWORKIN, *Law's Empire*, London, Fontana, 1986.
15. *New York Review of Books*, 12 March 1987.

L'enseignement de *Yoder* et des cas précédents se résume à ceci que la vérité se trouve quelque part entre Dworkin et ses adversaires des *Critical Legal Studies*. Le « texte » de loi constitutionnelle des États-Unis est suffisamment cohérent pour faire l'objet d'une interprétation constructive, tout en contenant des aspects normatifs qui pourraient finalement s'avérer incompatibles et empêcher dans certains cas une unique « réponse juste »[16].

IV. L'expérience de l'Inde

La Constitution de l'Inde de 1948-1950 garantit un grand nombre de libertés semblables à celles garanties par la Constitution des États-Unis et pourtant elle s'écarte résolument de celle-ci à la fois de par sa forme et de par les circonstances de sa naissance[17]. La laïcité constitue la ligne idéologique directrice et il est stipulé que « l'État doit s'efforcer de garantir aux citoyens un code civil uniforme pour l'ensemble du territoire de l'Inde » (Art. 44). Cet attachement à la laïcité est tempéré par l'équilibre du pouvoir entre les deux principales communautés religieuses, hindoue et musulmane. Le pluralisme radical s'impose incontestablement, fondé dans le langage et la culture, expressément reconnu dans la formulation même de la Constitution. Ainsi peut-on lire dans l'article 29 (1) :

> Tout ensemble de citoyens résidant sur le territoire de l'Inde ou l'une de ses parties et ayant une langue, une écriture ou une culture propre a le droit de la conserver.

L'article 25 protège « la liberté de conscience et celle de professer, de pratiquer et de propager librement sa religion », à quoi « toute personne peut également prétendre », « dans les limites de l'ordre public, de la moralité et de la santé ».

L'article 44 émet l'espoir que dans l'avenir l'Inde aura un système unitaire de droit. Hindous et musulmans, tout comme les autres communautés plus petites (chrétiens, parsis, juifs), ont leur propre code[18]. La législation élaborée après l'indépendance a profondément altéré les règles du mariage de la communauté hindoue. Après le Hindu Marriage Act

---

16. Mon idée est ici que la constitution incarne en quelque sorte une relation de « double-bind » (avec deux valeurs qui s'avèrent, après analyse, contradictoires) du type décrit par R.D. LAING, *Self and Others*, Harmondsworth, Penguin, Second edition 1969, pp. 144-148.
17. Voir l'exposé magistral sur la Constitution indienne de H.M. SEERVAI, *Constitutional Law of India*, Bombay, N.M. Tripathi Private Ltd., 1975. Il décrit la relation entre la Constitution de l'Inde, celle des pays du Commonwealth et celle des États-Unis (p. 29). Il remarque que le Dixième Amendement de la constitution des États-Unis « stipule que les pouvoirs non délégués aux États-Unis par la constitution ni réservés aux États sont réservés au peuple » tandis que l'« on ne trouve pas de telle clause dans notre constitution ».
18. P. DIWAN, « Family Law », *in* J. MINNATUR (ed), *The Indian Legal System*, Dobbs Ferry, NY, Oceana Publications Inc., 1978, p. 663.

(1955), la polygamie devient « un délit criminel passible d'emprisonnement »[19]. Ce même décret introduisit aussi l'égalité du droit de divorcer pour mari et femme et l'égalité du droit de se remarier pour les veufs et les veuves. Pour les musulmans d'un autre côté, la polygamie est encore permise; et mari et femme ont des droits au divorce différents et inégaux, bien que la totale inégalité de la loi traditionnelle musulmane semble avoir été déjà modifiée dans une certaine mesure avant l'indépendance par le Muslim Marriage Act (1939)[20].

Pour les partisans de la laïcité (à peu près l'équivalent dans le contexte indien de notre individualisme), l'actuel droit de la famille musulmane peut être mis en question pour deux[21].

La première question est de savoir si l'abrogation du droit de la famille musulman enfreindrait l'article 29 (1) de la Constitution? Il s'agit de déterminer « si l'identité culturelle des musulmans repose uniquement ou principalement sur leur droit personnel »[22]. Du point de vue laïque, les composantes inégalitaires de la loi de la famille musulmane (polygamie, divorce, etc.) ne peuvent pas « être identifiées à la culture musulmane ». Cet argument est en fait difficile à soutenir. Il faudrait déterminer, par des procédures acceptables de vérification, quelles institutions constituent pour une communauté donnée l'identité de sa culture. La deuxième question est de savoir si le droit de la famille musulman contient des traits caractéristiques allant à l'encontre d'articles de la Constitution et en particulier de l'article 14 — « L'État ne refusera à personne l'égalité devant la loi ou l'égale protection des lois dans les limites du territoire de l'Inde » — et de l'article 15 qui interdit « la discrimination pour des motifs religieux, de race, de caste, de sexe, de lieu de naissance ». La cause laïque est ici plus directement défendable. Il s'agit clairement d'une opposition frontale. Si les articles de la Constitution sont en mesure d'imposer des contraintes, le droit de la famille musulman doit par conséquent être changé pour s'aligner sur le précepte suivant: « La protection qui leur est accordée [aux femmes en tant que classe] en matière de mariage, de divorce et de religion doit être égale même si elle est accordée dans des droits particuliers »[23].

Cet exposé est schématique et de seconde main, et il laisse de côté l'abondante littérature savante consacrée à la récente jurisprudence indienne. Mais il aura rempli sa tâche s'il a su dégager la tension fondamentale entre nos deux valeurs transposées dans un environnement

---

19. *Ibid.*, p. 640.
20. *Ibid.*, p. 657.
21. M. GHOUSE, *Secularism, Society and Law in India*, Delhi, Vihas publishing House Private Ltd., p. 227.
22. *Ibid.*
23. *Ibid.*, p. 229. Cela n'implique en rien qu'en pratique le droit de la famille hindou protège convenablement les droits des femmes ou leur assure un traitement égal. Pour un exposé récent sur le fonctionnement du système de dot et l'Hindu Succession Act, cf. Shanta DHARMATINGHAM, « The flip side of the dowry scandal », in *The Guardian*, 20 juin 1989.

culturel radicalement différent. Dans cette configuration plus extrême, l'opposition entre les deux valeurs est plus saillante et les juges, les hommes politiques et les spécialistes tout aussi bien sont contraints de formuler un choix plus explicite en faveur de l'une ou de l'autre[24].

(Traduit de l'anglais par Thierry Labica)

RÉFÉRENCES AUX AFFAIRES DE LA COUR SUPRÊME

Meyer v. Nebraska, 262 US 390, 67 L Ed 1042, 43 S Ct 625, 29 ALR 1446 (1923).
Pierce v. Society of Sisters, 268 US 510, 69 L Ed 1070, 45 S Ct 571, 39 ALR 468 (1925).
Wisconsin v. Yoder, 406 US 205, 32 L Ed 2d 15, 92 S Ct 526 (1972).

---

24. Le présent article est une esquisse, ses conclusions sont hésitantes et dogmatiques. En particulier, la taxinomie de la Section I n'est pas satisfaisante.
L'auteur doit beaucoup à Martin Hollis, Heike Jung et Neil MacCormick, qui en faisant part de leurs remarques sur les premières moutures de l'article l'ont préservé d'un nombre d'erreurs plus grand encore.

RETOUR SUR LE CONCEPT DE SOCIÉTÉ CIVILE DANS LES *CAHIERS DE LA PRISON* DE A. GRAMSCI[*]

par Jacques Texier

Dates successives des anniversaires: 1957, 1967, 1977, 1987. En schématisant grossièrement, on pourrait dire que la première date est marquée par les interventions de P. Togliatti soulignant fortement la présence de Lenine dans l'élaboration théorico-politique des *Cahiers de la Prison*[1]. L'année 1967 me semble dominée par l'intervention de Norberto Bobbio sur la conception gramscienne de la société civile[2]. Cette intervention d'un très grand intérêt, me paraît à la fois unilatérale et fausse. Elle a été très largement accueillie et a eu des effets multiples et complexes. Sa thèse d'une double inversion par rapport à Marx — sur le rapport infrastructure/superstructure et sur le rapport coercition/consensus — et d'une inversion de valeur par rapport à Lenine sur le rapport hégémonie/dictature, a favorisé la perception d'une forte originalité de Gramsci — dont personne ne doute — par rapport aux marxismes antérieurs, mais plus encore elle a favorisé l'utilisation du patrimoine gramscien dans le sens d'une conception démocratique du passage au socialisme, dans le prolongement de l'élaboration togliattienne. A cet égard, cette interprétation peut être rapprochée de celle de Giuseppe Tamburrano dans son livre de 1963 sur Gramsci[3]. Je crois qu'elle a été bien accueillie, en particulier au sein du P.C.I., précisément parce qu'elle créait des conditions culturelles favorables à l'approfondissement d'une ligne stratégique combinant étroitement socialisme et démocratie.

Mais cette interprétation — outre qu'elle est fausse, s'agissant de

---

[*] Communication au Colloque de Pesaro (12-13 novembre 1987) sur *Gramsci nel dibattito politico-culturale del dopo guerra*.
1. *Studi Gramsciani*, Editori Riuniti, 1969, p. 15.
2. *Gramsci e la cultura contemporanea*, Editori Riuniti, 1969. Cf. aussi N. Bobbio, *Gramsci e la concezione della società civile*, Feltrinelli, 19.
3. G. Tamburrano, *Gramsci*, Laicata, 1963.

Gramsci ou d'une unilatéralité qui implique nécessairement l'erreur — a eu aussi des conséquences négatives, s'agissant de Lenine mais surtout de Marx. La mise en valeur de l'originalité de Gramsci comportait une dévalorisation de Marx. Il ne faut donc pas s'étonner que dans ses interventions de 1975, N. Bobbio s'en soit pris à la pauvreté essentielle de Marx en matière de théorie de l'État[4]. Cette affirmation de ma part ne signifie pas que je sousestime l'importance des problèmes réels soulevés à cette occasion et donc en somme le mérite théorico-politique de ces interventions. Je veux dire seulement, qu'elles ont eu un effet très négatif sur la façon de concevoir la crise du marxisme, qui a été comprise par certains comme une faillite due à des faiblesses constitutionnelles de la pensée marxienne.

L'anniversaire gramscien de 1977 a été précédé par le débat de *Mondo Operaio* sur Hégémonie et Démocratie[5]. L'offensive est ouverte par M. Salvadori. Elle implique la thèse d'une continuité fondamentale entre Lenine et Gramsci et la mise en évidence à partir de là de la distance qui sépare les positions théorico-politiques sur la démocratie élaborées par le P.C.I., des positions ou de certains aspects des positions défendues par Gramsci dans les *Cahiers*. Salvadori — étant donnés ses travaux antérieurs sur Gramsci — était assez bien placé pour mener à bien cette offensive. Par rapport à son livre de 1970 sur *Gramsci e il problema storico della democrazia*, on peut noter un changement d'attitude à l'égard de la «démocratie ouvrière» dont il défendait alors la valeur contre la ligne du P.C.I. telle qu'il l'interprétait; mais s'agissant de l'interprétation de l'itinéraire théorico-politique de Gramsci, il reprend alors sa thèse d'une continuité parfaite entre l'élaboration gramscienne d'avant la prison et celle des *Cahiers*, qui résiderait dans la permanence du concept de dictature du prolétariat. En ce qui concerne N. Bobbio, étant donnée son interprétation des *Cahiers* sur laquelle il ne revient pas, son intervention dans le débat sur Hégémonie et Démocratie ne pouvait être qu'assez discrète. Et de fait il intervient moins sur Gramsci en tant que tel que sur le caractère non-laïque des partis communistes. Notons que G. Tamburrano, intervenant sur le débat, maintient pour sa part sa lecture «démocratique» de Gramsci.

1987: le temps n'est évidemment pas encore venu de tenter un bilan de ce nouvel anniversaire. On peut souhaiter deux choses. Premièrement, que Gramsci devenant comme on dit un classique, nous devenions capables de progresser vers une interprétation satisfaisante de son œuvre, en la déconnectant d'une implication trop directe dans le débat politique. Deuxièmement, qu'à partir d'une reconstruction plus sereine de sa pensée, nous puissions également procéder à une critique de son élaboration sur les

---

4. In *Il marxismo e lo Stato*, Quaderni di *Mondo Op eraio*, 1976 et N. Bobbio; *Quale socialismo*, Einaudi, 1976.

5. *Egemonia e Democrazia*, Quaderni di *Mondo Operaio*, 1977.

points où cela paraît nécessaire en fonction de notre « conscience historique actuelle »[6]. C'est cette attitude que je voudrais adopter dans cette intervention. Comme j'étais déjà intervenu en 1967 pour critiquer le rapport de N. Bobbio[7], j'ai intitulé ma communication: *Retour sur le concept de société civile dans les Cahiers de la Prison*. Mon intention n'est pas pour autant de reprendre la discussion des thèses de N. Bobbio vingt ans après. Je dois dire néanmoins que comme alors, je les considère comme tout à fait erronées malgré leur caractère très stimulant. D'une façon générale, j'ai beaucoup appris en lisant les livres du Professeur Bobbio, mais aujourd'hui comme alors, j'éprouve la même insatisfaction à l'égard de ce qu'il appelle sa méthode de pensée « dichotomique » ou « antinomique ». Sur la plupart des points, je maintiendrais les arguments que j'avançais alors. Néanmoins, il se pourrait qu'après vingt ans, ma position générale ait évolué, et qu'en particulier, il me vienne l'audace d'adopter un point de vue critique à l'égard du vieux maître. Je m'y suis essayé sur plusieurs points au cours de cette année célébrative[8]. Cela ne va pas sans quelques risques, mais n'est-ce pas aussi la seule façon de maintenir un rapport vivant avec les classiques.

Mais avant la critique vient la reconstruction avec les exigences philologiques rigoureuses qu'elle implique. C'est donc des textes que je veux partir, des textes des *Cahiers*, où il est question de la « société civile ». Mon point de départ sera le § 24 du Cahier 6 intitulé: « Notions encyclopédiques. La société civile. »[9]

> « Il faut distinguer la société civile telle qu'elle est comprise par Hegel et au sens où l'expression est souvent utilisée dans ces notes (c'est-à-dire au sens d'hégémonie politique et culturelle d'un groupe social sur la société tout entière, comme contenu éthique de l'État) du sens que lui donnent les catholiques, pour lesquels la société civile est au contraire la

---

6. L'expression est de Gramsci.
7. Cf. ma brève intervention au Congrès in *Gramsci e la cultura contemporanea, op. cit.*, mais surtout mon article « *Gramsci teorico delle sovra strutture e il concetto di società civile* », in *Critica Marxista*, a. VI, n. 3, maggio-giugno 1968, publié également dans *La Pensée* n° 39, juin 1968. Les deux textes, celui de Bobbio et le mien, ont été traduits en anglais et récemment en turc.
8. Cf. « *Le concept gramscien de société civile et l'indépendance personnelle* », in *Actuel Marx* n° 2, L'Harmattan, 1987, *Rationalité selon la fin et rationalité selon la valeur dans les Cahiers de Prison*, à paraître dans *Actuel Marx* n° 4, P.U.F., 1988, *Gramsci et l'américanisme* (sur le Cahier 22) à paraître. Il s'agit de mes communications au Colloque de Sienne (27-30 avril 1987), au Colloque de Rome (24-27 juin 1987) et au Colloque du C.I.P.E.C. (Rome 20-22 novembre 1987).
9. Dans mes références aux *Cahiers*, j'indique le cahier, le §, et la page de l'édition critique de V. Gerattana. Pour certaines citations, j'indique une référence à *Gramsci dans le texte*, Éditions Sociales, 1979 (E.S.). L'indication du Cahier et du § permettra de se reporter à l'édition N.R.F. toujours inachevée.

société politique ou l'État, face à la société familiale et à l'Église. » (C. 6, § 24, E.C. 703) [10].

Deux choses m'intéressent pour le moment dans ce premier texte. Il ne s'agit ni du concept catholique, ni même de l'interprétation gramscienne de la pensée hégélienne que je laisse pour le moment de côté. Ce qui m'intéresse, c'est d'une part la claire définition d'une acception de l'expression « société civile » et d'autre part l'affirmation capitale par Gramsci que c'est *souvent (spesso)* dans ce sens que l'expression est adoptée dans les *Cahiers*. Par société civile Gramsci entend *souvent* désigner dans les *Cahiers* « l'hégémonie politique et culturelle d'un groupe social sur la société tout entière, comme contenu éthique de l'État». Ce sens de l'expression, je l'appellerai le sens ou l'acception spécifiquement gramscienne, où il désigne un moment de l'État (celui de l'hégémonie par opposition à celui de la coercition) entendu dans son *intégralité*. Après quarante ans de débats sur l'hégémonie, sur son contenu et sa forme, sur ses appareils, sur les sources du concept et ses transformations, ce concept est assez bien connu. Gramsci n'a évidemment pas inventé ce concept qui a une longue histoire dans la pensée politique. Néanmoins, il lui a donné une place considérable et il est le seul à ma connaissance à le désigner par l'expression «société civile». Je dirai donc pour faire bref : « société civile » dans le sens spécifique à Gramsci, ou « société civile » comme moment de l'État intégral pour me faire comprendre. Mais ce qui m'intéresse encore plus, c'est la précision apportée par le mot *souvent*. Car ou bien Gramsci bavarde, mais ce n'est pas dans ses habitudes, ou bien cela signifie qu'il utilise également l'expression «société civile» dans un ou d'autres sens et qu'il en est tout à fait conscient. Un des arguments que j'utilisais en 1967 contre N. Bobbio, c'était précisément qu'il négligeait complètement ce ou ces autres sens de l'expression. Parmi ces autres sens, il y en a un qui est fondamental, c'est celui où « société civile » ne désigne pas l'hégémonie politique et culturelle d'un groupe social, mais tout simplement le lieu des activités économiques. Voyons cela dans le détail.

Le premier texte que je citerai appartient à une note centrale des *Cahiers de la Prison*. Il s'agit du § 18 du cahier 13 intitulé : « Quelques aspects théoriques et pratiques de l'économisme » (E.C. 1590 ; E.S. 467).

Gramsci on le sait commence par y étudier le rapport de filiation entre le syndicalisme théorique et les doctrines économiques du libre-échange. Il écrit alors :

« La façon de poser les problèmes qui caractérise le mouvement du libre-échange est basée sur une erreur théorique dont il n'est pas difficile

---

10. Sur le rapport de Gramsci à Hegel, cf. N. Bobbio, *Gramsci e la concezione della società civile*, Feltrinell, 1976, p. 29.

> d'identifier l'origine pratique : il s'agit de la distinction entre société civile et société politique, qui de distinction méthodique a été transformée en distinction organique et présentée comme telle. C'est ainsi qu'on affirme que l'activité économique est propre à la société civile et que l'État ne doit pas intervenir dans sa réglementation. Mais comme dans la réalité effective société civile et État s'identifient, il faut affirmer que le « libérisme » lui-même est une « réglementation » de caractère étatique, introduit et maintenu par voie législative et coercitive : c'est un fait de volonté consciente de ses propres fins et non l'expression spontanée et automatique du fait économique. »

Pour qui sait lire, il est clair que dans ce texte la « société civile » n'est pas le lieu d'une activité hégémonique politique et culturelle, mais le lieu de l'activité économique. La société civile n'y désigne donc pas l'un des moment de l'État au sens intégral (sens spécifiquement gramscien de l'expression), mais en rapport avec la société politique et sa coercition juridique, elle désigne la « société économique » bourgeoise en tant qu'elle est caractérisée par l'échange marchand. Certes Gramsci va opposer aux théoriciens du libre-échange, sa propre conception des rapports entre le monde économique et l'État, récusant ainsi l'erreur « économiste » qui caractérise selon lui leurs conceptions doctrinales, mais c'est pour leur opposer sa propre conception du rapport entre l'État et la société civile *comme lieu des activités économiques.* Cette théorie gramscienne est d'une importance capitale et Gramsci l'expose à de multiples reprises dans les *Cahiers.* Mais il est bien évident qu'on ne risque pas de la comprendre, si on déforme ce texte, si on ne voit pas qu'ici « société civile » est le lieu des activités économiques et non celui des activités hégémoniques, et que par conséquent l'erreur théorique qui consiste à transformer une distinction méthodique en distinction organique, concerne non les deux moments de l'État intégral (celui de la coercition juridique et celui de l'hégémonie politico-culturelle), mais le rapport entre la Société politique et sa législation et la Société économique.

C'est pourtant cette confusion qui a été faite. La thèse gramscienne refusant de transformer une distinction méthodique en distinction organique a été comprise comme théorie des rapports entre « hégémonie » et « dictature », comme théorie des rapports entre les deux moments de l'État intégral. Or, à ma connaissance, c'est toujours aux rapports de l'État et du monde économique que Gramsci l'applique et il se pourrait bien qu'en l'appliquant aux rapports de la fonction hégémonique et de la fonction de commandement juridique, on déforme gravement la portée historico-politique de la théorie gramscienne de l'hégémonie : si la distinction hégémonie/dictature n'a qu'une signification méthodique et non organique, cela peut signifier que l'hégémonie-consensus n'est qu'une forme de manipulation totalitaire de la vie sociale. Bien que cet aspect de la question ait eu une très grande importance dans le débat politico-culturel italien, en particulier en 1977, je ne veux pas m'y arrêter.

Je voudrais par contre ouvrir une parenthèse dont le but est de démontrer la force de la confusion que je viens d'indiquer. Dans mon article de 1967, je me référais à deux reprises à ce texte de Gramsci et à son refus de confondre une distinction méthodique et une distinction organique. Or, bien que la deuxième référence fasse intervenir le rapport de l'État au monde économique et soit ainsi plus proche de la signification réelle du texte de Gramsci, j'y appliquais le critère gramscien au rapport hégémonie/coercition, comme c'était déjà le cas lors de la première référence. Cette première référence est instructive quant à elle parce qu'elle est accompagnée d'un renvoi à l'intervention de Togliatti au Congrès de 1957: *Le leninisme dans la pensée et dans l'action de A. Gramsci (Notes)*. Dans ce texte, Togliatti fait intervenir lui aussi le critère gramscien de la différence entre distinction méthodique et distinction organique entre «société civile» et société politique (sans renvoyer d'ailleurs au texte précis des *Cahiers*), mais il l'applique lui aussi aux rapports de l'hégémonie et de la coercition et non comme Gransci aux rapports de l'État-gouvernement juridique et de la Société civile comme société économique. Voici la citation qui me paraît importante:

> «Y a-t-il pour Gramsci une différence et laquelle, dans le développement de ces concepts, entre le terme d'hégémonie et celui de dictature? Il y a bien une différence, mais elle ne concerne pas le fond des choses (la sostanza). On peut dire que le premier terme se réfère avant tout aux rapports qui s'établissent dans la société civile et donc qu'il est plus large que le premier. Mais il ne faut pas oublier que pour Gramsci, la différence entre société civile et société politique est seulement méthodologique et non pas organique.» [11]

Je ferme la parenthèse pour revenir à notre texte et à la critique du libre-échange qu'il contient. Contre l'économisme théorique qui caractérise la doctrine du libre-échange et le libéralisme en général qui consiste à affirmer que l'État ne doit pas intervenir dans l'activité économique, Gramsci affirme que le «libéralisme» est une réglementation étatique, tout comme le protectionnisme ou tout autre intervention étatique. C'est un fait de volonté, une politique économique déterminée et non l'expression spontanée, automatique du fait économique. «Dans la réalité effective, société civile (dont l'activité économique est ici le contenu J.T.) et État s'identifient.» Gramsci affirme ici à propos du libre-échange, une thèse concernant les rapports de la vie économique et de l'État qu'on retrouve sous de multiples formes dans les *Cahiers de la Prison*. Elle n'est d'ailleurs

---

11. Palmiro Togliatti, *Antonio Gramsci*, Editori Riuniti, 1967, p. 154. Traduction française, *Idem. A. Gramsci*, Éditions Sociales, 1973, édité par J. Rony et J. Texier.

pas nouvelle dans son œuvre, puisque Leonardo Paggi a pu montrer que telle était déjà sa position dans les années de jeunesse, alors même que Gramsci intervenait politiquement pour soutenir des exigences « libéristes »[12]. Autrement dit Gramsci défendait alors une politique économique « libériste », favorisant le développement d'un capitalisme moderne, non pas en fonction d'une autonomie fictive de la vie économique, mais en fonction d'un refus de séparer État et vie économique. C'est cette même théorie qu'il développe de multiples façons dans les *Cahiers*. C'est à mon sens un des aspects les plus riches de la pensée gramscienne, capable de rendre compte dans un cadre théorique unitaire, tant du capitalisme dit de libre concurrence, que de ses évolutions monopolistiques et des formes actuelles du capitalisme tardif avec les fonctions multiples qu'y remplit l'État. Or cette élaboration gramscienne d'une théorie de l'unité organique de l'État et de la vie économique, au-delà de leur distinction méthodique nécessaire, présente sans doute des traits d'originalité par rapport à Marx, mais il ne me semble pas qu'elle se fasse dans le sens de « l'inversion des rapports infrastructure/superstructure » diagnostiquée par N. Bobbio. D'une façon générale, il faut souligner que la critique de « l'économisme » par Gramsci ne signifie absolument pas l'affaiblissement du rapport de l'économie et de la politique, mais la capacité à analyser correctement l'économie et les rapports organiques mais complexes du politique et de l'économique. Il faudrait développer longuement ce point, en commentant dans le détail le texte dont nous nous occupons présentement. Qu'il me suffise de rappeler que pour Gramsci une des manifestations de l'économisme, désastreuse pour les classes subalternes, c'est le refus plus ou moins total des « expressions de volonté, d'action et d'initiative politique et intellectuelle ». C'est d'abord ce refus que Gramsci critique, mais au nom de quel principe? Gramsci répond on ne peut plus clairement en s'exclamant à propos de ses expressions de volonté politique, intellectuelle, etc.: « comme si celles-ci n'étaient pas une émanation organique de nécessités économiques et même la seule expression efficiente de l'économie » (*ibidem*, 1591).

Cette théorie gramscienne de l'unité organique de l'État et de la société civile comme lieu de l'activité économique se comprend assez bien en la référant au plan théorique général au concept de bloc historique qui est le concept fondamental de la pensée gramscienne. Les textes sont assez connus pour que je me dispense de les citer[13]. Il me paraît plus intéressant de prendre en compte d'autres textes où Gramsci développe et précise cette

---

12. L. PAGGI, *Il Moderno Principe*, Ed. Riuniti, 1970; cf. le chapitre III: «*Il liberismo, lo Stato e la storia d'Italia.*»
13. Je noterai seulement au passage qu'en France, Hugues PORTELLI publie en 1972 son livre intitulé *Gramsci et le Bloc historique*, qui a son point de départ dans la discussion soulevée par le rapport de N. Bobbio. C'est aussi le cas du livre de J.M. PIOTTE, *La pensée politique de Gramsci*, Paris, Anthropos, 1970.

conception de l'unité organique et de la distinction seulement méthodique entre société civile (au sens de société économique) et État. Il s'agit en particulier des nombreuses notes le plus souvent intitulées: « Points de méditation pour l'étude de l'économie politique » qui sont pour la plupart insérées dans le cahier spécial n° 10 consacré à la philosophie de B. Croce. Ces notes et quelques autres — en particulier celles consacrées à Ricardo — sont fondamentales parce que Gramsci y précise le statut propre à l'économie politique dans le cadre du marxisme tel qu'il le comprend. (L'économie politique est une des trois parties constituantes du marxisme — avec la philosophie et la science de la politique). Les deux concepts fondamentaux sont ceux de « marché déterminé » et d'*homo œconomicus*. Gramsci va en donner une interprétation historiciste en opposition avec le naturalisme de l'économie pure, mais surtout il va justifier au nom du principe de la distinction méthodique, la réduction par abstraction de la société économique à la pure « économicité », tout en réaffirmant constamment son principe de l'unité organique entre la vie économique et l'État.

Il est important de noter tout d'abord que comme l'affirme Gramsci, « les deux concepts fondamentaux en économie » sont ceux d'« homo oeconomicus et de marché déterminé », (E.C. 1247), et que le principe de l'unité organique entre économie et État se formule ainsi: « Marché déterminé » revient par conséquent à « rapport déterminé de forces sociales dans une structure déterminée de l'appareil de production », rapport garanti (c'est-à-dire rendu permanent) par une superstructure politique, morale, juridique déterminée » (C. 11, § 52; E.C. 1477; E.S. 282).

Voyons maintenant en quoi consiste le principe de la distinction méthodique que l'économisme transforme en distinction organique. Gramsci précise à propos de l'*homo œconomicus* et de la dialectique des distincts de Croce « qu'une telle abstraction a une portée et une valeur purement "méthodologiques" ou tout simplement de technique de la science (c'est-à-dire immédiat et empirique) » (E.C. 1354). En quoi consiste cette technique?

> « Après avoir fait le relevé de ces forces décisives et permanentes et leur automatisme spontané (c'est-à-dire leur relative indépendance par rapport aux volontés individuelles et aux interventions arbitraires des gouvernements), le savant a, comme hypothèse, rendu absolu l'automatisme lui-même, il a isolé les faits purement économiques des combinaisons plus ou moins importantes dans lesquelles ils se présentent réellement, il a établi des rapports de cause à effet, de prémisses à conséquences et il a fourni ainsi un schéma abstrait d'une société économique déterminée » (C. 11, § 52; E.C. 1478; E.S. 282).

Ayant donné ces définitions préliminaires, nous pouvons maintenant citer un deuxième texte philologiquement décisif dans lequel l'expression « société civile » renvoie au concept d'*homo œconomicus* (et de marché déterminé) et où par conséquent, elle n'est pas le lieu des activités hégémoniques politiques et culturelles, mais celui des activités économiques d'une forme sociale déterminée. Il s'agit du § 15 du cahier 10 intitulé « Petites notes d'économie » (E.C. 1253) qui n'a guère été cité si je ne me trompe avant 1977. Il faut le rapprocher de deux autres textes du même cahier 10, le § 27 et le § 32 où l'on trouve d'utiles précisions sur le concept d'*homo œconomicus* et sur son rapport avec celui de « marché déterminé ». Ce texte, comme plusieurs autres, a son point de départ dans les discussions entre Einaudi et les disciples de Gentile, Spirito et Volpicelli :

> « L'*homo œconomicus* est l'abstraction de l'activité économique d'une forme déterminée de société, c'est-à-dire d'une structure économique déterminée. Chaque forme sociale a son *homo œconomicus*, c'est-à-dire une activité économique propre »[14]... « Entre la structure économique et l'État avec sa législation et sa coercition se tient la société civile, et celle-ci doit-être radicalement transformée de façon concrète...; l'État est l'instrument pour rendre la société civile adéquate à la structure économique, mais il faut que l'État "veuille" le faire, et que par conséquent ce soit les représentants du changement intervenu dans la structure économique qui dirigent l'État. Attendre que la société civile s'adapte à la nouvelle structure, par voie de propagande et de persuasion, que le vieil *homo œconomicus* disparaisse sans être enterré avec tous les honneurs qui lui sont dus, c'est là une nouvelle forme de rhétorique économique, une nouvelle forme de moralisme économique vide et inconséquent » (C. 10, § 15 ; E.C. 1253).

Ce texte est d'une importance capitale pour de multiples raisons. La première est évidemment philologique : il établit en effet sans contestation possible que Gramsci utilise aussi l'expression de « société civile » dans le sens propre à la tradition dite hégélo-marxiste qui est devenu aujourd'hui l'usage universel. Sans doute est-il important de remarquer, comme l'ont fait différents commentateurs, que Gramsci distingue la structure économique et la société civile comme ensemble des activités économiques qui correspond ou qu'on doit faire correspondre à cette structure. Il reste qu'il y a évidemment ou qu'il doit y avoir une conformité de la « société civile » ou de l'*homo œconomicus* à la structure économique. De plus il est tout aussi clair que la méthode du matérialisme historique ne saurait fonctionner avec

---

14. Il est utile d'introduire ici quelques passages du § 27, *Cahier* 10, (E.C. 1265). « A propos de ce qu'on appelle l'homo œconomicus, c'est-à-dire de l'abstraction des besoins de l'homme, on peut dire qu'une telle abstraction n'existe nullement en dehors de l'histoire... L'homo œconomicus est l'abstraction des besoins et des opérations économiques d'une forme de société déterminée », ainsi que du § 32, *Cahier* 10 (E.C. 1276) « Le marché déterminé pour l'économie critique sera au contraire l'ensemble des activités concrètes d'une forme sociale déterminée, considérées dans leurs lois d'uniformité, c'est-à-dire "abstraites", mais sans que l'abstraction cesse d'être historiquement déterminée ». L'*homo œconomicus* comme le « marché déterminé » sont des abstractions méthodologiques et ils ont le même contenu : l'ensemble des activités économiques (et des besoins) d'une forme sociale.

le seul concept de structure: une société humaine c'est l'ensemble des activités se déployant dans des structures déterminées.

Il me paraît plus important de relever, que pour Gramsci, en vertu du concept de bloc historique et de celui qui le spécifie d'unité organique de l'État et de l'économie, on ne peut là non plus penser en termes de pure «économicité» (erreur de l'économisme) au plan théorique ou en termes de spontanéité au plan pratique. C'est la volonté humaine qui intervient et doit intervenir pour transformer la structure d'une part et pour «conformer» la «société civile» ou l'*homo oeconomicus* à la structure. Je voudrais à cet égard citer un texte central des *Cahiers* où cet aspect des choses est fortement souligné et où l'expression de «société civile» n'est pas non plus utilisée par Gramsci comme désignant le moment hégémonique de l'État intégral. Il s'agit d'un texte B du cahier 7, § 18, intitulé: «Unité dans les éléments constitutifs du marxisme» (E.C. 868; E.S. 270). Ces trois éléments ou parties ou moments sont l'économie politique, la philosophie et la politique. Je saute le début consacré à l'économie politique et au concept de valeur:

> «Dans la philosophie — la praxis — c'est-à-dire le rapport entre la volonté humaine (superstructure) et la structure économique. Dans la politique — rapport entre l'État et la société civile — c'est-à-dire intervention de l'État (volonté centralisée) pour éduquer l'éducateur, le milieu social en général. (A approfondir et à poser en termes plus exacts.)»

Tout ce paragraphe vise à mettre en lumière le rôle de l'activité humaine dans le procès historique, à quoi se ramène le concept de travail de praxis et de politique. La «praxis» dénote plus particulièrement le moment où la volonté humaine transforme la structure (ce que Gramsci appelle aussi «renversement de la praxis» dans un sens qui n'a plus rien à voir avec l'acception gentilienne de l'expression). En ce qui concerne la politique, on peut remarquer plusieurs choses importantes. Tout d'abord la «société civile» n'est pas prise ici dans son sens spécifiquement gramscien, (comme le moment de l'hégémonie), mais en accord avec la référence implicite à la thèse III sur Feuerbach, elle désigne le «milieu social en général». Le dit «milieu social en général» désigne une réalité plus large que l'*homo œconomicus* et le «marché déterminé», mais il les inclut bien évidemment et il ne saurait être réduit en tous cas aux seuls appareils d'hégémonie, même s'il paraît raisonnable de les y inclure. Ensuite, il semble bien que l'État défini comme volonté centralisée désigne ici l'État-coercition; en tous les cas il le désigne en tout premier lieu. Mais alors, il faut aussi en conclure que cette définition de la politique ne prend pas en compte — ou pas explicitement — la dimension hégémonique de la politique qui est l'apport décisif de Gramsci.

Mais revenons au texte où la « société civile » désigne l'*homo œconomicus* qu'on doit rendre adéquat à la nouvelle structure. C'est l'État au sens étroit d'appareil coercitif qui pour l'essentiel procède à cette adaptation et son instrument principal bien que non exclusif est le droit. Il faudrait citer ici toute une série de textes dans lesquels Gramsci revient sur cette transformation de la « société civile-homo œconomicus » par l'appareil de commandement juridique. Je n'en citerai qu'un consacré au droit C. 13, § 11; E.C. 1570; E.S. 566):

> «... en réalité l'État doit être conçu comme "éducateur", dans la mesure où il tend précisément à créer un nouveau type ou niveau de civilisation. Du fait que l'on agit essentiellement sur les forces économiques, que l'on réorganise et développe l'appareil de production économique, il ne faut pas en conclure que les faits de superstructure doivent être abandonnés à eux-mêmes, à leur développement spontané, à une germination contingente et sporadique. L'État, dans ce domaine également est instrument de rationalisation, d'accélération et de taylorisation ».

Et il faut préciser pour être complet, qu'outre le droit que Gramsci définit comme Croce en termes de contrainte et de force, des appareils sociaux comme l'école représentent un aspect plus positif de l'intervention de l'État et qu'enfin le nouveau « conformisme » social avec ses multiples normes de conduite qui pénètre tous les aspects de la vie humaine — y compris les plus intimes — est construit aussi par des méthodes hégémoniques et donc persuasives. L'instrument essentiel de cette rationalisation est néanmoins la contrainte.

Mais ainsi, nous arrivons à la remarque suivante: les deux acceptions principales de l'expression « société civile », l'une où elle est le lieu des activités de l'*homo œconomicus* et l'autre où elle est le lieu d'activité des organismes d'hégémonie dits « privés », correspondent pour l'essentiel aux deux moments de l'État intégral et à ses deux fonctions distinctes et opposées, la fonction coercitive de commandement et la fonction hégémonique de persuasion. On le saisit bien en relisant à la lumière des développements antérieurs la lettre à Tatania du 7 septembre 1931. Parlant de sa recherche sur les intellectuels, Gramsci y écrit:

> « Cette étude conduit également à certaines déterminations du concept d'État qui est habituellement compris comme Société politique (ou dictature, ou appareil coercitif pour rendre la masse du peuple conforme au type de production et à l'économie d'un moment donné) et non pas comme un équilibre entre la Société politique et la Société civile (ou hégémonie d'un groupe social sur la société nationale tout entière s'excerçant à travers les organisations dites privées, comme l'Église, les

syndicats, les écoles, etc.) et c'est précisément dans la société civile que les intellectuels agissent tout spécialement. » [15]

Cette lettre à Tatiana peut être aussi l'occasion d'une réflexion sur les zones d'obscurité que comportent les formulations gramsciennes. Pour parvenir à une plus grande clarté analytique, il faudrait en vérité distinguer la fonction hégémonique, les organes qui permettent d'exercer cette fonction spécifique et ce sont les organismes dits « privés » qui constituent un appareil d'hégémonie; se pose également la question décisive du lieu où s'exerce cette fonction et si l'on suit la lettre à Tatiana sur ce point, il s'agit de la société tout entière; il y a enfin la question du « sujet » historique qui exerce cette fonction de direction, et c'est toujours pour Gramsci un groupe social fondamental, c'est-à-dire un groupe qui joue un rôle décisif dans le monde de la production. Or très souvent, Gramsci nomme « société civile » (comme moment de l'État intégral) l'ensemble des organismes « privés » par lesquels s'exerce la fonction hégémonique, il parle de la « société civile » comme d'un lieu où les intellectuels sont actifs. De cette façon, « société civile » désigne la fonction, les organes de cette fonction, mais aussi un « lieu social ». Mais de quel lieu s'agit-il ? Celui des organismes où les intellectuels excercent les activités hégémoniques ? Réponse satisfaisante en première approximation. Mais on pourrait en conclure que l'ensemble de ces organismes désignent adéquatement le « lieu social » où s'exerce l'hégémonie. Auquel cas on serait dans l'erreur, car comme le dit ici Gramsci, il s'agit de l'hégémonie d'un groupe social sur l'ensemble de la société nationale, ou de l'hégémonie sur la société tout entière. Comme on le voit, l'usage de l'expression « société civile » dans son acception spécifiquement gramscienne ne va pas sans ambiguïtés. La question du lieu fait particulièrement problème, car en un sens restreint, il est l'ensemble des organismes dits privés et en un sens plus large et plus profond, c'est la société tout entière. Lorsqu'il s'agit de la Société politique, on ne rencontre pas ce genre de difficultés : il y a la fonction (le commandement juridique), il y a les organes (ce sont les appareils d'État), l'agent social (il s'agit du groupe dominant), les « commis » de cet agent social (les intellectuels) qui exercent les fonctions subalternes de ce commandement. Mais il est impossible d'identifier la fonction et les organes du commandement, avec le « lieu » où cette fonction s'exerce. Ce lieu, c'est la société tout entière mais tout particulièrement l'*homo œconomicus* qu'il faut « conformer » à la structure économique, et tout spécialement les groupes sociaux qui refusent leur consentement et qu'il faut faire obéir.

Par rapport à cette question du « lieu » de l'hégémonie, la lettre à Tatiana présente un intérêt tout particulier, car elle permet d'articuler

---

15. *Lettere dal Carcere* Einaudi, p. 481, traduction française aux Éditions sociales et chez Gallimard.

correctement le « lieu » restreint que constitue l'ensemble des organismes privés et le lieu « social » au sens large : la société nationale tout entière. Par ailleurs, l'État au sens large y est défini comme un « équilibre de la Société politique avec la société civile ». Cela peut s'entendre de deux façons : si l'on considère les fonctions de l'État intégral, il s'agit d'un équilibre entre la coercition et le consentement ; mais comme l'hégémonie s'exerce sur la société tout entière, on est tenté de comprendre aussi qu'il s'agit d'un équilibre entre la Société politique et la société *tout court*, résultant de l'initiative politico-culturelle des organismes dits privés autant que de la rationalité historique des orientations du groupe social dominant.

On aura noté également que cette lettre mentionne les syndicats parmi les organismes privés qui définissent la « société civile » au sens spécifiquement gramscien (comme moment hégémonique de l'État intégral). Mais il n'est pas d'organisme plus intéressant à étudier que les syndicats pour qui veut comprendre la pensée gramscienne selon une méthode de pensée différente de la méthode antinomique et un peu trop verbale de N. Bobbio. La naissance et le développement des syndicats signifient en effet un bouleversement de la structure politique d'une société, de la « société civile » comme lieu de lutte pour l'hégémonie, mais ils signifient également une transformation profonde du « marché déterminé » et donc de la « société civile » comme lieu des activités économiques de l'*homo œconomicus*. C'est d'abord sur ce deuxième aspect que nous allons insister.

Il nous faut revenir au principe gramscien déjà exposé de l'unité organique du monde économique et de l'État et de la valeur seulement méthodologique de leur distinction : l'hypothèse abstraite de séparation n'a qu'une valeur de technique scientifique empirique qui se transforme aisément en erreur théorique (économisme) ou en instrument pratique de gouvernement (libérisme). Nous avons vu en étudiant un passage de la note intitulée « Quelques aspects théoriques et pratiques de l'économisme », (E.C. 1589) que Gramsci contre l'économisme affirmait l'identification dans la réalité effective de la vie économique (société civile définie économiquement) et de l'État. Le libre-échange affirmait-il n'est pas un résultat automatique du fait économique, mais une réglementation étatique. Nous sommes bien placés aujourd'hui en France ou en Angleterre pour comprendre que le « libéralisme » est une intervention de l'État, que la privatisation est un fait de volonté politique tout comme la nationalisation. Mais Gramsci ne s'en tient pas à cette seule remarque et il développe sa pensée dans une note du *Cahier* 10 (§ 20), consacrée à la double polémique sur le rapport économie/État entre Einaudi-Spirito d'une part et entre Einaudi-Benini d'autre part. Il nous faut considérer ce texte avant d'en venir au texte décisif sur les syndicats.

« Dans la conception de l'État : Einaudi pense à l'intervention *gouvernementale* dans les faits économiques, soit comme régulateur "juridique" du marché, c'est-à-dire comme la force qui donne au marché déterminé la forme légale, dans laquelle tous les agents économiques se meuvent à "parité de conditions juridiques", soit à l'intervention gouvernementale comme créatrice de privilèges économiques, comme perturbatrice de la concurrence en faveur de groupes déterminés. Spirito au contraire se réfère à sa conception spéculative de l'État, selon laquelle l'individu s'identifie à l'État. Mais il y a un troisième aspect de la question chez l'un et l'autre auteur, et il consiste en ceci que l'État s'identifiant avec un groupe social, l'intervention étatique ne se produit pas seulement de la manière indiquée par Einaudi, ou de la manière voulue par Spirito, mais est une condition préliminaire de toute activité économique collective, est un élément du marché déterminé, si elle n'est pas tout simplement le marché déterminé lui-même, puisqu'elle est l'expression politico-juridique même du fait qu'une marchandise déterminée (le travail) est préliminairement dépréciée, est mise en condition d'infériorité compétitive, et paye pour tout le système déterminé. Ce point est mis en lumière par Benini... » (E.C. 1257).

Comme on le voit, Gramsci part ici de son concept de « marché déterminé » comme d'un concept « socio-politique » et non purement « économique ». En ce sens, il doit être référé à l'analyse des différents moments du rapport des forces (C. 13, § 17; E.C. 1578; E.S. 489). Un marché déterminé résulte d'un rapport de force permanent entre les groupes sociaux. Le deuxième moment (politique) du rapport des forces (avec ses différents degrés), ainsi que le troisième moment (militaire) doivent être pris en considération et pas seulement le premier moment qui est purement objectif en tant qu'il désigne la structuration socio-économique telle qu'elle résulte du développement de l'appareil de production. « L'intervention » de l'État ne se manifeste donc pas seulement dans l'attribution de privilèges économiques et surtout ne se réduit pas à cette structure juridique légale qui est le corrélat de l'échange marchand et qui assure le principe d'un échange « égal ». Cette structure juridique est bien réelle, mais elle ne doit pas faire oublier que l'État étant la force organisée d'un groupe social, ne se contente pas de garantir cette parité juridique formelle des échangistes, mais également le monopole des conditions objectives de la production (propriété privée capitaliste). L'échange marchand dans la société capitaliste est aussi et avant tout rapport salarial capitaliste. C'est ce que Benini a mis en lumière dans le langage de l'économie politique classique. Retenons les formules utilisées par Gramsci dans ce texte :

« L'État s'identifiant avec un groupe social, l'intervention de l'État est une condition préliminaire de toute activité économique collective, elle est un élément du marché déterminé, si elle n'est pas tout simplement le marché déterminé lui-même, puisqu'elle est l'expression politico-juridique même du fait qu'une marchandise déterminée (le travail) est préliminairement dépréciée... ».

Dans un autre contexte, il faudrait évidemment examiner sérieusement le problème des rapports entre le concept gramscien de l'économie politique et celui qui est propre à Marx. Le problème se pose ici à propos de l'achat et de la vente du «travail» ou de la «force de travail». Et il va se reposer dans le texte que nous allons maintenant citer à propos de la théorie de la valeur de Ricardo et de Marx. Mais nous ne pouvons pas approfondir ce point [16]. Nous ne pouvons pas davantage examiner l'utopie de Spirito et le jugement porté sur elle par Gramsci. Notre fil conducteur doit rester l'étude de la «société civile» dans le cadre de la théorie gramscienne du bloc historique et de l'unité organique de la «vie économique» et du «politique» dans la structuration du «marché déterminé». C'est dans ce contexte que nous citons maintenant le § 41 du *Cahier* 10, dans lequel Gramsci à partir de l'interprétation crocienne de la théorie marxienne de la valeur comme «comparaison elliptique», s'efforce de préciser le statut épistémologique de la science économique (son abstraction méthodologique) et sa propre conception «économico-politique» du «marché déterminé». Il y est aussi question des syndicats et de la société civile et c'est ce qui nous intéresse plus directement.

> «La théorie de Ricardo était-elle arbitraire et est-ce que la solution plus précise de l'économie critique est arbitraire? Il faudrait étudier soigneusement la théorie de Ricardo sur l'État comme agent économique, comme force qui protège le droit de propriété, c'est-à-dire le monopole des moyens de production. Il est certain que l'État *ut sic* ne produit pas la situation économique, toutefois on peut parler de l'État comme agent économique en tant que précisément l'État est synonyme de cette situation. Si l'on étudie en fait l'hypothèse économique pure comme Ricardo entendait le faire, ne faut-il pas faire abstraction de cette situation de force représentée par les États et par le monopole légal de la propriété? Que la question ne soit pas oiseuse, cela est démontré par les changements introduits dans la situation de force existant dans la société civile par la naissance des Trade-Unions, bien que l'État n'ait pas changé de nature. Il ne s'agissait donc nullement d'une comparaison elliptique, faite en vue d'une nouvelle forme sociale différente de celle étudiée, mais d'une théorie résultant de la réduction de la société économique à la pure «économicité», c'est-à-dire à la détermination maximale du «libre jeu des forces économiques», dans laquelle l'hypothèse étant celle de l'homo œconomicus, on ne pouvait pas ne pas faire abstraction de la force résultant de l'ensemble d'une classe organisée dans l'État, d'une classe qui avait dans le Parlement sa Trade-Union, tandis que les salariés ne pouvaient se coaliser et faire valoir la force donnée par la collectivité à chaque individu singulier» (E.C. 1310) [17].

---

16. Jacques BIDET développe des vues semblables à celles du Gramsci dans *Que faire du «Capital»?*, Paris, 1985, Meridiens Klincksieck.
17. La première version de cette note, le texte A, se trouve dans le *Cahier* 7, § 42; E.C. 890 et doit être absolument consultée.

Nous retrouvons on le voit les principaux concepts de Gramsci. L'État est un élément constitutif du « marché déterminé »; bien que l'État *ut sic* ne produise pas la situation économique », il en est l'expression, il est « synonyme » du rapport de force qui est constitutif du « marché déterminé ». En quoi consiste alors l'hypothèse de la science économique? Elle fait abstraction de l'État pour étudier les automatismes ou lois tendancielles qui se manifestent dans ce « marché déterminé ». Elle réduit « la société économique à la pure économicité », elle a recours à l'hypothèse qui caractérise sa méthodologie — dont la portée est celle d'une technique scientifique empirique — de l'*homo œconomicus* et du libre jeu des forces du marché. Mais en même temps, elle part d'un marché « déterminé » tel qu'il existe à un moment déterminé et tel qu'il résulte tant du développement de la production, que des rapports de forces politiques (État) qui en sont un élément constitutif. Elle fait abstraction de l'État et de sa législation et en particulier de l'interdiction des « coalitions » ouvrières par une classe « qui a dans le Parlement sa propre Trade-Union ». Elle fait abstraction de la dimension « politique » du marché déterminé, mais en même temps sa méthode est celle du « posto che » (étant donné que), c'est-à-dire qu'elle part de ce « marché déterminé » pour en étudier les automatismes. Distinction méthodologique donc, mais refus théorique de sa transformation en distinction organique. Là encore la question se pose de savoir si la conception gramscienne ne comporte pas une pointe critique, non seulement contre Ricardo mais contre Marx. Gramsci procède interrogativement, mais sa question: « en quel point du raisonnement résiderait l'arbitraire et le sophisme? » (C. 7, § 42; E.C. 890.) concerne Marx autant que Ricardo. La première version de ce texte est très explicite: « La théorie de Marx est-elle arbitraire? Et en quoi consisterait alors l'arbitraire? » (C. 7, § 42; E.C. 890). Nous connaissons au moins le principe de la réponse: l'abstraction est légitime quand on sait en quoi elle consiste, à moins de quoi on est guetté par l'économisme.

Venons-en maintenant aux passages de ce texte où il est question des syndicats. Le Parlement est la Trade-Union du groupe social dominant et le libre jeu maximal des forces du marché correspond à l'interdiction des « coalitions » pour le groupe social subalterne. La naissance des Trade-Unions entraîne donc un changement « dans la situation de force existant dans la société civile ». Quel sens a ici l'expression « société civile »? Tout le contexte où l'on discute de la loi de la valeur, de même que le texte sur la double polémique Einaudi-Spirito et Einaudi-Benini (E.C. 1237) montre qu'il s'agit essentiellement ici des rapports de marché et très précisément de l'achat et de la vente de la force de travail et non de la « société civile » comme lieu de la lutte pour l'hégémonie politico-culturelle. Ou plus précisément ce texte exclut que la « société civile » soit de façon exclusive un des moments de l'État intégral (celui de l'hégémonie »), et non pas également le lieu des « activités économiques » qui se déroulent sur un « marché déterminé ». Mais le « marché déterminé » renvoie tant à la structuration des forces économico-sociales, qu'à la forme étatique et aux rapports de forces politiques. Si la « société civile » est ici le lieu des échanges, il n'empêche que la naissance des syndicats est un fait politique (de conscience et d'organisation) qui relève du deuxième moment du rapport des forces (dans son premier degré) (C. 13, § 17; E.C. 1578; E.S. 489). De plus ce n'est pas seulement le « marché déterminé » qui connaît une variation (le rapport salarial), mais bien évidemment aussi le rapport des forces politiques dans la « société civile » comme lieu de lutte pour l'hégémonie. Gramsci étant donné sa théorie du bloc historique où l'éthico-politique est la forme d'un contenu économico-social, ne devrait avoir aucune difficulté à passer d'un sens à l'autre de l'expression « société civile ». Je voudrais à cet égard citer un dernier texte où il est question de la société civile et du phénomène syndical. C'est une note du *Cahier* 15, § 47, classé sous la rubrique « Machiavelli », dans laquelle Gramsci analyse la crise du système parlementaire, c'est-à-dire une crise d'hégémonie. Il faudrait expliquer dit Gramsci polémisant avec Sergio Panunzio :

> « Comment se sont produites la séparation et la lutte entre parlement et gouvernement de telle façon que l'unité de ces deux institutions ne réussisse plus à construire une orientation permanente de gouvernement; mais cela ne peut s'expliquer avec des schèmes logiques, mais seulement en se référant aux changements intervenus dans la structure politique du pays, c'est-à-dire d'une manière réaliste, avec une analyse historico-politique. Il s'agit en réalité de la difficulté à construire une orientation politique permanente et de vaste portée et non de difficulté tout court... »

Suit alors l'analyse de la crise au niveau des partis. Puis Gramsci enchaîne :

> « Ce fait est-il purement parlementaire, ou bien est-il le reflet parlementaire de mutations radicales survenues dans la société elle-même, dans la fonction que les groupes sociaux exercent dans la vie productive, etc.? Il semble que la seule manière de rechercher l'origine du déclin des régimes parlementaires soit celle-ci : c'est-à-dire qu'elle est à chercher dans la société civile et il est clair que dans cette direction, on ne peut pas se dispenser d'étudier le phénomène syndical » (E.C. 1807).

Pourquoi ce texte est-il intéressant? Philologiquement et théoriquement intéressant? Parce que Gramsci y utilise à quelques lignes d'intervalle les expressions « société » et « société civile ». Mais je ne soutiendrai pas que la « société civile » est ici le lieu des activités économiques comme c'était nettement le cas dans le texte précédemment étudié (E. C. 1310) où il était question de la naissance des syndicats et du changement du rapport des forces dans la « société civile », dans le « marché déterminé ». Je crois au contraire, que comme le dit Gramsci dans ce texte, il s'agit pour comprendre la crise du système parlementaire, d'étudier les changements dans la «structure politique» du pays (l'expression revient à deux reprises). Donc on peut légitimement penser que «société civile» désigne ici l'un des deux moments de l'État intégral. Je l'ai souligné, l'associationnisme syndical appartient au moment politique du rapport des forces et il en est le premier degré. Mais en même temps Gramsci éprouve le besoin de référer le changement dans la «structure politique», non seulement à la «société civile» comme lieu de la lutte pour l'hégémonie, mais aux changements survenus dans «la société elle-même» et en dernière analyse «dans la fonction que les groupes sociaux exercent dans la vie productive». Qu'est-ce que cela signifie? Que rien n'est plus vain, s'agissant de la pensée gramscienne que de se livrer au petit jeu des antinomies verbales où l'on oppose contenu économico-social et forme éthico-politique. La méthode est tout à fait impraticable, parce qu'elle tourne le dos au concept de bloc historique. Gramsci — disions-nous — passe sans difficulté d'une acception à l'autre de l'expression «société civile». On peut le vérifier dans le texte que nous avons déjà étudié: «Quelques aspects théoriques et pratiques de l'économisme» (C. 13, § 18; E.C. 1590; E.S. 467). Quelques lignes après avoir utilisé l'expression «société civile» pour désigner le lieu des activités économiques, Gramsci l'emploie pour désigner le moment de la lutte hégémonique. La différence est grande explique-t-il entre le syndicalisme théorique et le libérisme, car le premier concerne un groupe subalterne «auquel on interdit avec cette théorie, de devenir jamais dominant, de se développer au-delà de la sphère économico-corporative pour s'élever à la phase d'hégémonie éthico-politique dans la société civile et dominante dans l'État». Le sens est ici parfaitement évident. Mais Gramsci continue son discours en parlant maintenant du «libérisme» de la classe dominante et il précise: «Il s'agit de la rotation des partis dirigeants au gouvernement et non de la fondation et de l'organisation d'une nouvelle société politique et encore moins d'un nouveau type de société civile».

Que signifie ici fonder et organiser «un nouveau type de société civile»? S'agit-il d'un nouveau système hégémonique ou d'un nouvel *homo œconomicus* et d'un nouveau «marché déterminé»? Bien malin qui le dira *avec certitude*. Et l'un n'exclut peut-être pas l'autre! Nous avons vu (C. 10, § 15; E.C. 1253) que pour le groupe subalterne fonder un nouvel État, c'est transformer la «structure», réorganiser l'appareil de production, mais aussi adapter par des moyens principalement coercitifs (droit) l'*homo œconomicus* («société civile» comme ensemble des activités et des besoins économiques) à la nouvelle structure. Nous savons également que contrairement à ce qui a été quelques fois soutenu, Gramsci ne pose pas dans l'absolu la conquête de l'hégémonie dans la «société civile» comme préalable à la conquête du pouvoir. Il y a des formes de «césarisme» progressif et Gramsci justifie dans les *Cahiers* les phases (transitoires) de statolâtrie. Dans ce cas, on a la séquence suivante: conquête de la société politique, transformation de la structure, adéquation de l'*homo œconomicus* à la nouvelle «structure» (c'est-à-dire de la «société civile» comme lieu des activités économiques) et enfin création d'une «société civile» au sens spécifiquement gramscien de système éthico-politique producteur d'auto-gouvernement. La note du *Cahier* 8 intitulée «Statolâtrie» est on ne peut plus claire à cet égard (§ 130, E.C. 1020):

> «Pour certains groupes sociaux... une période de statolâtrie est nécessaire et même opportune: cette "statolâtrie" n'est rien d'autre que la forme normale de "vie étatique", d'initiation, au moins, à la vie étatique autonome et à la création d'une "société civile" qu'il ne fut pas possible historiquement de créer antérieurement à l'accession à la vie étatique indépendante.»

Au point où nous en sommes, nous pourrions résumer les résultats de notre investigation philologique et théorique en disant qu'on trouve dans les *Cahiers* deux acceptions principales (nous verrons qu'il y en a d'autres) de l'expression «société civile», l'une spécifiquement gramscienne, avec un nombre d'occurrences massivement dominant, l'autre — dans la tradition dite hégélo-marxienne — où elle est le lieu des activités économiques (*homo œconomicus* et «marché déterminé»). Nous avons vu également qu'il arrive à Gramsci de passer dans un même texte de l'une à l'autre acception ou de l'utiliser dans un sens incertain. Il est temps maintenant de faire travailler ses méninges et de réfléchir à la signification profonde d'un tel état de choses. On est alors conduit à découvrir un lien — assez évident pour dire la vérité — entre la pensée gramscienne et la grande et longue tradition de la pensée libérale bourgeoise et à s'interroger sur les rapports de filiation mais aussi de rupture qui existent entre elles.

Commençons par une remarque très simple: quelle est la caractéristique fondamentale de la «société civile» comme moment hégémonique de l'État intégral? La production d'un consensus dira-t-on par des méthodes de persuasion, de négociation et de compromis qui doivent caractériser les rapports de groupes sociaux alliés et sans lesquelles on ne pourrait parler de direction politico-culturelle du groupe hégémonique. Cela est exact, mais il manque encore une caractéristique essentielle sur laquelle Gramsci insiste toujours: l'appareil hégémonique est constitué d'organismes dits «privés», c'est-à-dire que l'activité hégémonique est laissée à l'initiative privée des individus et des groupes appartenant à la classe dirigeante-dominante ou à celle qui veut le devenir. Dans le *Cahier* 19 consacré au *Risorgimento*, Gramsci analyse très attentivement les méthodes mises en œuvre par le parti des Modérés et celles qu'aurait dû utiliser le parti d'Action. Des commentateurs avisés ont souligné les différences qui doivent nécessairement exister entre les différentes classes dans leur lutte pour la conquête de l'hégémonie. Les moyens des Modérés peuvent être dits « libéraux », le parti d'Action pour remplir pleinement sa fonction dans la dialectique historique aurait dû s'inspirer de la politique « jacobine ». Tel est le sens de cette observation (C. 19, § 24; E.C. 2010):

> « Dans quelles formes et avec quels moyens, les modérés réussirent-ils à établir l'appareil (le mécanisme) de leur hégémonie intellectuelle, morale et politique? Dans des formes et avec des moyens que l'on peut appeler "libéraux", c'est-à-dire à travers l'initiative individuelle, "moléculaire", "privée" (c'est-à-dire non grâce à un programme de parti élaboré et constitué selon un plan, antérieurement à l'action pratique et organisative). »

Mais quelles que soient les différences de méthode, entre libéraux et jacobins par exemple, il reste que toute lutte pour l'hégémonie relève des organismes dits privés de la société civile, elle est laissée à l'initiative des membres de la classe et aboutit à l'auto-gouvernement des individus. Cela étant, on peut aisément comprendre l'intérêt que rencontre le concept spécifiquement gramscien de « société civile » dans les pays du « socialisme réel » qui sont précisément caractérisés par l'absence de « société civile ». En rapport avec ce problème, deux paragraphes du cahier 8 sont tout à fait lumineux. L'un est intitulé « Statolâtrie » et Gramsci y définit concrètement l'identification des « individus d'un groupe social avec l'État » comme « volonté de construire dans l'enveloppe de la société politique, une société civile complexe et bien articulée, dans laquelle l'individu singulier se gouverne lui-même, sans que pour autant un tel auto-gouvernement entre en conflit avec la société politique, et en en devenant bien plutôt la continuation normale, le complément organique ». (C. 8; § 130; E.C. 1020). Ce paragraphe est explicitement lié à une autre note intitulée « L'initiative individuelle » (C. 8; § 142; E.C. 1028) dans laquelle Gramsci précise encore la nature de l'initiative individuelle des membres d'un groupe social hégémonique — ce qui, en passant, l'amène à deux reprises à identifier purement et simplement la « société civile » avec le groupe qui dirige et domine. Le paragraphe nous intéresse donc doublement: par la définition de l'initiative individuelle qu'il contient valable en général pour d'autres groupes que la bourgeoisie et par la nouvelle acception de l'expression « société civile » que nous y trouvons:

« ... identité-distinction entre société civile et société politique, et donc identification organique entre les individus (d'un groupe déterminé) et l'État, par laquelle "chaque individu est fonctionnaire"... dans la mesure où "agissant spontanément", son activité s'identifie avec les fins de l'État (c'est-à-dire du groupe social déterminé ou société civile) ».

L'initiative individuelle ne doit pas être entendue ici au sens libéral-bourgeois où elle désigne une recherche strictement personnelle d'appropriation du profit, mais au sens « d'initiatives non "immédiatement intéressées", c'est-à-dire "intéressées" dans le sens plus élevé de l'intérêt de l'État ou du groupe qui constitue la société civile» (*ibidem*).

Ce glissement de sens de l'expression «société civile» où elle ne désigne plus la fonction hégémonique, ni l'appareil d'hégémonie (les organismes privés) ni les agents immédiats qui exercent cette fonction (les intellectuels), mais le sujet socio-historique qui dirige l'ensemble de la vie sociale, le groupe social *fondamental* — qui est tel d'abord par les fonctions qu'il exerce dans la vie économique — se comprend assez facilement lorsqu'on garde présent à l'esprit le concept gramscien de bloc historique, c'est-à-dire aussi le concept de l'État (intégral) «comme forme concrète d'un monde économique déterminé». (C. 10, § 10; E.C. 1360).

Le sens concret et réaliste donné à «l'identification organique entre les individus (d'un groupe social) et l'État» permet de mieux saisir les rapports de Gramsci avec l'utopie réactionnaire de Spirito qui confond «l'État-classe» et la «società regolata».

La distinction entre l'initiative individuelle tournée vers le profit capitaliste et ce que l'on pourrait appeler l'initiative éthico-politique, nous prépare à comprendre, le rapport de filiation et de rupture entre la pensée libérale et la conception théorico-politique de Gramsci. Le rapport de filiation ne saurait être sous-estimé. Le *concept* de «société civile» est essentiel à la tradition théorique libérale, et cela indépendamment du recours ou non à l'*expression* «société civile» pour désigner la société dans sa différence et son rapport à l'État. C'est ce qu'établit fort bien Pierre Manent dans un livre récent[18]. Mais c'est aussi ce que démontrent amplement les *Cahiers de la Prison*. C'est par rapport à ce problème de filiation-rupture, qu'il est essentiel de bien saisir la double acception de l'expression «société civile» dans les *Cahiers*, comme lieu de l'activité hégémonique et comme lieu de l'activité économique. Ce qui caractérise la tradition libérale à cet égard, c'est la valorisation de la «société civile» comme lieu d'initiative des «forces privées», qu'elles soient «économiques» ou «politico-culturelles».

Pour les «forces économiques», c'est assez évident et cela entraîne certes l'anarchie et les crises, mais aussi le dynamisme d'un capitalisme «moderne» qui n'a cessé de fasciner Gramsci depuis les Écrits de jeunesse (avec ses positions pro-libéristes) jusqu'au cahier 22 des *Cahiers de la Prison* consacré à l'américanisme et au fordisme.

> «L'américanisation exige un milieu donné, une structure sociale donnée (ou la volonté résolue de la créer) et un certain type d'État. L'État est l'État libéral, non pas au sens du "libérisme" douanier ou de la liberté politique effective, mais *dans le sens plus fondamental de la libre initiative et de l'individualisme économique* qui parvient avec ses moyens propres,

---

18. P. MAMENT, *Histoire intellectuelle du libéralisme:* dix leçons, Calman-Lévy, 1987.

> *comme « société civile »*, par le développement historique lui-même, au régime de la concentration industrielle et du monopole. » (C'est moi qui souligne J.T.) (C. 22, § 6; E.C. 2157) [19].

Le passage au stade monopoliste est pensé ici en termes de « société civile », c'est-à-dire comme résultant de « la libre initiative et de l'individualisme économique ». Mais pas plus que dans les années de jeunesse, Gramsci n'accepte « l'économisme théorique » du libéralisme. Ce libre jeu des forces de la « société civile » ou « société économique » n'est pure « économicité » que dans les hypothèses abstraites des économistes (distinction méthodologique de l'État et du monde économique). Dans la réalité effective État et « société civile » s'identifient, l'État est un élément constitutif du « marché déterminé ».

Quant à la libre initiative des forces privées dans le champ politique et éthico-politique ou « société civile » au sens spécifiquement gramscien, elle caractérise ce que Gramsci appelle quelque part — dans les notes sur Croce me semble-t-il — « le chef-d'œuvre politique » de la bourgeoisie.

Dans certains textes les deux acceptions de l'expression tendent à fusionner et la « société civile » est le lieu de l'initiative des « forces privées » qu'elles soient économiques ou politiques. Ainsi dans le § 6 du cahier 26 (E.C. 2302) intitulé : « L'État "veilleur de nuit" » dont j'extrais ces deux passages :

> « L'expression "d'État-veilleur de nuit"... entend désigner un État dont les fonctions sont limitées à la protection de l'ordre public et au respect des lois. On n'insiste pas sur le fait que dans cette forme de régime (qui d'ailleurs, n'a jamais existé autrement que comme hypothèse-limite, sur le papier) *la direction du développement historique* appartient aux forces privées, à la société civile, qui est elle aussi "État", et bien plus qui est l'État lui-même » (je souligne J.T.).

Dans ce premier passage, l'expression « société civile » est sans doute

---

[19]. Il est intéressant à cet égard de revenir un instant sur « l'économisme » commun au syndicalisme théorique et à la tradition libérale. L'économisme n'est grave que pour la classe subalterne. D'une part parce que le « libérisme » est la théorie d'une fraction de la classe au pouvoir et d'autre part parce qu'*en pratique* les forces libérales n'ont jamais négligé le moment politique du rapport des forces (2e moment) : « En fait la conception libérale vulgaire en donnant de l'importance aux rapports des forces organisées dans les différentes formes de parti (lecteurs de journaux, élections parlementaires et locales, organisations de masse des partis et des syndicats au sens strict) était plus avancée que le syndicalisme qui donnait une importance primordiale au rapport économico-social fondamental et seulement à lui. La conception libérale vulgaire tenait compte aussi implicitement de ce rapport (ainsi qu'il apparaît à tant de signes) mais elle insistait davantage sur le rapport des forces politiques qui était une expression de l'autre et qui en réalité le contenait » (je souligne, J.T.; Q 13, § 17; E.C. 1581).

utilisée dans le sens spécifiquement gramscien, mais il serait bon de ne pas perdre de vue que ces forces «privées» ont «la direction du développement historique» et appartiennent au groupe social fondamental qui *est* la «société civile» et qui *est* l'État, parce qu'il assure la fonction décisive de direction de la production. Aussi passe-t-on tout naturellement quelques lignes plus bas à une acception plus large de l'expression où les forces privées sont d'abord économiques mais pas exclusivement me semble-t-il:

> «Naturellement les libéraux ("économistes") sont pour "l'État-veilleur de nuit" et voudraient que *l'initiative historique soit laissée à la société civile et aux diverses forces qui y pullulent* avec un "État" gardien de la "loyauté du jeu" et des lois de celui-ci...» (*ibidem*).

Que les «forces privées» de la «société civile» soient d'abord ici des forces économiques cela paraît évident. Mais leur «initiative» dépasse le domaine purement «économique» et est qualifiée d'«historique». A travers ces multiples notations philologico-culturelles, la conception gramscienne de l'État se précise progressivement et ses axes fondamentaux apparaissent mieux: l'État doit être pensé comme «État intégral», société politique + société civile au sens spécifiquement gramscien, hégémonie cuirassée de coercition; mais il est aussi l'État d'un groupe social fondamental qui *est* la «société civile» et il est ainsi comme État intégral, «la forme concrète d'un monde économique déterminé» (C. 10, § 61; E.C. 1360).

Ayant ainsi établi que le point commun entre les deux acceptions principales de l'expression «société civile» est à chercher dans le concept *d'initiative des forces privées tant* politico-culturelles qu'économiques, nous pouvons essayer de préciser — au moins sommairement — le problème des rapports de filiation-rupture entre la tradition libérale et le marxisme de Gramsci. En vérité, la question est assez complexe et étant donné son importance, elle mériterait un traitement à part. Nous nous contenterons de quelques éléments essentiels, en partant de la distinction entre les deux acceptions de l'expression «société civile» comme lieu des activités hégémoniques politico-culturelles et comme lieu des activités économiques (*homo œconomicus* et «marché déterminé»). Mais la deuxième acception de l'expression (la société civile dont le contenu est l'*homo œconomicus* d'une forme sociale déterminée) nous renverra nécessairement au concept de Société politique comme appareil de commandement juridique. Et c'est alors que notre question appelle un élargissement. Le rapport de filiation-rupture de la pensée gramscienne avec la tradition libérale doit être abordé dans le cadre plus large de son rapport avec l'ensemble de la tradition politique bourgeoise qui comprend non seulement le «libéralisme» mais aussi la tradition «démocratique» et jacobine[20].

Tout d'abord, il est assez évident qu'il y a rapport de filiation avec la tradition libérale s'agissant de la théorie gramscienne de l'hégémonie dans la «société civile» et tout ce qui en découle: ainsi de la nécessité du passage de la guerre de mouvement à la guerre de position dans les sociétés occidentales. La tradition libérale est ici représentée par B. Croce. Mais il faut noter que Croce et Lénine sont mis par Gramsci sur le même plan. La théorie de l'histoire éthico-politique dit Gramsci est le couronnement de l'œuvre de Croce. Mais ajoute-t-il: «la même élaboration effectuée par Croce a été accomplie parallèlement par les meilleurs théoriciens de la praxis» (C. 10, § éç.; E.C. 1268). Que néanmoins la pensée de Croce ait aidé Gramsci à mieux saisir et à développer la théorie de l'hégémonie propre à la tradition bolchévique, il n'en faut pas douter[21].

C'est ici qu'il est opportun d'introduire la distinction entre la pensée libérale et la tradition démocratique et jacobine à l'intérieur de la pensée bourgeoise. Dans les chapitres introductifs de son *Histoire de l'Europe au XIXe siècle*[22], Croce range le courant démocratique parmi les adversaires du libéralisme, même s'il note aussi leurs alliances temporaires. Or on sait quelle est la position de Gramsci dans les *Cahiers* à l'égard du démocratisme jacobin et de ce point de vue, on peut considérer que sa rupture avec l'anti-jacobinisme (d'origine crocienne) de sa jeunesse est un moment décisif de son itinéraire théorico-politique. Bien des développements des *Cahiers* sont liés à cette question du jacobinisme. Je ne veux en évoquer qu'un: celui de la distinction et connexion entre le «moment économico-politique de la politique» (par exemple la Révolution française et les guerres napoléoniennes) et «le moment éthico-politique de la politique» avec tout ce qui en découle: la théorie de la révolution passive comme canon d'interprétation mais non comme programme politique. Là encore, par rapport à Croce, les choses sont complexes, sur le plan théorique et politique. Ne considérons que le plan théorique. Gramsci critique «la religion de la liberté» de Croce comme une idéologie de gouvernement renvoyant à la position conservatrice de Croce, mais il n'hésite pas à assumer la «liberté» comme catégorie philosophique et il définit le marxisme comme «hérésie de la religion de la liberté». De même, s'il est vrai qu'il reproche à Croce de procéder à une abstraction arbitraire —

---

20. Ne pouvant développer ce point avec tous les problèmes qu'il pose, je voudrais renvoyer à la distinction établie par J. Habermas entre la tradition anglo-saxonne qui va de Locke à Paine et à Jefferson et la tradition française qui combine la théorie des Physiocrates et celle du Contrat Social de Rousseau, traditions qui aboutissent à deux concepts opposés de la Révolution. Cf. *Théorie et Pratique*, Payot, 1975, T. I, chap. 2: Droit naturel et révolution.

21. Sur le concept d'hégémonie dans la tradition bolchévique, cf. Ch. BUCI-GLUCKSMANN, *Gramsci et l'État*, Fayard, 1975, et P. ANDERSON, *Sur Gramsci*, Maspero, 1978.

22. Idées, Gallimard, 1959.

ayant une signification politico-idéologique — en commençant l'histoire de l'Europe en 1815 et celle de l'Italie en 1870, Gramsci sait fort bien que Croce n'ignore pas l'existence du moment politico-économique dans la dialectique historique et qu'il reconnaît implicitement sa primauté. Dans la dialectique crocienne des «distinctions» de l'Esprit, le droit est conçu comme coercition et lié au moment dit «économique» de l'esprit pratique.

Il faudrait également tenir compte de Gobetti, pour approfondir le problème du rapport de filiation entre la théorie gramscienne et la tradition libérale-démocratique :

> «Avec la *"Rivoluzione liberale"* de Pietro Gobetti se produit une innovation fondamentale: le terme "libéralisme" est interprété dans le sens plus "philosophique" ou plus abstrait et du concept de liberté en termes traditionnels de la personnalité individuelle, on passe au concept de liberté en termes de personnalité collective des grands groupes sociaux et de la rivalité non plus entre individus mais entre groupes» (C. 10; § 59; E.C. 1353).

Si nous passons maintenant à la «société civile» comme lieu des activités économiques, il saute aux yeux, que c'est à ce niveau que s'effectue la rupture avec la tradition libérale. Fonder un nouveau type d'État, c'est transformer la structure économique (rapports de production), réorganiser et développer l'appareil de production, fonder un nouveau «marché déterminé», adapter les comportements et les besoins de l'*homo œconomicus* à la nouvelle structure et aux exigences du développement des forces productives. C'est donc opérer des transferts de propriété et introduire des éléments de plan, de programmation, de régulation volontaire. C'est abolir non pas tout individualisme et toute initiative individuelle, mais l'individualisme «dans sa signification précise "d'appropriation individuelle" du profit et d'initiative économique pour le profit capitaliste individuel« (C. 14; § 74; E.C. 1742).

Il faudrait prendre le temps de souligner, la richesse et la profondeur du cadre théorique général à l'intérieur duquel Gramsci pense la transformation socialiste. Deux points seulement. Tout d'abord Gramsci applique le concept de «révolution passive» aux transformations que connaissent les sociétés capitalistes dans l'entre-deux guerres.

> «La révolution passive se vérifierait dans le fait de transformer "de manière réformiste" la structure économique, en la faisant passer de l'individualisme à l'économie selon un plan (économie dirigée), et l'avènement d'une "économie intermédiaire" (media) entre l'économie individualiste pure et l'économie selon un plan en son sens intégral, permettrait le passage à des formes politiques et culturelles plus avancées sans cataclysmes radicaux et destructifs avec des formes exterminatrices» (C. 8, § 236; E.C. 1089).

Ensuite il est permis de penser que dans le cadre théorique général de sa conception des rapports de l'économie et de l'État, Gramsci ne pense pas seulement le socialisme comme « économie dirigée ou selon un plan », mais comme fondation d'un nouveau « marché déterminé » où les automatismes et lois de tendances antérieurs, déjà perturbés par les structures de « l'économie intermédiaire », mais non abolis, seront remplacés par d'autres « régularités ». Tel est, me semble-t-il, le sens du § 52 du cahier 11 (E.C. 1478; E.S. 283). Cette idée que le socialisme avec ses changements dans la « structure » et dans l'État est un nouveau type de « marché déterminé » me paraît d'une importance capitale et d'une évidente actualité. Si cette idée que le socialisme selon Gramsci est aussi l'instauration d'un nouveau « marché déterminé » se révélait exacte, ce serait un des points permettant d'approfondir le thème de la continuité/rupture, non pas avec le libéralisme pur et simple, mais avec les formes de la pensée économique bourgeoise qui ont conceptualisé « l'économie intermédiaire ».

Quant aux idées de Gramsci sur les institutions politiques du socialisme, elles me semblent également pouvoir être abordées utilement avec le principe herméneutique d'une continuité/rupture. Il faudrait analyser longuement la critique gramscienne du parlementarisme, mais aussi celle des systèmes bureaucratiques modernes et la signification du nouveau *système représentatif* dont il propose l'instauration. Cette analyse ne peut être faite ici.

Est-ce à dire pour autant que toutes les idées avancées par Gramsci peuvent être reprises et incluses dans l'idée du socialisme que nous pouvons avancer aujourd'hui? Certainement pas. C'est ce point que nous examinerons rapidement pour conclure et ce sera l'occasion pour nous de prendre en compte de nouvelles variations du sens de l'expression « société civile » qui se combinent alors avec d'autres expressions ou concepts, comme ceux de « *società regolata* » et « d'État éthique ». Je soutiendrai la thèse suivante: quand on examine l'usage fait par Gramsci du concept ou de l'expression d'*État éthique*, on découvre une opposition de sens qui renvoie à une tension contradictoire dans sa pensée entre une tendance « démocratique » qui combine associationnisme et autonomie personnelle et une tendance autoritaire et totalitaire où la liberté n'a pour seul horizon que la nécessité comprise (ou intériorisation de la coercition).

Dans une de ces acceptions « l'État éthique » ou la fonction éthique de l'État, renvoie à l'État au sens étroit d'appareil de coercition juridique dont l'instrument essentiel est le droit. Cette fonction éthique ou éducatrice de l'État-coercition consiste à créer un nouvel *homo œconomicus* conforme à la nouvelle structure et aux exigences du développement des « forces productives ». Bien que l'appareil hégémonique ou des institutions comme l'école concourent à cette formation d'un nouveau « conformisme social », la coercition juridique en est l'instrument essentiel. Cette intervention étatique porte sur un domaine extrêmement large: il s'agit de créer un nouveau type de producteur qui soit psycho-physiquement adapté aux méthodes de travail et de production de l'américanisme; mais il s'agit aussi de créer un nouveau type d'homme et un nouveau type de vie (qui englobe le mode de consommation, la vie familiale et la vie sexuelle) en imposant des normes éthiques découlant de la « rationalisation » tayloriste et fordiste de la production. Il est vrai que cette coercition pourra devenir auto-discipline, mais cela ne change rien à mon sens, au caractère autoritaire et « productiviste » de cette « rationalisation » de la vie. Il faut critiquer radicalement cet aspect de la pensée gramscienne, comme on a critiqué certains aspects totalitaires de sa théorie du parti.

Étant donné cette conception de l'État éthique, il ne faut pas s'étonner que dans certains textes, une éducation en termes de « société civile », par initiative privée, soit opposée à une éducation en termes d'État éthique. Ainsi dans le § 14 du cahier 10 (E.C. 1251) on peut lire :

> « ...c'est précisément le Concordat, avec l'introduction dans la vie de l'État d'une grande masse de catholiques comme tels, et comme tels privilégiés, qui a posé le problème de l'éducation de la classe dirigeante non pas en termes "d'État éthique", mais en termes de "société civile" éducatrice, à savoir d'une éducation par "initiative privée", qui entre en concurrence avec l'éducation catholique, qui occupe maintenant dans la société civile une place considérable et dans des conditions spéciales »[23].

Dans d'autres textes où il pense le socialisme comme «*società regolata*» et comme dépérissement progressif de la coercition étatique, Gramsci identifie au contraire «*società regolata*», «État éthique» et «société civile». Dans cette perspective, à une étape dictatoriale (et de statolâtrie) succédera une phase où l'État n'aura plus que les fonctions de « gendarme-veilleur de nuit ». Ainsi dans le § 88 du cahier 6 (E.C. 763), Gramsci écrit :

> «Il faut méditer cet argument : la conception de l'État-gendarme-gardien de nuit etc., n'est-elle pas la conception de l'État qui seule dépasse les phases extrêmes (de l'État) "corporatives-économiques"?»

... Dans une doctrine de l'État qui conçoit la possibilité tendancielle pour celui-ci d'un épuisement et d'une résolution dans la société réglée (*società regolata*), l'argument est fondamental. On peut imaginer que l'élément État-coercition s'épuisera, au fur et à mesure que s'affirmeront des éléments toujours plus importants de société réglée (ou État éthique ou société civile). Les expressions d'État éthique ou société civile signifieraient

---

23. De même dans le premier texte que nous avons cité (Q. 6, & 24 ; E.C. 703) Gramsci évoquait la «société civile» au sens où l'entendait Hegel et au sens où il l'entend *souvent* «comme hégémonie politique et culturelle d'un groupe social sur la société tout entière, comme contenu éthique de l'État». Hegel a effectivement analysé les racines éthiques de l'État présentes dans la société civile (la famille et la corporation sont les racines éthiques de l'État). Ce qu'il est essentiel de saisir, c'est que ce contenu éthique dont parle ici Gramsci vient de la «société civile» et non de la Société Politique comme commandement juridique.

que cette « image » d'un État sans État existait dans l'esprit des plus grands savants de la politique et du droit...

Dans la doctrine de l'État société réglée, d'une phase dans laquelle État sera égal à gouvernement, et où l'État s'identifiera avec la société civile (cette phase est donc dictatoriale J.T.), on devra passer à une phase où l'État est gardien de nuit, c'est-à-dire à une organisation coercitive qui protégera le développement des éléments de société réglée en croissance continue, et qui par conséquent réduira progressivement ses interventions autoritaires et contraignantes. Et cela ne peut pas faire penser à un nouveau « libéralisme », bien qu'il s'agisse du commencement d'une ère de liberté organique.

Comme on le voit, dans ce texte État éthique et société civile ne s'opposent plus mais sont synonymes et ils désignent la « *società regolata* » sans classes et sans coercition. Nous disions plus haut que cette double acception de l'expression « État éthique » est le signe d'une tension entre deux pôles contradictoires de la pensée gramscienne. On pourrait observer que la contradiction en question est celle même du processus historique, et que la théorie gramscienne rend parfaitement compte des expériences historiques que nous connaissons (Révolution française, révolution d'Octobre), en ce qui concerne les phases de dictature ou de violence économico-politique.

Mais à cette remarque nous ajouterons quelques observations supplémentaires. Tout d'abord en ce qui concerne le concept « d'État éthique », il n'est pas difficile de retrouver la cohérence interne de la pensée gramscienne. Lorsqu'il pense le caractère éthique de l'État — comme lorsqu'il définit la « démocratie » ou la « liberté » — Gramsci se place du point de vue du contenu et tend à considérer la forme comme secondaire. Une classe, la bourgeoisie ou le prolétariat (et son État) a un caractère éthique dans la mesure où son action historique a une portée universalisatrice, où elle agit dans le sens d'une unification tendancielle du genre humain. La considération des méthodes mises en œuvre n'a qu'une signification subordonnée. Rien n'est plus faux à cet égard que la thèse de N. Bobbio selon laquelle pour Gramsci, le moment dictatorial aurait toujours une signification négative et le moment consensuel une signification positive (en termes de valeur). La théorie des valeurs (axiologie) de Gramsci est « substantialiste », « contenutiste » (théorie matérielle des valeurs) et en vertu de sa théorie (insuffisante) de la liberté, ce qui est d'abord coercition (nécessité) devient auto-gouvernement, auto-discipline (liberté). C'est sur ce point que Gramsci doit être critiqué. La liberté pour Marx est la sphère où l'activité humaine n'est plus commandée du dehors, mais a sa finalité en soi-même. Ce devrait être le cas entre autres choses pour la vie affective-sexuelle. Or Gramsci nous propose de la réglementer selon les exigences d'une production « rationalisée » (rationalisation des instincts).

Cela ne signifie pas que le concept de liberté comme nécessité comprise ou auto-discipline doit être écarté purement et simplement. La société réglée comporte nécessairement des exigences de programmation, de planification volontaire et donc des « contraintes » qu'il faut assumer. Mais la méthode, la « forme » est ici essentielle, si le but est non pas la « dictature sur les besoins », mais l'auto-gouvernement des producteurs.

Autre remarque sur l'usage qui est fait dans ce texte de « société civile » comme synonyme de « *società regolata* » ou « d'État éthique ». Dans cette nouvelle acception, l'expression désigne une forme de vie associée où l'extériorité de la Société politique a disparu tout autant que « l'autonomie » de la « société économique ». Les fonctions de direction de l'ensemble de la vie sociale sont devenues des fonctions générales d'auto-gouvernement et la régulation concerne aussi bien la vie économique que la vie « civile ». La dualité d'acception de l'expression « société civile » disparaît donc au cours d'un processus historique qui est une recomposition sociale totale. Au cours de ce processus, l'existence d'une phase où l'État est gendarme-veilleur de nuit est comme la réalisation de l'utopie de l'État libéral minimal. Autre modalité de la filiation-rupture avec la pensée libérale.

Dernière remarque enfin : il est un point sur lequel nous ne pouvons plus suivre Gramsci aujourd'hui à partir du développement qu'a connu la réflexion marxiste sur le rapport démocratie-socialisme : c'est l'identification opérée par Gramsci entre le gouvernement défini comme commandement juridique et la « dictature ». « Dictature » désigne aujourd'hui pour nous un gouvernement despotique, sans respect de l'État de droit et sans souveraineté légitime. Le commandement juridique est au contraire le règne du droit et de la loi (y compris lorsque la loi introduit de profondes réformes de structure). Ce commandement juridique est « démocratique » lorsqu'il est légitimé par la souveraineté populaire. La démocratie se définit donc comme « forme » (mode de formation de la volonté générale) autant que par son contenu substantiel (transformations sociales progressistes).

Concluons en deux mots cette trop longue analyse. Nous avons vu que philologiquement, la considération exclusive d'une seule acception de l'expression « société civile » ne tient pas. Notre examen des textes nous a conduit à identifier deux acceptions fondamentales auxquelles s'ajoutent d'autres acceptions secondaires. La reconstruction théorique tentée par N. Bobbio passe nécessairement à côté de l'essentiel de la pensée gramscienne dont le pivot central est la théorie du bloc historique et la conception de l'unité organique de la forme étatique et du contenu socio-économique. L'idée d'une inversion par rapport à Marx du rapport infrastructure/superstructure ne semble pas constituer un canon d'interprétation bien fécond. Cette reconstruction erronée soulignant la nouveauté de la théorie de l'hégémonie et sa portée « démocratique » a certainement joué un rôle positif dans l'élaboration par le P.C.I. d'une stratégie articulant socialisme et démocratie. Quant à la thèse de l'inversion à l'intérieur de la superstructure entre le moment dit institutionnel et le moment idéologicoculturel, elle interdisait la compréhension de la théorie gramscienne de la dictature et ne permettait donc pas de mener à bien la critique de certains aspects de cette théorie (certains aspects de la théorie du parti et celle de la transformation nécessaire de l'*homo œconomicus* par l'État-coercition, pour l'adapter aux nécessités d'une «rationalisation» de la production).

TOCQUEVILLE, LA DÉMOCRATIE EN AMÉRIQUE ET EN FRANCE[1]

par Jacques Bidet

Tocqueville prend comme une donnée de fait le mouvement historique irrésistible qui tend à « l'égalisation des conditions ». Il évalue positivement le phénomène. Il considère que la révolution engagée, qui témoigne de la perfectibilité humaine, ne peut que se poursuivre. Et qu'elle doit s'étendre à l'ordre politique, car l'égalité appelle la liberté. L'Amérique, où elle « semble avoir à peu près atteint ses limites naturelles » (1, 68), nous montre la voie. Il reste qu'elle porte aussi en elle le péril d'un despotisme d'une nature nouvelle, dont l'auteur cherche par quels moyens il peut être conjuré.

François Furet, dans la préface qu'il consacre à l'ouvrage, oppose à cet égard Marx et Tocqueville. Alors que le premier chercherait à rapporter l'ordre politique à une base économique, le second romprait avec « l'obsession du fondement social, si caractéristique du XVIIIe siècle » (1, 40). Je voudrais montrer ici que cette remarque — peut-être pertinente pour l'œuvre ultérieure de Tocqueville, notamment à *L'Ancien Régime et la Révolution* (1856) — s'applique fort mal à *De la démocratie en Amérique*, qui s'inscrit au contraire largement dans une problématique héritée du siècle précédent et assez analogue à celle de Marx. Celle-ci s'organise en effet autour du couple « société civile/État », et de l'idée que la première détermine profondément le second. Détermination cependant limitée, ouverte à des possibilités contraires sur lesquelles peut s'exercer l'action politique, objet de la recherche de Tocqueville. Il est donc intéressant

---

[1]. L'analyse portera sur *De la démocratie en Amérique*, dont les deux tomes parurent respectivement en 1835 et en 1840. Je m'attacherai particulièrement à la 4e (et dernière) partie de cette œuvre, qui présente un bilan général. Les références, au tome et à la page (exemple : 1, 68) renvoient à l'édition Garnier-Flammarion (1981).

d'examiner comment, à partir d'une matrice à certains égards analogue à celle de Marx, peut se développer un tout autre discours politique.

Le paradigme tocquevillien

On trouverait aisément des dizaines d'*énoncés-types*, souvent en position stratégique (titres de chapitres, propos introductifs, etc.), illustrant cette approche. Celle-ci se trouve exprimée d'une façon particulièrement nette au début du chapitre 3 de la 1re partie :

> « L'état social est ordinairement le produit d'un fait, quelquefois des lois, le plus souvent de ces deux causes réunies ; mais une fois qu'il existe, on peut le considérer lui-même comme la *cause première* de la plupart des lois, des coutumes et des idées qui règlent la conduite des nations ; ce qu'il ne produit pas, il le modifie » (1, 106).

Quand à la 4e partie du Tome 2, qui retient particulièrement notre attention, elle porte pour titre « De l'influence qu'exercent les idées et les sentiments démocratiques sur la société politique » (2, 351), et cette formule est reprise dans l'intitulé des chapitres 2 et 3. Lorsqu'on considère le contenu du texte on découvre aisément que l'auteur examine les « idées » et les « sentiments » qui s'attachent aux nouveaux rapports sociaux, et qu'en réalité c'est tout autant de l'influence de ceux-ci sur la sphère politique qu'il traite. Cette problématique se livre de façon manifeste dans le titre du chapitre 1 : « L'égalité donne le goût des institutions libres » (2, 353). Il faut citer tout le passage :

> « L'égalité, qui rend les hommes indépendants les uns des autres, leur fait contracter l'habitude et le goût de ne suivre, dans leurs actions particulières, que leur volonté. Cette entière indépendance dont ils jouissent continuellement vis-à-vis de leurs égaux et dans l'usage de la vie privée, les dispose à considérer d'un œil mécontent toute autorité et leur suggère bientôt l'idée et l'amour de la liberté politique. » Ce que chacun conçoit, « c'est le gouvernement dont il a élu le chef et dont il contrôle les actes » (2, 353).

Examinons de plus près la terminologie de Tocqueville et nous verrons comment, à travers un lexique varié mais assez stable, se définissent chacun des deux termes en présence ainsi que l'opérateur qui les relie. Il ne s'agit pas ici d'une étude systématique conduite selon une méthologie linguistique rigoureuse, mais d'un premier repérage à travers un certain nombre d'exemples suffisamment décisifs.

Prenons d'abord le «*terminus a quo*» : l'«état social». Il se donne à travers deux ensembles lexicaux :

D'une part, les termes qui définissent la *sphère* du «social» au sens du monde des relations privées :
— «société civile», opposée à «monde politique», cf. 1, 275;
— «état social», opposé à «constitution» (politique), cf. 2, 13;
— «vie privée», opposé à «institutions» (politiques), cf. 2, 353;
— «vie civile», opposée à «lois politiques», cf. 1, 370.
— «mœurs», opposé à «institutions», cf. 1, 413-417, quoique la notion de «mœurs» s'applique aussi au politique, cf. 2, 5, qui n'est pas tout institué.

D'autre part, les termes qui *qualifient* cette sphère, qui disent quelle est sa nature particulière à l'époque moderne. Deux notions sont à cet égard particulièrement importantes : l'«égalité des conditions» et «l'indépendance» des individus.

«L'égalité des conditions» constitue la formulation de référence. Elle désigne tout d'abord l'égalité juridique, qui s'est substituée à l'inégalité féodale. Son corollaire est que tout individu peut de droit occuper n'importe quel rôle social. Cette permutabilité des rôles, qui se réalise dans la mobilité sociale, modifie totalement les rapports entre inférieurs et supérieurs. Chacun cesse de s'identifier à une classe déterminée pour se rapporter à l'homme en général. Cf. 1, 113 et 2, 221-231. A cette idée, Tocqueville associe souvent celle de nivellement relatif des fortunes, cf. 2, 192.

«L'indépendance» est naturellement associée à cette «égalité». Elle contribue à en préciser la nature. Voir le texte ci-dessus cité (2, 353). De même en 2, 359 : «les hommes qui habitent les pays démocratiques n'ayant ni supérieurs ni inférieurs, ni associés habituels et nécessaires, se replient volontiers sur eux-mêmes et se considèrent isolément». Indépendance désigne ce fait que les individus établissent leurs relations entre eux sur le mode volontaire et contractuel.

Le «*terminus ad quem*» dans ce type d'énoncé c'est bien sûr d'abord la sphère du *politique*, sous des noms divers : «État», «gouvernement», «constitution», «institutions», «lois», etc. Mais c'est aussi toute la sphère *idéologique*. Ainsi cette «méthode philosophique des Américains», dont il retrace la genèse (Luther, Descartes, Voltaire) et qu'il désigne comme «cette espèce de liberté intellectuelle que l'égalité peut donner» (2, 13) : «Elle a été découverte à une époque où les hommes commençaient à s'égaliser et à se ressembler. Elle ne pouvait être généralement suivie que dans les siècles où les conditions étaient enfin devenues à peu près pareilles et les hommes presque semblables» (2, 12). Tocqueville consacre au tome 2 des chapitres entiers à cette thématique. C'est «l'égalité des conditions» qui est la source de «l'incrédulité instinctive pour le surnaturel» (2, 16), qui «fait pencher l'esprit vers le panthéisme», «suggère l'idée de la perfectibilité indéfinie de l'homme» (titres des chapitres 6 et 7), et qui tout d'abord «engendre l'amour de cette même égalité» (2, 119).

En réalité, l'analyse est plus complexe, plus mouvante. Elle se traduit mal (on pourrait du reste en dire tout autant de celle de Marx) dans une topique à deux instances, dont l'une serait la base et l'autre la superstructure. Elle se donne tour à tour dans trois figures équivalentes. L'état social détermine les idées et sentiments, les institutions politiques. L'état social détermine les idées et sentiments, qui déterminent les institutions politiques. L'état social, et les idées et sentiments qui font corps avec lui, déterminent les institutions politiques.

Cette complexité se traduit dans la nature des *opérateurs* qui expriment la nature de la relation entre les deux termes. Ils appartiennent à deux ordres distincts. Les uns désignent le moment objectif: l'état social «engendre», «influence», «crée», «suggère», il est la «source», d'où l'on peut «puiser», «déduire», etc. L'autre le moment subjectif: «l'égalité des conditions» crée des «idées», des «sentiments», des «passions», des «instincts» (2, 362; 379-380), qui poussent à un ordre politique correspondant. L'un des grands intérêts de l'analyse de Tocqueville est précisément sa mise en valeur de ce moment idéologique, envisagé tout à tour comme idée ou comme passion, dans lequel s'universalise la situation que définit le rapport interindividuel: égal partenaire d'autrui dans le privé, je projette «instinctivement» cette égalité dans l'universalité du rapport social, c'est-à-dire dans l'ordre politique. Le moment idéologique s'inscrit ainsi à l'articulation des deux ordres structurels; il est ce par quoi se conçoit la détermination «objective» du second par le premier. L'égalité sociale se développe naturellement en idée et passion de la liberté, principe de l'institution politique démocratique.

Il reste que ce système de causalité, sur la base transitive de cette «cause première» citée ci-dessus, se développe d'une façon fonctionnelle, la sphère politique étant elle-même principe objectif et subjectif d'une action sur la sphère sociale. Non seulement l'activité politique associée prédispose à l'activité civile (1, 338; 2, 151). Mais plus généralement l'établissement des rapports politiques «libres» poussent à l'amour de la liberté et dynamise aussi le mouvement d'égalisation des conditions. En témoigne notamment l'établissement des lois sur la succession, auxquelles Tocqueville attache tant d'importance. Et le processus révolutionnaire français manifeste à quel point la lutte pour la liberté peut nourrir la passion de l'égalité.

Tocqueville, tout en donnant la primauté à la sphère sociale, développe finalement une approche globalisante, qui se traduit dans le fait que la qualification de «démocratique» se trouve tour à tour appliquée au social et au politique. Dans le premier cas elle désigne «l'égalité des conditions». Dans le second cas, il s'agit du sens restreint, plus conforme à l'usage, de gouvernement démocratique. Quand il parle, dans ses introductions générales, de la «grande révolution sociale» (1, 62, 68) ou de la «révolution démocratique» (2, 6), il a en vue l'unité tendancielle du processus.

N'est-ce pas là du reste la thèse même du « libéralisme » au sens prégnant du terme, qui prévaut aujourd'hui : l'idée qu'il existe une connaturalité des rapports socio-économiques marchands et des rapports politiques démocratiques? N'est-ce pas la grande thèse sous-jacente au *Traité du Gouvernement* de Locke, que l'on peut à bon droit considérer comme texte fondateur. Si l'on compare l'approche de Tocqueville à celle de Locke, et à plus forte raison au « libéralisme » des Physiocrates, on constate cependant (du moins en première analyse) une importante différence : l'ordre socio-économique bourgeois n'est plus décrit comme un « ordre naturel ». Ce n'est plus sa naturalité supposée que se trouve mobilisée comme fondement de sa légitimité. Celle-ci repose au contraire sur une *vision historiciste*. La méthode de Tocqueville n'est pas seulement « comparatiste », comme cela a été noté : la comparaison s'établit dans une séquence historique et selon un point de vue téléologique. L'égalisation des conditions constitue un mouvement qui ne peut pas ne pas aller à son terme. Et ce terme est légitime, légitimé du point de vue de Dieu, pour lequel le bien du plus grand nombre ne peut pas ne pas être supérieur au plus grand bien du petit nombre, ainsi que l'explique la « Vue générale » qui clôt l'ouvrage : « il est naturel de croire que ce qui satisfait le plus les regards de ce créateur et de ce conservateur des hommes, ce n'est point la prospérité singulière de quelques-uns mais le plus grand bien de tous » (2, 401).

Cet historicisme pourtant reste fort éloigné d'un simple déterminisme historique : il concerne en effet à des titres différents la société civile et l'État. Le mouvement de la sphère civile vers l'égalité ne peut pas ne pas tendre vers son terme, déjà du reste quasiment atteint en Amérique. Le mouvement de la sphère politique demeure plus indéterminé. Car, si « l'égalité des conditions » conduit nécessairement à des institutions politiques nouvelles, disons à une république parlementaire, celle-ci peut revêtir des formes diverses, libérale ou despotique. L'inéluctable évolution sociale définit donc en même temps le cadre d'exercice de la liberté humaine. On pourrait en d'autres termes dire que la structure sociale est porteuse de tendances politiques contradictoires. C'est ce jeu des contradictions que Tocqueville va s'efforcer de débrouiller afin de tracer les voies et les moyens d'une libre société.

Contradictions entre les tendances historiques du système

D'un côté, « l'égalité donne naturellement aux hommes le goût des institutions libres », comme le dit le titre du chapitre 1 (2, 353). La thèse est particulièrement nette. Elle inspire l'ensemble de l'ouvrage, notamment le tome 1 consacré à l'Amérique. Celui qui est indépendant dans sa vie privée est naturellement porté à ne s'en remettre qu'à « un gouvernement dont il a élu le chef et dont il contrôle les actes » (2, 353). C'est-à-dire porté à la mise en place d'une république parlementaire, laquelle suppose l'existence de libertés publiques (expression, réunion, association), assurées par un système judiciaire indépendant. Dans cette dernière partie du tome 2, surtout consacrée à la situation propre à la France, elle constitue encore le point de départ, à partir duquel sera développé l'ensemble des considérations qui vont en sens inverse.

D'un autre côté en effet — et ce second volet, objet de la dernière partie de l'ouvrage, va nous retenir plus longuement —, l'égalité pousse aussi à donner à l'État un ensemble de traits négatifs:

— concentration des pouvoirs;
— omnicompétence du centre, y compris au plan économique et social (l'État industriel (2, 140);
— despotisme de la majorité (1, 343; 2, 18), c'est-à-dire illimitation du pouvoir;
— uniformisation de la législation;
— marginalisation, dépolitisation des citoyens, poussés à «l'individualisme» (2, 125);
— soumission du judiciaire au législatif, voire à l'exécutif.

La récente lecture de Tocqueville a été particulièrement sensible à tout ensemble de textes, souvent admirables, qui disent «quelle espèce de despotisme les nations démocratiques ont à craindre» (2, 383). Tel ce passage souvent cité:

> «Je veux imaginer sous quels traits nouveaux le despotisme pourrait se produire dans le monde: je vois une foule innombrable d'hommes semblables et égaux qui tournent sans repos sur eux-mêmes pour se procurer de petits et vulgaires plaisirs, dont ils emplissent leurs âmes. (...) Au-dessus de ceux-là s'élève un pouvoir immense et tutélaire, qui se charge seul d'assurer leur jouissance et de veiller sur leur sort. Il est absolu, détaillé, régulier et doux. Il ressemblerait à la puissance paternelle si, comme elle, il avait pour objet de préparer les hommes à l'âge viril; mais il ne cherche, au contraire, qu'à les fixer irrévocablement dans l'enfance; il aime que les citoyens se réjouissent, pourvu qu'ils ne songent qu'à se réjouir. Il travaille volontiers à leur bonheur; mais il veut en être l'agent unique et le seul arbitre; il pourvoit à leur sécurité, prévoit et assure leurs besoins, facilite leurs plaisirs, conduit leurs principales affaires; dirige leur industrie, règle leurs successions, divise leurs héritages; que ne peut-il leur ôter entièrement le trouble de penser et la peine de vivre?» (2, 385).

Si l'on s'interroge sur ce qui constitue aux yeux de Tocqueville le fondement de cette tendance, on peut repérer un ensemble de traits qu'il n'a sans doute pas systématisés, mais qui renvoient tous à des aspects de la «structure» de l'état social. L'objet principal de sa réflexion, précise-t-il, est d'examiner les «raisons tirées de la nature même de l'état social» (2, 384). Car c'est bien, me semble-t-il, à une considération *structurelle* que renvoie en effet, comme à son arrière-plan, l'autre volet de l'analyse, qui porte sur « les causes particulières ou accidentelles », objet du chapitre 5 (2, 363), qui favorisent ou entravent la réalisation de ces tendances structurelles, c'est-à-dire sur les *circonstances historiques* particulières dans lesquelles chaque nation réalise cette « grande révolution ».

Ces traits structuraux concernent la situation nouvelle qui est celle des individus à l'époque « moderne ». On remarquera que Tocqueville n'a pas d'emploi systématique du terme de « moderne ». Mais c'est bien de cela qu'il s'agit: des caractères nouveaux de la « société civile », ou « bourgeoise », à l'époque « moderne ». Et voici comment Tocqueville les appréhende.

Les individus sont *autonomes*. Ils n'ont « ni supérieurs, ni inférieurs, ni associés habituels » (2, 359). Ils mènent une vie privée indépendante, échappant aux contraintes de tout ordre traditionnel et de toute hégémonie politique. A la limite, rien ne les empêche de se replier sur eux-mêmes, dans cette attitude d'«individualisme» (Tocqueville note la nouveauté du nom et de la chose) et de s'adonner précisément à cette « liberté des Modernes » dont avait parlé B. Constant. Il leur reste alors à déléguer leur pouvoir à des maîtres qu'ils se choisissent, nouveaux parents tutélaires.

Ils sont donc aussi *vulnérables*. Car ils se trouvent réduits à l'isolement, privés des anciennes solidarités de l'ordre aristocratique et corporatif. La considération, on le voit, est comparative: elle renvoie au caractère organique de la société antérieure, à la protection qu'elle apportait à chacun. Celle-ci ayant disparu, on comprend que les hommes soient conduits à rechercher la sécurité que peut leur procurer la grande force tutélaire de l'État.

Ils sont *semblables*. Par leur statut juridique: aucun d'aucun n'est plus fixé dans une « caste » (et c'est au fond ainsi que Tocqueville se représente les classes de l'époque précédente, qui furent en réalité plus ouvertes qu'il ne le croit). Et donc par la possibilité, ou du moins la chance, d'une mobilité sociale, qui ouvre la possibilité d'occuper les rôles divers de l'inférieur et du supérieur, du maître et du serviteur. Parmi les plus beaux passages figure celui qui analyse « comment la démocratie modifie les rapports du maître et du serviteur » (2, 221). C'est tout un imaginaire d'égalité, relayé par les nouvelles institutions religieuses et par l'opinion publique en général, qui vient remplacer celui du dévouement aristocratique et de l'identification « sublimatoire » du valet au maître. L'inspiration est ici comparatiste, mais l'analyse est bien structurelle. Et, en un sens, fonctionnaliste: de tels individus, dans leur majorité, ne peuvent pas ne pas vouloir et rechercher des lois uniformes, également applicables à tous, tendre à mettre en place un appareil uniformisateur, — qui lui-même ne peut que chercher à se renforcer par cette uniformisation, qui facilite sa tâche, assure à son pouvoir un impact universel.

Ils sont *petits*. Il reste certes des riches et des pauvres, il règne même une diversité plus grande que jamais. Cependant (et le regard tocquevillien, ici celui du féodal pour lequel au plus opulent des bourgeois manque encore la grandeur propre à la haute aristocratie, y est sans doute pour quelque chose) la distance est moindre. Non seulement en raison de l'incessante mobilité, de la fluctuation des situations, mais aussi d'une tendance générale au «nivellement». Fortunes «médiocres» (2, 384), «médiocres et passagères» (2, 192). A vrai dire, Tocqueville semble à certains égards partagé et indécis. Il pressent l'émergence de la classe des entrepreneurs industriels, qu'il appréhende comme celle d'une «nouvelle aristocratie» (2, 199). Mais, l'opinion qu'il exprime (à cette époque du moins, car l'expérience historique des années qui suivent et qui culminent dans la Révolution de 1848, le conduiront à revoir ce jugement) est que ce groupe social, qui ne constitue qu'une «grande et malheureuse exception» (2, 236) à la loi générale d'égalisation, ne forme pas, à la différence par exemple de l'aristocratie anglaise, une véritable classe dirigeante. «A vrai dire, quoiqu'il y ait des riches, la classe des riches n'existe point; car ces riches n'ont point d'esprit ni d'objets communs, de traditions ni d'espérances communes. Il y a donc des membres, mais point de corps» (2, 210). «Il n'y a pour ainsi dire plus de classes, et celles qui subsistent sont composées d'éléments si mouvants que le corps ne saurait y exercer un véritable pouvoir sur ses membres» (2, 10).

On comprend ainsi que le despotisme redouté par Tocqueville n'est pas celui d'une classe minoritaire dominante, mais celui du grand nombre, «troupeau d'animaux timides et industrieux» (2, 386), celui de la majorité, celui des pauvres.

Pourquoi tend à l'emporter ici la tendance au despotisme et ailleurs la tendance à la liberté

Tel est l'objet du chapitre 4 de la dernière partie: «si tous les peuples démocratiques sont entraînés instinctivement vers la centralisation des pouvoirs, ils y tendent d'une manière inégale» (2, 363). Le problème est précisément de savoir pourquoi.

Nous retrouvons ici le paradigme ci-dessus analysé: phénomène social/phénomène politique. La notion d'«instinct», repris à plusieurs fois dans ce passage et ailleurs, figure l'opérateur subjectif dont on a parlé. La question est celle du plus et du moins: la démocratie pousse plus ou moins au despotisme. La réponse, annoncée ici en termes d'«accident», de «causes particulières et accidentelles» (2, 263), renvoie en réalité, comme en témoigne l'ensemble de l'ouvrage, à l'histoire.

On pourrait résumer l'ensemble des indications fournies par Tocqueville en disant qu'*en Amérique* le système s'est mis en place comme une totalité fonctionnelle. «L'égalité des conditions», le système des rapports sociaux modernes, débarquant avec les Pères fondateurs, premiers immigrants de la Nouvelle Angleterre, se trouvait déjà chez eux liée au système des libertés politiques. Lié à l'idée républicaine, comme en témoigne ce « *contrat social* » que certains groupes établissent explicitement dès leur arrivée (1, 94). Lié à la culture communale anglaise, celle des libertés locales, ici revivifiée par la fondation de micro-colonies. Lié à l'exigence des libertés individuelles, pour lesquelles précisément un grand nombre ont été contraints à l'exil. Tout cela joint au développement de « l'instruction mitoyenne » (1, 114), que favorise cet essor social et politique.

En France au contraire a d'abord existé l'égalité sans la liberté. Ce qui peut surprendre. Tocqueville pourtant a fondamentalement raison, dans la mesure où il entend par là que sous l'Ancien Régime a bien émergé le système social moderne, cette égalisation liée à la généralisation des rapports marchands, et que la centralisation administrative royale venait à la fois sanctionner et favoriser, — mais sans l'existence d'un système politique correspondant, puisque l'essentiel du pouvoir demeurait entre les mains d'une monarchie absolue. La liberté a certes existé à cette époque, mais comme privilège de la noblesse, qui dominait les institutions locales et provinciales, ces fameux « pouvoirs intermédiaires » qui tempéraient la tendance du centre au despotisme. Le peuple donc, en supprimant l'aristocratie au nom de l'égalité, a dans le même temps ruiné ce précieux édifice des institutions locales, réduit à néant ces multiples pôles d'autonomie qui constituaient autant d'espaces de liberté. La Révolution française, qui a remplacé les provinces par les départements, etc., mettant en place un système hautement centralisé qui devait lui survivre, n'a finalement rien fait d'autre qu'« accomplir l'œuvre des rois ».

A cette circonstance s'en ajoute une autre, qui parcourt plus ou moins obscurément tout l'ouvrage : cette lutte contre le privilège aristocratique liait ensemble l'objectif de la liberté et celui d'une égalité plus radicale. Elle s'est déroulée dans un pays qui n'avait pas atteint ce stade « américain » où désormais, tous étant propriétaires, « il n'y a point de propriétaire », où « chacun ayant un bien particulier à défendre, reconnaît en principe le droit de propriété » (1, 334). On comprend en quel sens pour Tocqueville la tendance à la « révolution » est une particularité française, étrangère à l'esprit de la société américaine (1, 267) et pourquoi en France les associations, au lieu de s'inscrire paisiblement dans l'ordre social existant, tendent à se transformer en organisations de lutte sociale ou politique (1, 280). On comprend aussi le fondement de la périodisation de l'histoire propre à cet auteur, et selon laquelle la « révolution » est un type de situation qui se situe entre l'Ancien Régime et la Démocratie, celle-ci étant entendue comme cet état sociopolitique qui est déjà advenu en Amérique et qui se fait encore attendre en France.

Que faut-il faire?

Que faut-il faire pour éviter le despotisme, pour «remplacer» les bienfaisantes mais obsolètes médiations aristocratiques par des institutions politiques nouvelles assurant, dans cette nouvelle société marquée de plus en plus par «l'égalité des conditions», le maximum de liberté?

Tel est entre autres l'objet du chapitre 7, qui précède la conclusion finale. «Je vois, dit-il, des procédés démocratiques qui les remplacent» (2, 390). Problématique récurrente, cf. 1, 64, 2, 138 et 140.

On est ici dans le registre du «procédé» ou, comme il dit ailleurs, de «l'artifice», de l'art opposé à l'ordre de ce qui se produit naturellement, tendanciellement, instinctivement. Il s'agit d'un discours adressé à l'opinion française. Il propose que l'on s'inspire des institutions américaines. Mais très librement. L'auteur, en bon disciple de Montesquieu, a une trop vive conscience de l'importance des spécificités nationales, fruits d'histoires différentes, pour s'imaginer qu'on puisse plaquer ici un modèle né ailleurs. Les orientations qu'il propose, et qui visent à nous prémunir contre les tendances «démocratiques» au despotisme, renvoient cependant toutes à l'expérience du laboratoire américain.

Je me conterai de rappeler quatre thèmes tocquevilliens:

• La conception américaine de la *commune* avec ses fonctionnaires élus et contrôlés par le fréquent renouvellement de l'élection, payés (1, 293), nombreux, de façon à «éparpiller la puissance» et à «intéresser plus de monde à la chose publique» (1, 131).

• La pratique de l'*association*. Qu'il s'agisse de l'association à fin privée, qui permet de gérer une grande partie des tâches dépassant l'échelle individuelle: santé, éducation, culture, infrastructures. Ou de l'association à fin politique, de type parti, qui donne au plus grand nombre la possibilité de participer à la prise en charge de la destinée commune. Contrairement à la tendance prédominante dans le libéralisme antérieur, imbu du caractère autosuffisant de «l'ordre naturel» (que l'on pouvait se contenter de coiffer d'un État-gendarme), Tocqueville assume pleinement l'héritage rousseauiste, l'idéal de la participation politique, la conviction que la thèse selon laquelle «tout pouvoir vient du peuple» reste une idée creuse si elle ne se réalise pas dans l'exercice effectif du pouvoir par ce même peuple. «Moins d'État, certes, mais plus de politique.» Ainsi pourrait-on résumer sa position. Voilà ce qui à ses yeux peut équilibrer la tendance au despotisme, prendre la relève de la médiation aristocratique: «constituer, dit-il, des êtres très opulents, très influents, très forts, en un mot des personnes aristocratiques» (2, 391). Cette catégorie d'aristocratie est, comme on le voit, devenue un véritable «concept».

• La *liberté de la presse* constitue évidemment la condition sine qua non de tels processus.

• L'*indépendance du pouvoir judiciaire*, appelé à juger non seulement les particuliers, mais aussi les fonctionnaires, représente également un facteur décisif. Qu'on se reporte aux textes consacrés au « pouvoir judiciaire aux États-Unis » (1, 167) et à « l'esprit légiste » (1, 362). Cette indépendance repose sur la façon même dont est conçu le fondement de l'ordre juridique. Non seulement Tocqueville fait l'éloge de la pratique des lawyers américains, qui renvoient moins aux textes législatifs qu'à celui de la Constitution (ils sont du reste juges de la constitutionnalité des lois); mais surtout il fait ici sienne la tradition anglo-saxonne, selon laquelle la source du droit est moins à rechercher dans les lois instituées que dans le précédent. C'est-à-dire dans l'ordre social établi. Ce qui nous rapproche singulièrement de la position de Locke, et de la considération de l'ordre de la propriété comme d'un ordre naturel.

L'horizon de Tocqueville

On comprend aisément ce que les libéraux d'aujourd'hui recherchent chez Tocqueville :
— le témoignage de l'unité essentielle entre libéralisme économique et libéralisme politique (compris comme le système du parlementarisme et des libertés publiques),
— le diagnostic des dangers qui menacent cet ordre: développement d'un État directif, porteur d'un principe de destruction du libéralisme économique,
— la proposition de remèdes propres à y parer.
Or ceux-ci conviennent bien pour une part à cette fin. Voir par exemple ce qui est dit de « l'indépendance » du judiciaire. Mais toute une part des orientations tocquevilliennes conviennent tout aussi bien à leurs adversaires socialistes (ce terme étant pris au sens le plus large). On ne s'étonnera pas que ceux-ci aient pu à l'époque récente s'intéresser à Tocqueville, pour tout ce qu'il avance concernant le développement associatif, la décentralisation, les libertés publiques. La déjà longue histoire ultérieure de ceux qui se sont proposés de construire « l'association » des travailleurs est évidemment complexe et contrastée: les formes puisées à cette tradition démocratique qui valorise la participation de chacun à l'exercice du pouvoir y côtoient les aspects despotiques caractérisés. Mais, si l'on se réfère par exemple à Gramsci, on perçoit comment le courant socialiste a pu dans une certaine mesure s'approprier le meilleur de l'apport de Tocqueville.
D'un autre côté, la ligne de partage entre les deux traditions est aisément discernable. Elle est du reste déjà repérable dans les réserves que Tocqueville apporte d'une part à l'idée de suffrage universel, qui s'annonce chez lui comme une exigence plutôt progressive, d'autre part, à l'idée de droit d'association, moins absolu à ses yeux que le droit d'expression, et qui

doit rester soumis à certaines exigences de bon ordre social, dont le contenu se laisse aisément discerner. Mais elle se manifeste, on le sait, d'une façon particulièrement frappante dans le rejet ultérieur par Tocqueville de la notion de « droit au travail », grande question des années 40 qui vient en débat dans l'Assemblée nationale issue de 1848. Tocqueville a reconnu le fond du problème : il sait que ce qui est en cause c'est une nouvelle critique de la société, qui porte désormais non plus sur le seul ordre politique, mais sur le fondement social de celui-ci. Fondement qu'il défendra en siégeant tout naturellement à droite dans cette Assemblée.

Dans son *Discours sur la question du droit au travail* du 12 septembre 1848, il présente le socialisme comme le retour de l'Ancien Régime, qui réglementait l'industrie et empêchait la libre concurrence, comme le règne d'une « société réglementée, réglée, compassée, où l'État se charge de tout, ou l'individu n'est rien », etc. Ce qu'il appréhende sous le nom de socialisme n'est à cette époque qu'une perspective assez floue ; mais il en discerne déjà assez bien la logique à long terme. Non celle d'une société « totalitaire » au sens que ce terme a pu prendre dans la période récente. Car le danger qu'entrevoit l'optimiste Tocqueville n'est pas celui-là, mais bien plutôt celui du Welfare State tutélaire de l'État « social » tel qu'il s'est développé à partir de Keynes et surtout dans l'après-guerre. Disons : un État qui se reconnaît une responsabilité fondamentale dans la gestion économique et dans la protection sociale des citoyens. Les libéraux d'aujourd'hui sont bien fondés à se réclamer de lui. Et l'on peut s'interroger par contre sur ce que projettent sur son texte les interprètes qui croient trouver en lui un précurseur de l'autogestion. Car pour lui tout peut s'autogérer, sauf l'activité économique. Tout est soumis à la discussion et à la disposition des individus s'associant librement, sauf l'ordre économique régnant. Qui finalement, chez Tocqueville, même s'il ne se construit que dans l'histoire, constitue bien, comme chez Locke et les Physiocrates, le véritable ordre naturel.

Tocqueville n'a sans doute pas tort de rapprocher l'étatisme de l'Ancien Régime des orientations étatiques « socialistes », malgré l'affirmation démocratique qui caractérise ces dernières. Dans la société moderne en effet, l'intervention de l'État consiste toujours à introduire une rationalité centrale en relation conflictuelle avec la contractualité interindividuelle. Il voit juste quand il voit se profiler un pouvoir étatique immense, un nouveau principe de despotisme. L'immense supériorité de Marx est d'avoir su, à partir d'une ontologie sociale analogue, déceler sous la relation contractuelle entre individus, la domination et l'exploitation. La force de Tocqueville est de saisir qu'à partir de la centralité étatique moderne un nouveau despotisme est possible. En ce sens, il discerne bien et il campe, de son point de vue bourgeois, les deux voies majeures de la modernité. Il montre d'un côté la tendance au gouvernement démocratique libéral, fondée sur la corrélation entre l'indépendance qui marque la société civile, et qui porte au gouvernement libéral (et il lui manque ici de comprendre que le système de la propriété privée contient aussi le germe d'une oppression étatique spécifique). De l'autre la tendance à la constitution d'un pouvoir fort, interventionniste, conventionnaliste, égalisateur, protecteur. On retrouve là, transposé dans le code tocquevillien, l'expression de l'antinomie de la modernité que j'ai présentée dans l'introduction. Et il croit la résoudre en mettant l'État au service de la société civile, comme si celle-ci ne pouvait à son tour asservir l'État.

S'il lui manque évidemment d'être un critique de l'ordre bourgeois, dont il met au contraire en relief les virtualités démocratiques — qui tiennent, me semble-t-il, à cette articulation entre contractualité interindividuelle et contractualité centrale que j'ai désignée comme la « matrice de la modernité »[2] —, on peut par contre le créditer d'avoir perçu les dangers du socialisme. Il comprend que la société moderne, du fait de sa capacité d'ordination centrale, comporte une possibilité sans précédent de concentration du pouvoir, et donc aussi d'étouffement de l'initiative et de la liberté individuelle sur lesquelles elle repose. Mais il ne perçoit le socialisme que comme danger. Il ne saisit pas corrélativement que la tendance de l'individu moderne à n'admettre que « le gouvernement dont il a élu le chef et dont il contrôle les actes » (2, 253), pour reprendre sa formulation, c'est-à-dire à ne reconnaître comme légitime qu'un pouvoir démocratique, ne peut s'arrêter au seuil de l'activité économique. Il s'en tient à l'association du libéralisme économique et participationnisme politique. Il en appelle à la cohabitation de Smith et de Rousseau. Mais il n'assume pas l'antinomie qu'elle comporte entre contractualité interindividuelle et centrale. Il lui manque donc, en un sens inverse à celui de Marx, de penser dans toute son ampleur la question de la modernité. Là où Marx pose qu'au-delà de la société marchande les contradictions fondamentales, celles sur lesquelles se construisent les classes antagonistes, disparaissent, Tocqueville s'en remet à l'idée que dans la société fondée sur « l'égalité des conditions », c'est-à-dire la société bourgeoise marchande, les classes sociales disparaissent et laissent place à un agrégat d'individus disparates. L'un et l'autre éludent la difficulté centrale de la constitution d'une philosophie politique de la modernité. Celle de penser l'émancipation de la multitude des hommes dans une société où les formes contractuelles, interindividuelle et centrale, qui sont aussi formes de domination, se soutiennent l'une par l'autre dans une relation contradictoire.

---

2. Cf. *Théorie de la modernité*, P.U.F. 1990, chapitre 2.

LISTE DES AUTEURS

Jacques BIDET
Maître de Conférences à l'Université de Paris-X.

Suzanne de BRUNHOFF
Directrice de Recherche au C.N.R.S.

Didier DELEULE
Professeur à l'Université de Paris-X.

Serge-Christophe KOLM
Directeur d'Études à l'E.H.E.S.S.

Pierre MANENT
Maître de Conférences au Collège de France.

Solange MERCIER-JOSA
Chargée de Recherche au C.N.R.S.

Jacques MICHEL
Maître de Conférences à l'Institut d'Études Politiques de Lyon-II.

Thimothy O'HAGAN
University of East Anglia, Norwich, G.-B.

Claude ROCHE
École Nationale Supérieure des Télécommunications de Bretagne.

Marianne SCHAUB
Maître de Recherche au C.N.R.S.

Jacques Texier
Chargé de Recherche au C.N.R.S.

André Tosel
Professeur à l'Université de Besançon.

TABLE DES MATIÈRES

Introduction, par Jacques Bidet	7
Ordre naturel et ordre artificiel dans le libéralisme, par Pierre Manent	13
Wilhelm von Humboldt: l'État de droit comme état limité, par Marianne Schaub	19
De l'individualisme libéral à la sociologie: un intermédiaire paradoxal, par Didier Deleule	31
La connaissance et la loi dans la pensée économique libérale classique, par Claude Roche	45
Hégémonie du système des besoins ou dépérissement de l'État, par Solange Mercier-Josa	55
Néo-libéralisme et politique économique, par Suzanne de Brunhoff	73
Le néo-libéralisme de Hayek: une représentation procédurale des rapports sociaux, par Jacques Michel	91
L'impensable du libéralisme, par André Tosel	109
L'économie publique fondée sur la liberté, par Serge-Christophe Kolm	127
Un dilemme non résolu du libéralisme, par Thimothy O'Hagan	169
Retour sur le concept de «société civile» dans les Cahiers de la Prison de A. Gramsci, par Jacques Texier	185
Tocqueville, la démocratie en Amérique et en France, par Jacques Bidet	215
Liste des auteurs	229

La photocomposition de cet ouvrage
a été réalisée par
GRAPHIC HAINAUT
59690 Vieux-Condé

Achevé d'imprimer en septembre 1992
sur les presses de l'Imprimerie Carlo Descamps
59163 Condé-sur-l'Escaut

Dépôt légal: septembre 1992
N° d'imprimeur: 7599

Imprimé en France